Ravi Zacharias

Sehnsucht des Herzens

Gottes Nähe wieder spüren

BRUNNEN
VERLAG GIESSEN · BASEL

Von Ravi Zacharias ist im Brunnen Verlag
außerdem erschienen:
Jesus – der einzig wahre Gott?
Christlicher Glaube und andere Religionen
Bestell-Nummer 3-7655-1249-4

Erschienen 1998 unter dem Titel
Cries of the heart. Bringing God near when He feels so far
bei Word Publishing, imprint von Thomas Nelson, Inc., USA

Aus dem Amerikanischen von Christian Rendel
Lektorat: Tabea Haefke und Ralf Tibusek

Umschlagmotiv: IFA-Bilderteam, Frankfurt
Umschlaggestaltung: Ralf Simon
Satz: DTP Brunnen
Druck und Bindung: St.-Johannis-Druckerei, Lahr
ISBN 3-7655-1275-3

Inhalt

Vorwort

ES GIBT LEUTE, BEI DENEN sieht auch die schwierigste Aufgabe ganz einfach aus. Beobachtet man einen Golfprofi beim Abschlag, meint man, der richtige Schwung sei ein Kinderspiel. Dem gut ausgebildeten Tenor kommen die Töne mit solcher Leichtigkeit aus der Kehle, dass sein Publikum glaubt, jeder könne so singen wie er. Dem Chemie-Professor geht die Fachsprache so einfach über die Lippen wie uns das Alphabet.

Manche Menschen lassen alles so einfach erscheinen. Aber dann versuchen wir die Sache selbst und werden ganz schnell eines Besseren belehrt. Wir schwingen den Golfschläger, singen ein Lied oder lesen das Fachbuch und merken, wie schwer die Aufgabe ist. Aber wenigstens steigern unsere persönlichen Bemühungen die Bewunderung für denjenigen, der das tut, wovon wir nur träumen können.

Vielleicht habe ich deshalb eine so hohe Meinung von Ravi Zacharias. Was andere mit dem Golfschläger, mit Opernarien oder in der Chemie vollbringen, das vollbringt Ravi Zacharias im christlichen Denken. Er präsentiert klare Antworten auf schwierige Fragen und lässt die Probleme ganz einfach erscheinen.

Aber natürlich wissen wir es besser. Die Aufgabe, die Ravi Zacharias von Gott zugewiesen bekommen hat, ist alles andere als einfach. Seine große Herausforderung ist es, sich mit den Fragen auseinander zu setzen, denen die meisten gern aus dem Weg gehen. Eine Auswahl seiner täglichen gedanklichen Übungen ist in diesem Buch zusammengetragen: Fragen nach dem Leid, der Einsamkeit, der Verzweiflung und der Schuld. Mit derartigen Dilemmata schlägt Zacharias sich herum.

Aber damit ist seine Pflicht noch nicht getan. Er wandert nicht nur durch diese düsteren Wälder, sondern er schlägt eine Schneise hindurch, die uns den Weg zeigt. Und wissen Sie was? Die Karte ist lesbar! Sie ist verständlich. Sie ist leicht zu lesen, es macht sogar Freude.

Ein sehr gutes Beispiel ist das Buch, das Sie in Händen halten. Als ich das Manuskript durchblätterte, war ich erstaunt und fühlte mich ermutigt. Erstaunt über das Geschick des Autors. Und ermutigt dadurch, dass der Schöpfer allen Lebens dieser Generation einen solch begabten Denker geschenkt hat. Seit drei Jahrzehnten tut Ravi in aller Welt das, was er hier auf diesen Seiten getan hat. Er hilft uns zu denken, ohne uns das Denken abzunehmen.

Und er macht das auf sehr gewinnende Art. Ich erinnere mich an eine Bemerkung, die unser gemeinsamer Freund und Verleger, der verstorbene Kip Jordon machte. Jordan hatte etliche Diskussionen zwischen Zacharias und Studenten an zahlreichen Universitäten mit angehört. Bei solchen Veranstaltungen kann es manchmal sehr kontrovers zugehen, aber Kip sagte mir einmal: „Ich habe nicht ein einziges Mal erlebt, dass Zacharias einen Gesprächspartner von oben herab behandelt hätte. Er hört immer geduldig zu, und dann antwortet er auf eine Art und Weise, die dem Fragesteller gerecht wird."

Ich empfehle Ihnen die Lektüre dieses Buches ohne den geringsten Vorbehalt. Wenn es um Golf, Gesang oder Chemie geht, würde ich für Ravi Zacharias meine Hand nicht ins Feuer legen. Aber wenn es darum geht, sich mit den schwierigen Fragen des Glaubens und des Lebens auseinander zu setzen, kenne ich niemanden, der das besser könnte.

Max Lucado

Danksagungen

MANCHMAL WERDE ICH nach einer Vorlesung oder einer Predigt gefragt, wie lange ich gebraucht habe, um diesen Vortrag vorzubereiten. Ich bin zu dem Schluss gekommen, dass jede Antwort, die die Vorbereitungszeit in Stunden oder Tagen angibt, Gefahr läuft, die Jahre zu verschweigen, die hinter einem dreißigminütigen Vortrag stehen. Dasselbe Risiko, fürchte ich, ist auch dann im Spiel, wenn es darum geht, meine Dankbarkeit gegenüber denen auszudrücken, die mir geholfen haben, dieses Buch zu Papier zu bringen. Darum ist mir bei allen Namen, die ich hier auslasse, sehr wohl bewusst, wie viele Männer und Frauen mich im Laufe der Jahre mit ihren Gedanken dazu angeregt haben, gründlich über diese Fragen nachzudenken, die unsere Seelen zutiefst prägen. Ich stehe tief in ihrer Schuld.

Um dieses Manuskript hat sich vor allem eine Person mit viel Liebe und Opferbereitschaft bemüht – meine Frau Margie. Ihr möchte ich von ganzem Herzen danken. Wir beide wussten auch stets die Beiträge der Lektorin Sue Ann Jones sehr zu schätzen, deren Ermutigung und Anregungen uns immer wieder gute Gedanken und Ansporn geliefert haben. Wir haben sehr davon profitiert. Die Mitarbeiter des Verlages haben uns freundlich und mit herausragender Professionalität begleitet. Dank gebührt auch Danielle DuRant, die die mühsame Aufgabe auf sich nahm, die erforderlichen Abdruckgenehmigungen einzuholen.

Wie immer möchte ich auch all meinen Kollegen an der Arbeit und meinen Kindern Dank sagen, die große Opfer gebracht haben, um mir die Zeit zu geben an diesem Manuskript zu arbeiten. Unser Gebet ist es, dass durch dieses Buch so mancher Schrei Gehör findet und dass Gott dies als ein Werk annimmt, das in erster Linie für ihn getan wurde.

Von meiner letzten Danksagung hätte ich nie gedacht, dass ich sie auf diese Weise zum Ausdruck bringen müsste. Doch gerade als dieses Manuskript in Druck ging, erfuhren wir zu unserem Schock und unserer tiefen Trauer vom Heimgang unseres lieben Freundes und weisen Ratgebers Kip Jordon, Geschäftsführer des Word-Verlages. Er hat all meinen Büchern seinen Stempel aufgedrückt, indem er mich immer wieder liebevoll herausforderte, das Schlichte mit dem Erhabenen zu verbinden. Sein Tod ist eine aufrüttelnde Erinnerung an die Sehnsüchte und Nöte, um die es in diesem Buch geht. Doch sein leidenschaftlich gelebtes Leben war eine Demonstration der Wahrheiten, die auf den Gott allen Trostes hinweisen, in dessen Armen er jetzt ist.

Einleitung

Schreie des Herzens

VOR EINIGER ZEIT kehrte meine Frau Margie sichtlich erschüttert von einem Gespräch nach Hause zurück. Eigentlich war sie nur in die Stadt gefahren, um ein Bild und einen Rahmen auszusuchen. Aber dann kam sie mit der Ladenbesitzerin ins Gespräch. Als meine Frau sagte, sie hätte gerne ein Motiv mit Kindern, fragte die Frau beiläufig, ob die Leute, für die das Bild bestimmt war, eigene Kinder hätten.

„Nein", erwiderte Margie, „aber nicht, weil sie keine gewollt hätten."

Einen Augenblick lang herrschte Schweigen. Plötzlich brach wie aus einem geöffneten Hydranten mit unverhohlener Feindseligkeit eine Frage aus dem tiefsten Inneren der anderen Frau hervor: „Haben Sie je ein Kind verloren?"

Margie war ziemlich verblüfft und spürte sofort, dass hinter dieser abrupten Frage wahrscheinlich eine schreckliche Tragödie lauerte. Offensichtlich hatte das Gespräch eine beunruhigende Wendung genommen. Doch auch jetzt noch rechnete sie nicht mit der Sturmflut von Emotionen und Zorn, die ihr von dieser Frau, die sie überhaupt nicht kannte, noch entgegenschlagen sollte. Die traurige Geschichte wurde rasch deutlich, als die Frau von den beiden Kindern erzählte, die sie verloren hatte. Jeder dieser Verluste hatte sie in tiefes Leid gestürzt.

„Und jetzt", fügte sie hinzu, „muss ich mit ansehen, wie meine Schwester ihr Kind verliert."

Ihre Verbitterung war nicht zu verbergen, und sie wusste genau, wem sie die Schuld für diese Tragödien geben musste. Meine Frau, die nichts sagen konnte, was den Schmerz der klaffenden Wunde im Herzen dieser Frau hätte lindern können, stotterte: „Es tut mir so Leid", doch heftig wurde sie sofort unterbrochen: „Sagen Sie nichts!"

Schließlich verschaffte sich Margie gerade lange genug Gehör, um zum Abschied zu sagen: „Ich werde in dieser schweren Zeit für Sie beten."

Doch selbst das trug ihr nur eine barsche Erwiderung ein: „Machen Sie sich keine Mühe."

Zurück im Auto saß Margie einfach nur da, weinend vor Schock und vor Sehnsucht, diesem zerbrochenen Leben irgendetwas Gutes zu tun. Seit jenem Gespräch kann sie die Erinnerung an das vor Zorn und Qual verkrampfte Gesicht dieser Frau nicht mehr abschütteln – eine Frau, die nach einer Berührung strebte und sich doch gleichzeitig zurücknahm, die sich nach Trost sehnte, aber jeden zum Schweigen brachte, der ihr helfen wollte, die jeden, der ihr begegnete, aus dem Weg schubste.

Seltsamerweise entstand aus dieser kurzen Episode eine Freundschaft, und wir lernten diese Frau näher kennen. Wir durften sogar ihre dankbare Umarmung spüren, und sie hat uns sehr nachdenklich gemacht durch ihre zahlreichen und kreativen Versuche „Danke" zu sagen.

Doch noch immer ist sie für uns das Symbol der erstickten Schreie und der Suche nach jenen Antworten, die Zeit brauchen, bevor Zorn durch Vertrauen überwunden werden und Qual dem inneren Frieden weichen kann.

Diese erstickten Schreie und die wortlose Wirklichkeit, die sich in jedem Leben breit macht, gehören vielleicht zum menschlichen Dasein dazu – zum Leben von Männern, Frauen, jungen Leuten und sogar Kindern. Die Stimmen zahlreicher Fachleute rütteln uns heute aus der Illusion wach, unter der in vielen Kulturen vor allem die Männer lange gelebt haben, dass nämlich Stärke nicht im Gefühl liege. Teuer bezahlt haben wir für diese Amputation!

Nun wird nicht jeder Schrei aus der Qual geboren, aber jedes Leben hat seinen eigenen Schrei oder hat den Schrei eines anderen gehört, der mit Emotionen oder Leidenschaften kämpft, für die er eine Erklärung sucht. Nicht jeder dieser Kämpfe bricht sich mit solcher Gewalt Bahn, aber so manches Menschenleben wird von heftigen inneren Konflikten beherrscht. Und so wie manche

Menschen mit Misserfolgen besser zurechtkommen als andere, gelingt es auch manchen besser, mit den Widrigkeiten des Lebens umzugehen.

Ich habe also dieses Buches nicht deshalb geschrieben, um einfach nur eine Heilsalbe auf den bitteren Schmerz eines ungehörten Schreies zu streichen. Mir ist vielmehr sehr wichtig, dass wir uns der Realität stellen, dass jeder von uns insgeheim solche unterdrückten Schreie in sich trägt.

Vor einigen Jahren erschien in *Reader's Digest* ein Artikel unter dem Titel „Wenn wir allein sind, tanzen wir." Der Hauptgedanke war, dass wir allein und unbeobachtet uns alle auf irgendeine Art rhythmisch ausdrücken. Vielleicht gelingt es uns nicht, mitten im Sprung die Hacken zusammenzuschlagen, aber das hält uns nicht davon ab, es zu versuchen. In jener privaten Welt ringt jeder von uns auch mit irgendeinem schweren Konflikt, der unser Herz verzehrt. Bei dem einen ist es vielleicht die innere Not der Einsamkeit; bei der anderen das Schreckgespenst der Schuld. Wieder bei einem anderen ist es vielleicht die Frage: „Warum spüre ich nicht, dass Gott mir nah ist, wenn ich doch nach bestem Wissen und Gewissen das Richtige getan habe?" Und bei der nächsten ist es vielleicht die Frage aller Fragen – „Wer bist du, Gott?"

Ich denke, Sie erkennen sofort die Bandbreite unserer existenziellen Kämpfe wieder. Wenn irgendetwas unsere Kulturen heute vereint, dann sind es die unbeantworteten Fragen, die uns als spürbare Wirklichkeit begegnen. Die Einsamkeit eines Lebens ohne Liebe ist in Bombay dieselbe wie in Barcelona. Ein Leben, das von Schuld gequält wird, fühlt sich für einen Filmstar in Hollywood genau so an wie für eine Lehrerin in Havanna. Wie kann ich ein Leben führen, das mir Vergnügen bringt, so gestalten, dass es unmoralisch ist?

Diese nagenden Fragen wurden vor einigen Jahren durch einen erschreckenden Vorfall unterstrichen, der sich in New York als grausamer Höhepunkt einer Reihe fast unbeschreiblicher Erlebnisse einer jungen Frau ereignete. Die Geschichte ist fast zu niederschmetternd, um sie zu wiederholen. Ein Senator, der den stillen

Schmerz einer ganzen Stadt fühlte, klagte: „Wie kann einem einzigen Menschen so viel Unheil geschehen, ohne dass jemand es merkt?"

Nach einigen Tagen des Nachdenkens über diese nahe liegende Frage gab ein Mitglied des Stadtrates die einzig plausible Antwort. Er sagte: „Das Leben ist zu hektisch und zu kompliziert, als dass ich den Schrei jedes Menschen in meiner Gemeinschaft hören könnte. In Wahrheit kämpfe ich sogar, um jene Zeit zu finden, auch nur die Schreie meiner eigenen Familie zu hören. Wenn ich auf die Schreie jedes Menschen in New York lauschen müsste, könnten Sie mich genauso gut auffordern, auf das Geräusch jedes wachsenden Grashalmes und auf den Herzschlag jedes Eichhörnchens zu hören. Der Lärm wäre ohrenbetäubend."

Ich glaube kaum, dass er übertrieben hat. Wenn die Herzensschreie in irgendeiner Gemeinschaft alle gleichzeitig ertönen würden, dann wäre der Lärm wahrhaft ohrenbetäubend.

Wohin also sollen wir uns wenden?

Es gibt einen Ort, wo alle menschlichen Leiden und Fragen zusammen fließen. Dieser Ort ist das Herz Gottes. Die Bibel schildert uns wiederholt die gequälten, wenn auch manchmal stummen Schreie jener, die in Not sind und nach jemandem rufen, der ihnen Hoffnung bringen kann. Unter allen Geschichten in der Bibel bringt keine diese verschiedenen Nöte so präzise zum Ausdruck wie die Geschichte von der Frau am Brunnen, die mit Jesus ins Gespräch kommt. Im Lauf dieses Buches werde ich immer wieder auf diese Begegnung zurückkommen, die im vierten Kapitel des Johannes-Evangeliums beschrieben wird: Die Jünger hatten Jesus allein gelassen, um ihm etwas Ruhe zu gönnen. Sie gingen währenddessen in die Stadt, um etwas zu essen zu kaufen. Als sie zurückkehrten, sahen sie Jesus zu ihrem Erstaunen mit dieser samaritanischen Frau sprechen. Doch sie trauten sich nicht ihn zu fragen, warum er mit ihr redete oder was zu dieser seltsamen Vertrautheit geführt hatte.

Jesus zeigt sich in diesem Dialog von einer interessanten Seite. Die Frau stand für alles, was in jener Gesellschaft unterdrückt oder abgelehnt wurde. Sie war eine Frau, kein Mann. Sie war eine Samariterin, belastet durch ethnische Vorurteile. Sie war von ihrem sozialen

Umfeld ausgestoßen und innerlich zerbrochen durch fünf gescheiterte Ehen. Sie setzte Gott mit einem bestimmten Ort gleich, ohne die leiseste Ahnung, wie sie ihn erreichen könnte. Konnte ein Mensch weniger Selbstachtung haben als diese Frau in ihrer zusammengebrochenen Welt?

Rücksichtsvoll, aber entschlossen machte sich Jesus daran, sie von dem wohl formulierten, aber rein kosmetischen theologischen Jargon zu befreien, den sie ihm entgegenwarf, und der den wahren Schrei ihres Herzens übertönte. Fast so, als ob er die Schichten einer Zwiebel abschälte, steuerte er sie beharrlich weg von ihren eigenen Ängsten und Vorurteilen, von ihren eigenen Selbsterhaltungstaktiken, von ihren eigenen, Verletzungen übertünchenden Tricks, hin zu der strahlenden und begeisternden Quelle ihrer höchsten Erfüllung, Christus selbst. Doch damit nicht genug; er ging noch weiter. Auf dieses „Weiter" werden wir unsere Aufmerksamkeit in diesem Buch richten.

Kurz, er steuerte sie weg vom Abstrakten hin zum Konkreten, vom Konkreten zum Nahen, vom Nahen zum Persönlichen. Sie war gekommen, um Wasser für ihren körperlichen Durst zu finden. Er stillte einen größeren Durst, den Durst ihrer Seele.

Als die Jünger es endlich schafften sich in das Gespräch einzuschalten, fragten sie Jesus, ob er denn nicht hungrig sei und etwas essen wolle. Doch Jesus sagte: „Ich habe eine Speise, die ihr nicht kennt."

Jetzt waren sie völlig verwirrt und fragten sich, ob ihm schon jemand etwas zu essen gebracht habe. Ihnen ging es um eine ganz andere Art von Hunger und Durst, während er die Sache seines Vaters im Sinn hatte – das Brot des Lebens auszuteilen und die Quelle des lebendigen Wassers zu öffnen, sodass niemand je wieder durstig sein müsste.

Diese einfache Geschichte bringt unseren eigenen Hunger zusammen mit Gottes großer Sehnsucht, diesen inneren Hunger zu stillen und jene tiefen Sehnsüchte zu befriedigen. Ich erinnere mich an ein Gespräch mit einem Mann, der aus einem Land stammte, in dem viel Blut bei Auseinandersetzungen vergossen wurde, einem Land, wo jeden Tag irgendjemandem das Herz durch eine verirrte Kugel oder einen hasserfüllten ideologischen Konflikt gebrochen wurde. Obwohl er seit Jahren durch das Wissen getröstet wurde, dass Christus seine Sünden getragen hatte, war es für ihn erst Jahre später eine völlig neue Erkenntnis, dass Christus auch unsere Schmerzen getragen hat. Diese Vertrautheit mit Gott ist eine Erfahrung, die das, was man weiß, mit dem zusammenbringt, was man fühlt. Solche Erkenntnis nimmt das, was wir wissen und was wir fühlen, ernst. Es ist keine fatalistische Haltung, die sagt „So ist es nun einmal" und sich resigniert mit Dingen abfindet, die aller Vernunft widersprechen.

Wenn wir Gottes tiefe Antworten auf jede unserer Fragen kennen lernen, finden wir Zufriedenheit und Mut und leben voller Hoffnung und Zuversicht. Jeder unserer Tage erhält einen Sinn, wenn wir Gottes Gedanken in uns aufnehmen und unsere eigenen Gefühle zügeln.

Viel zu lange haben wir streng zwischen Fakten und Gefühlen unterschieden und uns arglos auf Gedankensysteme eingelassen, die an dem einen festhielten, während sie das andere vernachlässigten. Voltaire bemerkte einmal, alles Elend des Menschen spiegle einzig seine Größe wider. Mit anderen Worten: alle unsere Sinne und Wahrnehmungen können und sollen auf das Ewige und Wahre hinweisen. Was Gott zusammengefügt hat, soll kein Mensch voneinander scheiden. Vielleicht erinnern Sie sich an jenes Lied, in dem die Frage gestellt wird: „Wie kann etwas falsch sein, wenn es sich so richtig anfühlt?", und zu Recht protestieren wir dagegen, dass bleibende moralische Maßstäbe einer flüchtigen Leidenschaft preisgegeben werden.

Aber da gibt es noch die andere Seite: Wie kann etwas richtig sein, wenn es sich so falsch oder schlimm anfühlt? Das ist ein viel schwierigeres Problem. Erwartet Gott von einem Menschen, der unter seinem einsamen Dasein leidet, dass er dieses Gefühl als unwirklich ablehnt? Wirft die Suche nach einem persönlichen Gott in einer unpersönlichen Welt nicht berechtigte Fragen auf? Haben die Fragen eines leidenden Menschen keine Bedeutung? Brauchen wir nicht

Weisheit inmitten der Vielzahl von Vergnügungen, die uns umgeben? Das ist es, wo uns dieses Buch hinführen möchte. Wir werden uns nicht damit zufrieden geben, die auftretenden Probleme einfach mit einem intellektuell-schlagfertigen Gegenargument aus der Welt zu schaffen. Wir werden nicht bei allzu platten Antworten stehen bleiben. Unser Ziel ist es, uns mit unserem ganzen Sein auf die Fragen und Schreie des Herzens einzulassen. Schreie sind Folge echter Gefühle. Ebenso verrät Freude echte innere Zuversicht und Ruhe.

Es sind noch zwei Bemerkungen zu dem vorliegenden Buch zu machen. Erstens ist das Thema des Schmerzes und des Leidens ebenso sehr ein philosophisches wie ein emotionales Problem. Meine Ausführungen unter dem Titel „Ein Sinn im Leiden" beruhen auf meiner Betrachtung des Buches Hiob. Ich habe der Versuchung widerstanden allzu philosophisch zu werden, um den Gedankengang nicht zu durchbrechen oder uns der emotionalen Kraft des Materials zu berauben. Darum habe ich nur einen kleinen Teil des Themas logisch zu durchdringen versucht. Der Tenor meiner Gedanken ist als Reaktion auf das persönlich durchlebte Gefühl von Leid und Schmerz niedergelegt worden.

Für diejenigen, die sich philosophisch damit auseinander setzen möchten, habe ich darum am Ende des Buches ein Postskriptum hinzugefügt, das sich mit der schwierigen Frage befasst, wie Gott überhaupt eine Welt erschaffen konnte, wenn er doch wusste, dass sie Leiden mit sich bringen würde. Diese Frage ist etwas anders gelagert als die Hiobs.

Auch bei zwei weiteren Themen – Vergnügen und Einsamkeit – hätte noch mehr gesagt werden können, um die Antwort zu vervollständigen. Doch diese Gedanken habe ich im letzten Kapitel aufgegriffen und zu ihrem legitimen Ende geführt. Der Grund wird Ihnen deutlich werden, wenn Sie bis dorthin lesen.

In den Psalmen beschreibt David sich selbst als jemand, der verwundet und schreiend auf seinem Bett liegt. Derselbe David sprach von der Freude, die zu ihm kam, wenn er mit diesem Schrei zum Herrn ging. Mit derselben Zuversicht lassen Sie uns unsere Reise beginnen, um auf die Schreie des Herzens zu antworten. Wir werden vielleicht überrascht sein, wenn wir feststellen, wie viel unterdrückte Gefühle dabei zu Tage treten. Wenn Gott spricht, werden wir nicht antworten: „Sag nichts."

Nein, wir werden durch seine Berührung beschwichtigt werden und in seinem Trost ruhen, in dem Wissen, dass er unsere Schreie gehört hat und uns in unserer Not nahe gekommen ist. Auch wir werden uns danach sehnen, ihm „Danke" zu sagen.

1 Gott kennen

In dem Heiligabendgottesdienst, den wir vor ein paar Jahren besuchten, wurde ein kurzes Anspiel aufgeführt. Eigentlich war es nur ein Monolog Josefs, der wenige Augenblicke nach Jesu Geburt das kleine Kind in den Armen hielt und mit ihm sprach. Mit all dem Gefühlsüberschwang eines frisch gebackenen Vaters schaute er in das Gesicht des Babys und redete davon, wie ähnlich es seiner Mutter sei. Doch dann hielt er inne und flüsterte in tiefem Ernst: „Ich frage mich, wie dein Vater aussieht ..."

Und Hunderte von Menschen auf den Kirchenbänken machten plötzlich diese Frage zu ihrer Frage.

Durch die Jahrhunderte haben sich Künstler, Schriftsteller, Musiker, Wissenschaftler, ja alle, die etwas über das Leben Jesu gelesen hatten, gefragt, wie er wohl aussah. Doch interessanterweise haben diejenigen, die ihn tatsächlich gesehen haben, diese Suche noch einen Schritt weiter getrieben – „Zeig uns den Vater", sagten sie. Eine der ersten Fragen, die die künftigen Jünger ihm stellten, lautete: „Wo wohnst du?" (Hätte er humorvoll darauf antworten wollen, so hätte er gesagt: „Das würdet ihr mir nie glauben, wenn ich es euch sagen würde!") Die Art seines Auftretens und seine Persönlichkeit wirkten so geheimnisvoll, dass man ihn nach seiner Herkunft fragte. Ob es nun um den geschichtlichen Jesus geht oder um Gott, den Schöpfer, wir alle haben uns schon gefragt, wie er wohl aussieht, wie er wohl ist.

Augustinus schrieb von einer faustischen Begegnung, die er hatte, als ihm eine momentane Freude geboten wurde. Die einzige Bedingung war, dass er auf die Freude verzichte, jemals Gott zu sehen. Schnell kam er zu dem Schluss: „Kein Vergnügen kann diesen Verlust aufwiegen."

In seiner Gnade und Weisheit hat Gott uns mit Verstand und Sinnen ausgestattet, die sich danach sehnen, ihn zu sehen, zu hören und zu erkennen. Gleichzeitig hat er uns die Möglichkeit gegeben, unserer Vorstellungskraft sowohl Freiheit als auch Begrenzung einzuräumen. Er warnte uns, niemals ein Abbild von ihm zu machen. Zwar können wir einen Mann oder eine Frau dadurch ehren, indem wir eine Skulptur oder ein Gemälde von ihnen anfertigen, doch wenn wir das Gleiche bei Gott versuchen, setzen wir ihn nur herab. Gott zu beschreiben bringt die Gefahr mit sich, dass unsere eigenen Vorurteile dabei mit einfließen, ganz zu schweigen von den darin enthaltenen Widersprüchen.

Die Bibel erinnert uns auch daran, dass kein Lebendiger „Gott sehen“ und das überleben kann. Als Mose ausrief, er werde nicht hinüber nach Kanaan gehen, wenn Gott ihm nicht seine Herrlichkeit offenbare, antwortete Gott:

> Aber du kannst hier bei mir auf dem Felsen stehen. Wenn ich dann in meiner Herrlichkeit vorüberziehe, stelle ich dich in eine Felsspalte und halte meine Hand schützend über dich, bis ich vorübergegangen bin. Dann ziehe ich meine Hand zurück, und du kannst mir hinterher schauen; mein Gesicht aber darf niemand sehen!

Die Bibel ist sparsam mit Hinweisen auf das Aussehen Jesu. Darum müssen wir auf den Tag warten, an dem er „für alle sichtbar“ sein wird (Offenbarung 1,7). Dennoch sind wir gespannt darauf, wie es wohl sein wird, wenn wir ihn sehen.

Doch wenn uns auch Gottes äußere Erscheinung – mit gutem Grund – nur in Andeutungen dargestellt wird, kennt die Bibel keine Zurückhaltung, wenn es darum geht, uns Gottes Persönlichkeit, seinen Charakter, zu beschreiben und zu schildern, wie er sich selbst offenbart hat. Wenn wir die Reichtümer dieser Aussagen über Gott erforschen, verstehen wir, wie tief er auf den Schrei des menschlichen Herzens geantwortet hat – „Wer bist du, Gott?“

Jeder Mann, jede Frau, jedes Kind sollte sich danach sehnen, Gott näher kennen zu lernen, denn durch diese Beziehung werden alle anderen Schreie und Fragen beantwortet, die aus unserem Herzen und Verstand kommen.

Charles Haddon Spurgeon drückte das sehr gut aus:

> Das angemessene Studium des Christen ist die Gottheit. Die höchste Wissenschaft, die erhabenste Spekulation, die mächtigste Philosophie, die die Aufmerksamkeit eines Kindes Gottes auf sich ziehen kann, ist der Name, das Wesen, die Person, die Taten, und das Dasein des großen Gottes. ... Unser Verstand wird ungemein geschärft, wenn wir über die Göttlichkeit nachdenken. Das Thema ist so umfassend, dass all unsere Werkzeuge sich in seiner Unermesslichkeit verlieren; so tief, dass unser Stolz in seiner Unendlichkeit ertrinkt. Andere Themen können wir verstehen und in den Griff bekommen; in ihnen empfinden wir eine Art Selbstzufriedenheit und gefallen uns in dem Gedanken: „Siehe, ich bin weise." Doch wenn wir zu dieser Meisterwissenschaft kommen und feststellen, dass unser Senkblei seine Tiefe nicht ausloten und dass unser Adlerauge seine Höhe nicht ermessen kann, dann wenden wir uns ab mit dem Gedanken: Ich bin nur von gestern und weiß nichts.[1]

Die Verfasser der Bibel kreisen um ein zentrales Thema: Gott selbst. Ihn besser zu erkennen war ihr oberstes Ziel. Die Bibel überliefert das, was die Schreiber, inspiriert vom Heiligen Geist, über Gott herausgefunden haben.

Als sich Gott in alter Zeit selbst offenbarte, war das Volk Israel von Furcht überwältigt, während es auf die Rückkehr des Mose vom Gipfel des Berges wartete. Sie hatten erkannt, dass ihrem Anführer eine besondere Ehre zuteil wurde, als Gott ihn aufforderte, auf den Berg zu kommen und seine Gebote entgegenzunehmen. Dort begegnete Mose Gott, dort hatte er Gemeinschaft mit ihm und erhielt seine Anweisungen.

Versetzen wir uns zu Beginn dieser Betrachtung an die Stelle eines Menschen, der die Frage aufgeworfen hat, wer Gott sei. Dabei werden wir erfahren, dass die Menschheit im Laufe der Zeit zu einer umfassenden Antwort gefunden hat. Ich bin zuversichtlich, dass die

Wahrheiten, die wir entdecken, unseren Verstand erweitern und unsere Herzen ausfüllen werden.

Rettende Gebete?

Ich wende mich einem klassischen Abschnitt zu, dem Gebet des Joschafat in 2. Chronik 20. Eine riesige Armee rückte gegen Joschafats Streitkräfte vor, und er rief das Volk zum Gebet auf. Es überrascht nicht, dass in Kriegszeiten manchmal die leidenschaftlichsten Gebete gesprochen werden. Schon allein die Frage, wie und von wem diese Gebete gesprochen werden, ist faszinierend. Die Geschichte ist voll von Gebeten, die von Feldherren bei Anbruch eines großen Krieges gebetet wurden.

Die Annalen der russischen Geschichte berichten von jenem entscheidenden Wendepunkt, als Napoleon Moskau umzingelt hatte. Die Turmdächer der russischen Metropole brannten bereits. Wohl wissend, dass er kurz vor einer demütigenden Niederlage stand, fiel der Zar in einer Kirche in St. Petersburg vor Gott nieder und flehte ihn an, die russische Nation zu retten.

Nun war der Zar keinesfalls ein frommer Mann, für den das tägliche Gebet zum Alltag gehörte. Vielmehr war er für ein ausschweifendes Leben bekannt. Einige Zeit zuvor hatte er bewusst einen Bösewicht zum Erzbischof ernannt. Damit wollte der Zar einen Verbündeten für seinen eigenen üblen Lebensstil zu gewinnen. Doch Gott wirkt gerade durch die Pläne und Schliche politischer Demagogen. Nachdem er ins Amt eingeführt war, wollte dieser Erzbischof auf einmal Gott nicht mehr verspotten. Für alle völlig überraschend gab er sein Leben Christus hin.

Als nun die Nation am Rande der Niederlage stand, suchte auch der Zar selbst Gott in Buße und Gebet. Gott antwortete auf sein Flehen und sandte einen kleinen, unscheinbaren Boten – den Winter. Der Rest ist Geschichte.

Am 24. Februar 1986 verzeichnet die Geschichte des philippinischen Volkes einen ähnlich verzweifelten Schrei nach Gott. Achthundert Soldaten standen als Zielscheibe vor der Luftwaffe des Präsidenten Ferdinand Marcos. Nervös standen sie da, während die Hubschrauber über ihnen kreisten. Was als friedliche Revolution begonnen hatte, konnte in wenigen Augenblicken damit enden, dass ihre kleine Armee zerfetzt würde. Doch die Soldaten standen nicht einfach nur da; sie lasen sich gegenseitig Bibelworte vor und beteten zu Gott. Im Angesicht der drohenden Todesgefahr, las ihnen General Honesto Isleta (der mir diese Geschichte persönlich erzählte, als er an einem Seminar teilnahm, das ich auf den Philippinen hielt) aus Psalm 91 vor:[2]

> Wer unter dem Schutz des Höchsten wohnt, der kann bei ihm, dem Allmächtigen, Ruhe finden. Auch ich sage zu Gott, dem Herrn: „Bei dir finde ich Zuflucht, du schützt mich wie eine Burg! Mein Gott, dir vertraue ich!" Er wird dich behüten wie eine Henne, die ihre Küken unter die Flügel nimmt. Seine Treue schützt dich wie ein starker Schild. Psalm 91,1;2;4

Während die Soldaten den Psalmversen lauschten, wurde das Geräusch der anfliegenden Hubschrauber lauter. Doch was in den Cockpits vor sich ging, merkten sie nicht. Ein Piloten nach dem anderen weigerte sich, das Feuer auf diese magere Hand voll Soldaten auf dem Boden zu eröffnen. Auch diese „Unblutige Revolution" ist inzwischen in die Geschichte eingegangen.

Solche situationsbedingten Gebete sind nicht immer gleich von nationaler oder internationaler Bedeutung. Wohl jeder von uns handelt im persönlichen Bereich nach dem gleichen Prinzip. Ein befreundeter Pastor erzählte uns von einer Begebenheit an einem friedlichen Familien-Sonntagnachmittag. Plötzlich hörten sie aus dem Garten Rufe, Streit und Durcheinander. Sie eilten ans Fenster und sahen ihren kleinen Sohn mit geballten Fäusten dastehen und einen größeren Jungen aus der Nachbarschaft finster anstarren. Bevor sie ihrem Sohn zu Hilfe eilen konnten, hörten sie ihn wie einen Schlachtruf brüllen: „Ich komme zu dir im Namen des Herrn Zebaoth, des Gottes des Heeres Israels!"

Der arme Raufbold aus der Nachbarschaft, völlig verwirrt ob dieser furchteinflößenden Formel, die ihm gänzlich fremd war, machte auf dem Absatz kehrt und rannte davon, so schnell seine Füße ihn trugen. Mein Freund erzählte lachend, dass in diesem Wortwechsel ihres Sohnes offensichtlich die morgendliche Sonntagsschullektion über David und Goliath ihre Anwendung fand.

Ob es nun um große, ernsthafte Schlachten oder Konflikte der Kinderzeit geht, in Zeiten der Konfrontation mit einem überlegenen Feind beten wir. Doch im Fall von Joschafat steckte noch mehr dahinter. Sein Gebet hat einen tief theologischen Gehalt. Solche Gebete sind selten, und wir können viel aus ihnen lernen. Dies war mehr als ein Schrei um Hilfe oder ein Flehen um den Sieg. Es war eine Bitte, dass diejenigen, die in diesem Konflikt standen, erkennen möchten, wer Gott ist. Joschafat bat Gott nicht nur um sein Eingreifen; er streckte sich aus nach der Person, nach der Gegenwart Gottes. Nur in diesem Kontext, glaubte er, würde er den Sieg in seinem eigenen Leben davontragen, bevor er in irgendeiner Schlacht siegen konnte.

Joschafat warf in seinem Gebet drei Fragen in Bezug auf Gott auf. Wenn wir uns mit diesen Fragen befassen, werden wir die meiste Zeit mit der ersten zubringen, denn die Antworten auf die anderen beiden hängen davon ab.

Während wir uns mit diesen Gedanken beschäftigen, wird die wichtigste Frage beantwortet werden: „Wer bist du, Gott?“

Ich muss Sie vorwarnen, dass die Reise durch die Gedanken, mit denen wir uns auseinander setzen werden, nicht immer einfach sein wird. Wie bei einer Bergbesteigung gibt es keine Abkürzung. Doch ich bin sicher, dass wir den Gipfel erreichen werden, wenn wir auf unserem gemeinsamen Weg gründlich nachdenken. Die Geduld und Mühe werden sich lohnen, und der Gewinn wird entsprechend hoch sein.

Die Tücken der Wahrnehmung

Joschafats Gebet beginnt in 2. Chronik 20,6:

> HERR, Gott unserer Väter, bist du es nicht, der da Gott im Himmel ist, und bist nicht du Herrscher über alle Königreiche der Nationen? Und in deiner Hand ist Kraft und Macht; und niemand kann gegen dich bestehen. (REÜ)

Was für eine Eröffnung für ein Gebet – „Bist du es nicht ...?“ Wie würde er das fortführen? Die ersten Worte waren sowohl als Frage als auch als Bestätigung für das Volk in seiner Angst vor der Zukunft gemeint. Ich wage zu behaupten, wenn man hundert zufällig ausgewählte Leute auffordern würde, die Leerstelle hinter „Bist du es nicht ...?“ auszufüllen, so würden die unterschiedlichen Antworten unweigerlich deutlich machen, dass Gott für jeden Menschen etwas anderes zu sein scheint. Nicht nur das, sondern wahrscheinlich würde sich bei den meisten die Antwort im Rahmen ihrer unmittelbarsten Angst oder Not bewegen.

Das Magazin *Life* brachte in seiner Ausgabe vom Dezember 1990 einen Artikel mit der Überschrift „Wer ist Gott?“ Mehrere Journalisten hatten recherchiert, wie verschiedene Leute, von Wissenschaftlern über Pastoren bis hin zu Hausfrauen und Hausmännern, Gott wahrnahmen. Jeder von ihnen hatte eine faszinierende Geschichte zu erzählen. Eine alte Frau, die Krebs im Endstadium hatte, berichtete davon, wie nahe Gott ihr in ihrer tödlichen Krankheit sei. Ein Pastor, der auf Abwege geraten war und nun mit dem Gespenst des Aids-Virus lebte, sprach von der Barmherzigkeit und Vergebung Gottes, die er in seinem erbärmlichen Zustand erfuhr. Ein Molekularbiologe erzählte von den Staunen erregenden Entdeckungen seines Faches, die ihn auf Gott als Schöpfer und Gestalter hinwiesen.

Bis zu diesem Punkt gab es einen gemeinsamen roten Faden. Gott war persönlich, fürsorglich, tröstend, offenbarend ... ein Freund. Doch dann begann eine dramatische Verschiebung. Auf einmal war

Gott nicht mehr so sehr eine Person als vielmehr eine Kraft. Die Wahrheit war nicht mehr so sehr etwas Verkörpertes als vielmehr eine Idee. Das Heil war nicht so sehr ein Zustand als vielmehr ein Streben, ein Ziel. Je weiter man las, desto wirrer wurden die Vorstellungen, und allmählich trat zutage: Je enger die Definition Gottes wurde, desto kleiner war die Gruppe, die dieser Definition zustimmte.

Der Artikel erinnerte mich an ein Interview, das die streitbare Atheistin Madalyn Murray O'Hair einige Jahre zuvor gegeben hatte. In einer Talkshow mit David Frost wurden die Zuschauer gefragt, wer von ihnen an Gott glaube. Die Mehrheit war überwältigend. Frost sah Mrs. O'Hair an und bemerkte, sie befinde sich offensichtlich im Widerspruch zum herrschenden Denken der Gesellschaft. O'Hair antwortete mit einer abschätzigen Bemerkung über die Unfähigkeit der Zuschauer, über diese Fragen rational nachzudenken. Ein Kommentator bemerkte dazu später, sie hätte selbst nur klar nachdenken müssen. Dann hätte sie diese Debatte mit einem schlagenden Argument für sich entscheiden können. Sie hätte nur zum Publikum zu sagen brauchen: „Wie viele von Ihnen glauben, dass Gott existiert und dass sein Sohn Jesus von einer Jungfrau geboren wurde, dass er am Kreuz starb, von den Toten auferstand und der einzige Weg zu Gott ist?"

Bei dieser Frage hätten wohl die allermeisten ihre Hände wieder herunter genommen.

Egal, wie viele Zuschauer bei jener Abstimmung „für Gott" gestimmt haben mögen, es besteht kaum ein Zweifel, dass es zahllose ganz unterschiedliche Vorstellungen von Gott im Publikum gab. Für den einen ist er vielleicht ein politischer Herrscher, der Leute dazu anstiftet, jede andere Macht zu stürzen, die sich weigert, seiner Offenbarung Geltung zu verschaffen. Für den anderen ist er vielleicht der Gott, der im Leben von einzelnen Menschen wirkt statt in Systemen. Für wieder einen anderen ist es sein Geist, der sich in der Geschichte entfaltet. Und für viele ist er vielleicht einfach nur „was immer du möchtest, dass er ist".

„Wer bist du, Gott?" Diese Frage stößt auf widersprüchliche

Antworten, wenn sie dem individuellen Gutdünken überlassen bleibt.

Mit dieser Aussage will ich die individuellen Wahrnehmungen nicht abwerten, aber diese Wahrnehmungen unterscheiden sich nun einmal von Person zu Person, und wenn sie im Widerspruch zu anderen Wahrnehmungen stehen, gibt es keine Bezugsgröße, an der zu erkennen wäre, welche Wahrnehmung richtig ist. Angesichts der verwirrenden Vielfalt der Antworten, die auf diese entscheidende Frage gegeben werden, wendet sich eine Vielzahl der Gottsucher von der Erfahrungstheologie ab, um zu sehen, ob die Philosophen vermitteln und ein für alle Mal klären können, wer Gott ist.

Das Problem mit den Argumenten

Doch sehr zur Enttäuschung des denkenden Menschen wird das Wasser hier sogar noch trüber. Denn nun kommt schon die Frage der bloßen Existenz Gottes auf den Prüfstand. Man muss sich nur einmal die zahllosen Debatten zu diesem Thema durchlesen, um zu sehen, mit welcher Leichtigkeit manche Philosophen die Leiter der Abstraktion erklimmen, angeblich in dem Bemühen, die Fragen zu klären. Bei einer solchen Debatte trafen zwei hervorragende Gelehrte aufeinander: J. P. Moreland als Verteidiger eines christlichen Theismus und Kai Nielsen, der bekannte atheistische Philosph.[3]

J. P. Moreland präsentierte meisterhaft die verschiedenen Argumente, die zugunsten einer intelligenten, persönlichen ersten Ursache des Universums sprechen. Doch Nielsen ging auf Morelands gut durchdachte und einladend präsentierte Verteidigung des christlichen Glaubens zum größten Teil überhaupt nicht ein. Stattdessen knüpfte er sein ganzes Glaubenssystem an ein einziges Gegenargument. „Wenn Sie mich fragen, wer diese Pizza gemacht hat, dann kann ich Ihnen zeigen, wer sie gemacht hat. Wenn ich Sie bitte, mir den Gott zu zeigen, der diese Welt gemacht hat, dann haben Sie niemanden, den Sie mir zeigen können. Es gibt keinen denotativen Beweis für Ihren Gott“, sagte er.

Für jemanden, der seine philosophischen Hausaufgaben gemacht hat, war das eine schwache Antwort auf einen Berg von Argumenten. Mehrere andere Philosophen antworteten Professor Nielsen, und besonders einer zeigte auf, wie oberflächlich es war anzunehmen, dass ein Argument für die Denotation ausreiche, um alle anderen Argumente zu entkräften. Nielsen jedoch war überzeugt, das sei alles, was er in seinem Arsenal brauche. So wogte die Debatte hin und her, bis man notgedrungen bezweifeln musste, ob Argumente selbst im besten Fall überhaupt in der Lage sind, für jemanden, dem es an Bereitwilligkeit fehlt, das Geheimnis Gottes zu entschlüsseln.

Auch hiermit sollen philosophische Debatten nicht abgewertet werden, aber sie haben ihre Grenzen, und wer sich ein bisschen auskennt, kann sich leicht hinter einer Mauer aus Worten verschanzen.

Ich habe mich ziemlich ausgiebig mit Philosophie beschäftigt und hatte meine Freude daran, aber ich bin dennoch überzeugt, dass jemand, der in seinem Fach bewandert ist, mit Worten nahezu alles „beweisen" kann, was er will. Es hat keinen Sinn, einer Person, die entschlossen ist, alles weg zu erklären, mit Argumenten zu kommen. Wo die Offenheit fehlt, Neues zu denken, kann nichts Gescheites dabei herauskommen.

Wenn man sich das Material anschaut, das in dieser und anderen Debatten zu diesem Thema zur Sprache kam, kommt man nicht umhin, die intellektuelle Kraft hinter schlüssigen Argumenten zu bewundern und zu respektieren. Viele der Beteiligten verfügen in beneidenswertem Maß über Wissen und Bildung, und man kann ihnen auch abnehmen, dass ihre Motivation ehrlich ist. Doch es ist beunruhigend, dass die meisten von uns von der Debatte ausgeschlossen bleiben, wenn auf allerhöchstem intellektuellen Niveau diskutiert werden soll. In meinem Innern schreit es auf: Ist das alles wirklich notwendig, um die Glaubwürdigkeit Gottes in einem Universum der Philosophen zu begründen? Manchem mag solch eine Diskussion helfen, aber für die meisten Leute werden all diese Worte den existenziellen Kampf, in dem wir alle stehen, nur noch undurchschaubarer machen.

Zweifellos dient solche Gelehrsamkeit einem guten Zweck, denn sie hilft denen, die in der vordersten Front der intellektuellen Auseinandersetzung stehen, schwerwiegende Hürden aus dem Weg zu räumen. Doch es bleibt ein gewaltiger Abgrund des Denkens, den zu überqueren nur wenige imstande sind. Die Frustration erreicht den Höhepunkt, wenn sowohl die Erfahrung als auch die Argumente unabhängig voneinander an ihre Grenzen stoßen. Die Folge ist, dass wir uns selbst nach unseren Wünschen alle möglichen Karikaturen Gottes zurechtschneidern.

In seinem Buch *Mit den Pferden laufen* erzählt Eugene Peterson eine faszinierende Geschichte. Als Theologie-Student arbeitete er in einer Gemeinde in New York City mit. Der Nachthausmeister der Gemeinde, Willi Ossa, war nach dem Krieg aus Deutschland ausgewandert und hatte eine Amerikanerin geheiratet. Nun hatten sie sich mit ihrem kleinen Baby in New York niedergelassen. Der gelernte Kunstmaler musste in seinem Nachtjob das Geld für die Familie verdienen, das seine künstlerische Tätigkeit nicht einspielte. Ossa bot sich an, ein Porträt von Eugene Peterson zu malen, und Peterson ließ sich darauf ein, um den Kontakt zu vertiefen. Denn Peterson meinte, irgendwo in Ossas Leben eine unterschwellig feindselige Haltung gegenüber dem Christentum und Peterson zu verspüren. Tag für Tag, Woche für Woche nahm sich Peterson die Zeit, für den Künstler Modell zu sitzen. Während der ganzen Zeit ließ Ossa Peterson nie sehen, welche Fortschritte das Bild machte.

Eines Tages schaute Ossas Frau herein, während er malte. Ihr Blick fiel auf das Bild, und sie schrie auf: „Krank! Krank! Du malst ihn ja wie eine Leiche!“

Ossa, sichtlich verärgert über die vorzeitige Offenbarung seiner Absicht, gab heftig zurück: „Er ist nicht krank; so wird er aussehen, wenn die Barmherzigkeit weg ist, wenn die Gnade aus ihm herausgequetscht wird.“

Peterson brauchte nicht lange, um zu merken, worum es eigentlich ging. Willi Ossa hasste die Kirche und hielt die Christen allesamt für Heuchler. Den Kirchen in Deutschland machte er den Vorwurf, nicht mehr getan zu haben, um sich gegen die Gräuel des Holocaust zu stemmen. Nun wollte er Peterson aus Dankbarkeit für seine Freundschaft davor warnen, was aus ihm werden würde, wenn er bei seinem „christlichen Weg“ bliebe.

Die sehr traurige Geschichte ist eine Anklage gegen den historischen Ballast des Christentums. Doch hinter alledem fragt man sich, ob so nicht das Bild aussieht, das viele Menschen sich von Gott machen. Aus einer abwegigen „Erfahrung“ oder irgendeiner radikalen Philosophie heraus sehen sie Gott als ein unerbittliches, feindseliges Wesen ohne Liebe und Barmherzigkeit. Säkulare Philosophen reduzieren ihn auf eine bloße Idee. Soziologen studieren ihn als kulturelles Phänomen. Existenzialisten zwängen ihn in ein Gefühl. Ist es da ein Wunder, wenn der Sucher schreit: „Wer bist du, Gott?“

Das ist die Gefahr, in die das Debattieren und eine Religion, die nur auf der Erfahrung beruht, Menschen führen können. Was uns bleibt, ist die Version eines Künstlers vom Aussehen Gottes, die im Wesentlichen von den eigenen Vorurteilen oder der Wahrnehmung Gottes des Künstlers abhängt.

Die Tatsache der Offenbarung

Angesichts der Tücken des Argumentierens und der Gefahr der Verzerrung durch die Erfahrung wenden wir uns einer ganz anderen Quelle der Erkenntnis Gottes zu, nämlich der Selbstenthüllung Gottes in der Heiligen Schrift. Gott hat sich uns in vielen bedeutenden Abschnitten offenbart. Durch die verschiedenen Verfasser, die von seinem Heiligen Geist inspiriert waren, bekommen wir quasi Schnappschüsse von ihm. Hier ist einer dieser vertrauten, großartigen Abschnitte aus dem Buch des Propheten Jesaja:

> Ihr aber – wisst ihr es nicht besser? Oder wollt ihr es nicht hören? Hat man es euch nicht von Anfang an erzählt? Ist euch wirklich nicht bekannt, wer die Erde gemacht hat? Es ist der Herr! Hoch thront er über der Welt; ihre Bewohner sind für ihn klein wie Heuschrecken. Er spannt den Himmel aus wie

> einen Schleier, er schlägt ihn auf wie ein Zelt, unter dem die Menschen wohnen können. Er stürzt die Mächtigen und nimmt den obersten Richtern die Gewalt. Sie gleichen jungen Pflanzen: Kaum sind sie gesetzt, kaum haben sie Wurzeln geschlagen, da bläst der Herr sie an, und sie verdorren. Wie dürres Laub werden sie vom Sturm verweht. „Mit wem also wollt ihr mich vergleichen?“, fragt der heilige Gott. „Wer hält einem Vergleich mit mir stand?“ Blickt nach oben! Schaut den Himmel an: Wer hat die unzähligen Sterne geschaffen? Er ist es! Er ruft sie, und sie kommen hervor; jeden nennt er mit seinem Namen. Kein einziger fehlt, wenn der starke und mächtige Gott sie ruft. ...
> Begreift ihr denn nicht? Oder habt ihr es nie gehört? Der Herr ist der ewige Gott. Er ist der Schöpfer der Erde – auch die entferntesten Länder hat er gemacht. Er wird weder müde noch kraftlos. Seine Weisheit ist unendlich tief. Den Erschöpften gibt er neue Kraft, und die Schwachen macht er stark. Selbst junge Menschen ermüden und werden kraftlos, starke Männer stolpern und brechen zusammen. Aber alle, die ihre Hoffnung auf den Herrn setzen, bekommen neue Kraft. Sie sind wie Adler, denen mächtige Schwingen wachsen. Sie gehen und werden nicht müde, sie laufen und sind nicht erschöpft.
> Jesaja 40,21-26; 28-31

Oder schauen Sie einmal auf die Worte des Propheten Micha, dessen Name „Wer ist wie Jahwe?“ bedeutet:

> Hört zu, all ihr Völker! Gebt Acht, ihr Bewohner der Erde! Gott, der Herr, tritt als Zeuge gegen euch auf, er kommt aus seinem heiligen Tempel. Von dort, wo er wohnt, steigt er herab und schreitet über die Gipfel der Erde. Unter seinen Schritten schmelzen die Berge wie Wachs im Feuer, sie fließen in die Ebene, wie Wasser den Abhang hinabschießt. In den Tälern brechen tiefe Spalten auf. Dies geschieht, weil die Israeliten, die Nachkommen Jakobs, gegen den Herrn gesündigt haben und

> ihm den Rücken kehren. Wer ist verantwortlich für Israels Schuld? Seine Hauptstadt Samaria! Und wer hat Juda zum Götzendienst auf den Hügeln verführt? Seine Hauptstadt Jerusalem!
> Micha 1,2-5

Derselbe Micha kann, nachdem er von dem Grauen gesprochen hat, das der Sünder wohl empfindet, wenn er vor dem Gericht steht, sein Buch mit den folgenden Worten beschließen:

> Wo ist ein Gott wie du, Herr? Du vergibst denen, die von deinem Volk übrig geblieben sind, und verzeihst ihnen ihre Schuld. Du bleibst nicht für immer zornig, sondern lässt Gnade vor Recht ergehen, daran hast du Gefallen! Ja, der Herr wird wieder Erbarmen mit uns haben und unsere Schuld auslöschen. Er wirft unsere Sünden ins tiefste Meer.
> Micha 7,18-19

Betrachten Sie auch die Schilderungen der Begegnungen zwischen Gott und Mose, zwischen dem Engel und Maria und zwischen Jesus und Saulus von Tarsus. Seite an Seite mit den Worten der Propheten ergibt sich ein Bild von Männern und Frauen, die sich bemühen in Gottes Gegenwart zu sprechen und dann in der Nachglut feststellen, dass Worte nicht ausreichen, um ihre Empfindungen auszudrücken. Kein Wunder, dass Paulus in seiner Schilderung einer Vision, in der er in den „dritten Himmel“ entrückt wurde, sagt: „... ob im Leib, weiß ich nicht, oder außer dem Leib, weiß ich nicht.“ Er war sprachlos – was bei Paulus wahrlich nicht oft vorkam. Zusammenfassend sagte er:

> Was kein Auge jemals sah, was kein Ohr jemals hörte und was sich kein Mensch vorstellen kann, das hält Gott für die bereit, die ihn lieben.
> 1. Korinther 2,9

Johannes, der die letzte in der Bibel enthaltene Offenbarung empfing, fehlten ebenfalls die Worte. Immer wieder muss er zu dem Hilfsmittel „wie ..." greifen: „Wie eine Posaune ... wie ein Mensch ... wie weiße Wolle ... wie Feuerflammen ... wie ein tosender Wasserfall ... wie die Sonne." Wie beschreibt man etwas, bei dem alle Analogien versagen?

Stärke und Grenzen der Theologie

Unter der Hand voll klarer Wesensmerkmale Gottes, die sich ergeben, wenn wir diese großen Wahrheiten zusammenfassen, treten vier als grundlegend hervor. Das erste ist Gottes Allmacht. Das zweite ist seine Heiligkeit. Das dritte ist seine Allwissenheit, und das vierte ist seine Unwandelbarkeit. Die Erklärungen zu jedem dieser Wesensmerkmale Gottes füllen bereits ganze Bibliotheken. Deshalb können wir an dieser Stelle nur einen kleinen gedanklichen Teil diskutieren, der uns hilft, die Leiter zu erklimmen.

Wenn wir von Gottes Allmacht lesen, lesen wir von einer Welt, die aus dem Nichts erschaffen wurde. Wir lesen, dass Gott die Wege der Menschen und selbst der Geschichte lenkt. Wir lesen von seiner Macht über die Elemente. Wir lesen von seiner Selbstexistenz, weder durch irgendeine andere Kraft oder aus einem anderen Grund heraus erschaffen. Kurz, Gott ist der allmächtige Herrscher des Universums.

James Montgomery Boice, Herausgeber und Mitautor des hervorragenden Sammelbandes *Our Sovereign God*, leitet sein Thema mit einer Geschichte über Donald Grey Barnhouse, einen Freund seiner Familie, ein. Barnhouse gehörte in einer Zeit, in der es noch wenige Autos oder Flugzeuge gab, der Kavallerie der Vereinigten Staaten an. Dieser stolze Soldat erzählte gern eine Geschichte nach der anderen über sein herrliches und aufregendes Leben als berittener Soldat. Bei einer Gelegenheit sagte er: „Das Wichtigste in den gesamten Streitkräften der Vereinigten Staaten ist ein Kavallerie-General. Danach kommt ein Kavallerie-Oberst, ein Kavallerie-Major, ein Kavallerie-

Leutnant, ein Kavallerie-Sergeant und ein Kavallerie-Soldat. Und dann kommt das Pferd des Kavallerie-Soldaten ... dann erst einmal lange Zeit nichts, und dann kommt ein Infanterie-General."

Barnhouses Aussage war deutlich. Alles, was mit der Kavallerie zu tun hatte, war ein Teil von allem. Dann kam erst einmal gar nichts, sodass das Beste von allem, was danach folgte, im Vergleich zur Kavallerie also gar nichts war.

Als Barnhouse Jahre später gefragt wurde, welches die wichtigste Lehre über Gott sei, nannte er Gottes Allmacht. Alles andere ordne sich dem unter. Tatsache ist, wenn Gott nicht allmächtig wäre, wie in aller Welt könnte es uns dann überhaupt geben, und was in aller Welt sollte dann aus uns werden? Wie beängstigend wäre unser Dasein, wenn niemand „am Ruder" säße. Gott bezeichnete sich selbst als der „Ich bin". Wie könnte man ihn, der zu allen Zeiten ist, besser beschreiben. Nichts und niemand sonst könnte diese Bezeichnung für sich in Anspruch nehmen. Alles andere wurde ins Dasein gerufen. Für Gott gibt es keinen Anfang und kein Ende. Es gab nie eine Zeit, in der er nicht war, und es ist unmöglich für ihn, nicht zu sein.

Allein die Allmacht Gottes gibt dem Leben und der Geschichte Ziel und Sinn. Er ist im wahrsten Sinn des Wortes souverän.

Das zweite herausragende Wesensmerkmal Gottes ist seine Heiligkeit. Sieben von zwölf Stellen, an denen Gottes Name im Alten Testament erwähnt wird, bezeichnen ihn als heilig. In ihm ist nichts Unwahres, Zerstörerisches oder Unvollkommenes. Gottes Wesen besteht aus absoluter Reinheit, aus der jede andere Definition von gut und böse abgeleitet ist. Er kann nicht lügen, und er wird niemals Unrecht tun.

Anfang des zwanzigsten Jahrhunderts schrieb der deutsche Wissenschaftler Rudolf Otto ein sehr bedeutendes Buch mit dem Titel *Das Heilige*. Darin äußerte er den entscheidenden Gedanken, dass die Idee des Heiligen zwar die Vorstellung moralischer Reinheit beinhalte, Heiligkeit aber weit über bloße Moral hinausgehe. Er bezeichnete Heiligkeit als einen Zusatz, eine Zugabe, die weit über moralisch richtiges Verhalten, über Gutsein hinausgehe, als ein „ungeheures Geheimnis".[4] A. W. Tozer, der einige der kreativsten

Bücher zum Thema Heiligkeit Gottes geschrieben hat, macht eine ähnliche Anmerkung:

> Weder der Autor noch der Leser dieser Worte kann Gottes Heiligkeit ermessen. Durch die Wüste unseres Verstandes muss ganz buchstäblich ein neuer Kanal gegraben werden, damit das liebliche Wasser der Wahrheit, das unsere schwere Krankheit heilen wird, hereinfließen kann. Die wahre Bedeutung der göttlichen Heiligkeit erfassen wir nicht, indem wir an jemanden oder etwas sehr Reines denken und dann dieses Konzept auf das höchste Maß, das wir uns vorstellen können, steigern. Gottes Heiligkeit lässt sich nicht einfach beschreiben als das Beste, was wir kennen, noch einmal ums Unendliche gesteigert. Die göttliche Heiligkeit lässt sich mit unseren Erfahrungen überhaupt nicht begreifen. Sie steht abseits, einzigartig, unnahbar, unverständlich und unerreichbar. Der natürliche Mensch ist blind für sie. Er mag Gottes Macht fürchten und seine Weisheit bewundern, aber seine Heiligkeit kann er sich nicht einmal vorstellen.[5]

Die Heiligkeit Gottes ist ein Thema, das die Gedanken der Theologen und der Liederdichter gleichermaßen fesselt. Doch je tiefer sich ein Autor damit beschäftigt, desto weniger fühlt er sich qualifiziert, überhaupt davon zu sprechen.

Neben der Allmacht und der Heiligkeit ist Gottes Allwissenheit ein geheimnisvolles Wesensmerkmal, auf das wir unser Augenmerk richten sollten. Knapp zusammengefasst bedeutet dies, dass Gott über vollkommenes Wissen verfügt und darum niemals etwas lernen muss. „Wer kann den Geist des Herrn fassen? Wer war sein Lehrer, wer hat ihn beraten?“ (Jesaja 40,13). Was das bedeutet, fasst wiederum A. W. Tozer treffend zusammen:

> Gott kennt sofort und mühelos jedes Ding und alle Dinge, allen Verstand und jede Denkweise, jede Seele, allen Geist und alle Geister, alles Sein und jedes Wesen, alle Geschöpflichkeit

> und jedes Geschöpf, jede Vielfalt und alle Vielfältigkeiten, alles Recht und jedes Gesetz, alle Beziehungen, alle Ursachen, alle Gedanken, alle Geheimnisse, alle Rätsel, alle Gefühle, alle Wünsche, alles Unausgesprochene, Verborgene, alle Throne und Herrscher, alle Persönlichkeiten, alle sichtbaren und unsichtbaren Dinge im Himmel und auf Erden, in Bewegung, Raum, Zeit, Leben, Tod, Gut, Böse, Himmel und Hölle.[6]

Das vierte Attribut ist Gottes Unwandelbarkeit. Er ist unzerstörbar und unveränderlich. Er ist nicht wankelmütig und launenhaft, sondern wird stets in Übereinstimmung mit seinem Charakter handeln.

Doch wenn wir versuchen, Gottes Allmacht, Heiligkeit, Allwissenheit und Unwandelbarkeit vollkommen zu verstehen, passiert etwas Verblüffendes. So wunderbar diese Eigenschaften sind, wenn wir gründlich darüber nachdenken, können sie uns in einige Verwirrung stürzen. Wie kommt das? Selbst die Theologie, die Königsdisziplin der Wissenschaften, stößt hier an ihre Grenzen.

Sicherlich können wir von der Feder eines Philosophen oder von einem Glauben, der allein auf Erfahrung beruht, in die Irre geführt werden. Die Offenbarung Gottes in der Heiligen Schrift liefert uns jedoch schwarz auf weiß den Maßstab, an dem sich alle anderen Aussagen über Gott messen lassen müssen. Dies ist das Wort Gottes. Obwohl das so ist, bietet uns doch gerade Gottes Wort selbst eine enorme Herausforderung, wenn wir darüber nachdenken.

Zum Beispiel kann Gott in seiner Allmacht wie ein Tyrann erscheinen, wenn das Leben plötzlich eine tragische Wendung nimmt. Nicht jeder spricht das laut aus, aber viele Menschen empfinden dies so. Ich erinnere mich, wie ich einmal einen Anruf von einem völlig Fremden erhielt, der in einer Hunderte von Meilen entfernten Stadt im Krankenhaus lag. Er war durch unsere Radiosendung an unsere Telefonnummer gekommen und bestand darauf, dass er dringend mit mir sprechen müsse. Man hörte seiner gequälten Stimme an, dass er wirklich in Not war, und so wurde der Anruf sofort zu mir durchgestellt. Ein paar Tage zuvor hatte er bei einem Betriebsausflug mit einigen seiner Kollegen Baseball gespielt. Als er auf eine der Basen zu stürmte, stieß er mit dem Mann zusammen, der auf dieser Position spielte. Die Wucht des Aufpralls war so stark, dass sein Kopf nach hinten geschleudert wurde. Er rief mich aus dem Krankenhaus an, nachdem man ihm eröffnet hatte, dass er wahrscheinlich auf Dauer vom Hals abwärts gelähmt sein würde.

Bis zu diesem Tag in seinem Leben hatte er mit der Kirche und mit Gott so gut wie nichts zu schaffen gehabt. Nun jedoch rief er alle an, die er für „fromme Leute“ hielt, um jemanden zu finden, der ihn heilen könne.

Was für eine Tragödie für einen Mann in den Vierzigern mit einer jungen Familie! Aus seiner Sicht schien der allmächtige Gott ein Tyrann zu sein. Wie ein Blitz aus heiterem Himmel hatte anscheinend dieser Gott jenen völlig gesunden und lebenslustigen Mann von einem Moment auf den anderen in ein bewegungsunfähiges Wrack verwandelt.

Auch Gottes Heiligkeit kann uns in eine lähmende Verwirrung stürzen. Als Menschen berufen wir uns gerne auf das Heilige, wenn wir im Recht sind. Wissen wir uns jedoch im Unrecht, gehen wir viel zurückhaltender mit diesem Wesensmerkmal Gottes um.

Vor ein paar Jahren las ich auf der Titelseite einer bekannten internationalen Zeitung die Geschichte eines Lkw-Fahrers in Italien. Unterwegs auf seinen Fahrten suchte er regelmäßig die nächstgelegenen Bordelle auf. Bei einer Gelegenheit erzählte ihm ein Bekannter von dem besten Bordell, das er kannte, und sagte ihm auch gleich, nach wem er fragen sollte, um den besten Service zu bekommen. Der Lkw-Fahrer beschloss, der Empfehlung zu folgen, obwohl das Bordell ziemlich nahe an seinem Heimatort war. Als er in dem Bordell ankam, bat er darum, von der besagten Prostituierten bedient zu werden, und wartete gespannt auf ihr Erscheinen. Als jedoch die Frau das Zimmer betrat, sah er zu seinem äußersten Schrecken und Zorn seine eigene Frau vor sich. Außer sich vor Wut begriff er schlagartig, dass seine Frau sich während seiner langen Zeiten der Abwesenheit mit Prostitution ein Zubrot verdient hatte. Voller Zorn packte er die Frau und hätte sie wohl umgebracht (was ihn in den Polizeibericht brachte und letztlich zum Zeitungsartikel führte), wenn man ihn nicht daran gehindert hätte.

Ich schüttelte fassungslos den Kopf, als ich diese Geschichte las. Dieser Mann machte sich offensichtlich keinerlei Gedanken über seinen eigenen unaufrichtigen und liederlichen Lebenswandel. Doch als der Spieß umgedreht wurde, konnte er es nicht ertragen, zu einem Opfer seiner eigenen Philosophie zu werden. Wenn zwei verdorbene Menschen sich gegenseitig die Maske vom Gesicht reißen, wird immer der eine mit dem Finger auf den anderen zeigen. Obwohl wir selbst ausgesprochen unheilig sind, messen wir andere an den Maßstäben der Heiligkeit. Wenn wir anderen ihre Fehler vorwerfen, können wir uns bequem auf unserer eigenen Heiligkeit ausruhen. Werden wir jedoch selbst auf Herz und Nieren geprüft, dann wird Heiligkeit zu einem unerfüllbaren und dadurch furchteinflößenden Anspruch. Was sollen wir tun, wenn wir vor einem heiligen Gott stehen und unsere Verdorbenheit in ihrem ganzen Grauen offenbar wird? Geben wir dann Gott die Schuld daran?

So, wie uns Gottes Allmacht tyrannisch und seine Heiligkeit erschreckend vorkommen, so kann seine Allwissenheit Verfolgungsängste in uns auslösen. David schrieb in einem Psalm:

> Wie könnte ich mich dir entziehen; wohin könnte ich
> fliehen, ohne dass du mich siehst?
> Stiege ich in den Himmel hinauf – du bist da!
> Wollte ich mich im Totenreich verbergen – auch dort bist du!
> Eilte ich dorthin, wo die Sonne aufgeht,
> oder versteckte ich mich im äußersten Westen,
> wo sie untergeht, dann würdest du auch dort mich führen
> und nicht mehr loslassen. Wünschte ich mir: „Völlige Dunkelheit soll mich umhüllen, das Licht um mich her soll zur Nacht
> werden!“ – für dich ist auch das Dunkel nicht finster;
> die Nacht scheint so hell wie der Tag
> und die Finsternis so strahlend wie das Licht.
> Psalm 139,7-12

Wenn all meine Gedanken, Taten und Absichten Gott bekannt sind, dann kann ich mich leicht verfolgt oder sogar bedroht fühlen. Gott prüft uns in seiner Allwissenheit auf fast schmerzhafte Weise.

Wir können gewiss sein, dass Gott in seiner Unwandelbarkeit immer allmächtig, heilig und allwissend sein wird. Wenige Dinge schüchtern uns Menschen so sehr ein wie unsere Unfähigkeit, Dinge zu verändern. Das kann für uns, die wir so ohnmächtig und begrenzt sind, ein quälender Gedanke sein.

Die wesentliche Offenbarung Gottes

Die Antwort auf die Frage „Wer bist du, Gott?" besteht zunächst einmal also nur aus bloßen Worten und abstrakten Konzepten. So wunderbar und herrlich diese großartigen Theorien auch sind, ein Element fehlt noch, um Gott wirklich kennen zu lernen. Darum hat Gott selbst hier noch nicht Halt gemacht. Er ist noch einen Schritt weiter gegangen. Lassen Sie mich das anhand eines Erlebnisses erläutern.

Als wir noch in Indien lebten, passierte einem unserer Hausbediensteten etwas Erstaunliches. Er kam aus einem Dorf, und die Stadt war etwas völlig Neues für ihn. Eines Tages gab ihm meine Mutter als besondere Belohnung Geld für einen Kinobesuch. Es war der Erste in seinem Leben. Als er ein paar Stunden später wieder zurückkam, machte er ein Gesicht, als wäre er gerade auf dem Mond spazieren gegangen. Er war völlig aus dem Häuschen.

Wir fragten ihn, was geschehen sei.

Er erzählte uns, dass der Film bereits begonnen hatte, als er im Kino ankam. Also ging er durch den dunklen Gang und blieb an der Tür stehen, weil er nichts sehen konnte. Zufällig war seine Blickrichtung von der Leinwand weg, sodass er die Lichtstrahlen des Projektors aus der Öffnung in der hinteren Wand kommen sah. Wie üblich trafen die Strahlen auf den Staub und auf Rauchschwaden im Raum. Einen Moment lang genoss er den Anblick in der Meinung, das sei der Film. Dann erst drehte er sich um und sah zu seinem

Erstaunen auf der Leinwand ein Bild in leuchtenden Farben. Jetzt war er nicht mehr zu halten.

Er kletterte über die anderen Zuschauer hinweg und suchte sich einen Sitzplatz, von dem aus er voller Verzückung den Rest des Films verfolgte. Wir haben selten so gelacht – mit ihm zusammen wohlgemerkt –, wie über sein unbefangenes Verhalten und seine kindliche Freude.

Diese Geschichte lässt sich meiner Meinung nach gut übertragen auf die Art, wie Gott sich uns Menschen geoffenbart hat. All die Arten, wie er zu den Menschen sprach, waren wie jenes Licht des Projektors, das die Bestandteile des Bildes nur als glitzernden Strahl durch den Raum sandte – unzählige kleine leuchtende Punkte, die sich in dieselbe Richtung bewegten. Bis zuletzt das Licht als ein ganzes, strahlendes Bild auf das Gesicht seines Sohnes fiel: „Wir sahen seine Herrlichkeit ...“, wie die Jünger sagten, „voller Gnade und Wahrheit“ (Johannes 1,14; Luther 84). Und sie riefen: „Gelobt sei Gott! Gelobt sei, der in Gottes Namen kommt! Heil dem König von Israel!“ (Johannes 12,13).

Alles, was eine Person erschafft, kann bestenfalls eine Ähnlichkeit mit dieser Person haben. Wie ein Bildhauer, der sein eigenes Abbild formt, oder ein Maler, der ein Selbstporträt malt, kann eine Person ihren Schöpfungen lediglich ähnlich sein. Aber er, der gezeugt wurde, trägt das innerste Wesen dessen in sich, der ihn zeugte. Gottes ganze Schöpfung kann bis zu einem gewissen Maß seine Herrlichkeit oder Schönheit widerspiegeln. Das Wort lehrt uns Gottes Charakter – seine Allmacht, Heiligkeit, Allwissenheit und seine Unwandelbarkeit. Doch den krönenden Ausdruck seiner selbst sehen wir in Gottes „eingeborenem Sohn“. Er trägt das Wesen des Vaters in sich. Als man ihn bat: „Herr, zeige uns den Vater“, da antwortete er: „Wer mich gesehen hat, der hat auch den Vater gesehen“ (Johannes 14,8-9).

Aus diesem Grund ruft Gott uns in Hebräer 1,1-2 in Erinnerung:

> Immer wieder hat Gott schon vor unserer Zeit auf unterschiedliche Art und Weise durch die Propheten zu unseren Vätern

gesprochen. Doch jetzt, in diesen letzten Tagen, sprach Gott durch seinen Sohn Jesus Christus zu uns. Durch ihn schuf Gott die Welt, und ihn hat er auch zum Erben über diese Welt eingesetzt.

Die bahnbrechende Wahrheit

Diese höchste Selbstäußerung ist von entscheidender Bedeutung. Hier unterscheidet sich der christliche Glaube am deutlichsten von allen anderen Religionen. Der Apostel Paulus wusste sehr gut, welche Auswirkungen diese Tatsache hatte. Er war ein multikultureller Mensch: von Geburt ein Hebräer, aufgewachsen und ausgebildet in einer griechischen Stadt und Inhaber des römischen Bürgerrechts. Jede dieser Kulturen hatte ihre eigenen Ideale. Jede hatte ihr eigenes Symbol für die unsichtbare Wirklichkeit.

Paulus wollte den Menschen aus allen drei Kulturen zeigen, dass ihr Blick auf die Rückwand mit dem Projektor gerichtet war und dass sie sich umdrehen mussten, um das Bild auf der Leinwand zu erkennen. Wie ging Paulus vor?

Die Hebräer gaben der Welt unsere moralischen Wertmaßstäbe; die Griechen gaben uns unsere philosophischen Gedankengebäude, und die Römer haben uns unsere juristischen Strukturen hinterlassen.

Für den Hebräer wurde das höchste Streben im Leben durch Licht symbolisiert: „Der Herr ist mein Licht, er rettet mich. Vor wem sollte ich mich noch fürchten?" (Psalm 27,1). „Das Volk, das im Finstern lebt, sieht ein großes Licht" (Jesaja 9,1). „Das war das wahre Licht, das alle Menschen erleuchtet, die in diese Welt kommen" (Johannes 1,9; Luther 84). Für die Hebräer drückte das Licht alles Erstrebenswerte aus.

Für die Griechen war Erkenntnis das höchste Ziel. „Ihr werdet die Wahrheit erkennen, und die Wahrheit wird euch befreien" (Johannes 8,32). „Ich weiß genau, an wen ich glaube", sagte der Apostel Paulus in 2. Timotheus 1,12.

Für die Römer war Ruhm das erstrebenswerteste Ziel im Leben. Rom war die Stadt, zu der alle Straßen hinführten. Es war die Ewige Stadt. Der Ruhm und die Herrlichkeit des römischen Reiches und der römischen Kaiser ist sprichwörtlich.

Licht, Erkenntnis, Ruhm waren die Ideale der drei großen Kulturen. Dies waren die Projektorstrahlen, die die Menschen aus allen drei Kulturen in ihren Bann zogen. In seinem Brief an die Gläubigen in der Stadt Korinth, wo alle drei Einflüsse vertreten waren, schrieb der Apostel Paulus: „Denn Gott, der sprach: Licht soll aus der Finsternis hervorleuchten, der hat einen hellen Schein in unsre Herzen gegeben, dass durch uns entstünde die *Erleuchtung* zur *Erkenntnis* der *Herrlichkeit* Gottes in dem Angesicht Jesu Christi" (2. Korinther 4,6; Luther 84, Hervorhebung von mir).

Was für ein Vers, der jede menschliche Sehnsucht und jedes kulturelle Ideal umfasst! Und mehr noch. In Jesus Christus übertraf Gottes Heiligkeit jede hebräische Moralvorstellung. In Jesus übertraf Gottes Allwissenheit bei weitem das Streben der Griechen nach Erkenntnis. Ja, in ihm erwies sich Gottes Allmacht weitaus größer als der Ruhm und die Herrlichkeit der Römer.

Alle drei Ideale wurden uns in einer einzigen Person vorgeführt. Und damit nicht genug: Diese Kulturen würden eines Tages vergehen und sterben, aber der unwandelbare Gott würde immer sein. Wollt ihr Gott sehen?, fragen die Verfasser der Bibel. Schaut euch das Angesicht Christi an. In ihm kommt jede göttliche Eigenschaft zur Vollendung, und zwar nicht nur als ins Unendliche gesteigertes abstraktes Konzept, sondern in Form einer lebendigen Person.

In diesem Vers finden wir den Gipfelpunkt der Offenbarung Gottes. Sie beschränkt sich nicht auf die Philosophie Griechenlands, auf die spirituelle Erfahrung der Hebräer oder auf die Herrlichkeit einer irdischen Stadt. All diese Bestrebungen finden in der absoluten Wahrheit der Heiligen Schrift ihre Erfüllung. Aber die höchste Selbstäußerung Gottes kam zu uns in der Person „des eingeborenen Sohnes vom Vater".

Werfen wir einen Blick auf diese Person. Jesus sehnt sich danach, dass seine Jünger die ganze Freude erfahren, die Gott zu bieten hat (siehe Johannes 17). Diesen Refrain hören wir immer und immer wieder in den Gebeten Jesu – „Vater“, „heiliger Vater“, „Vater“, „gerechter Vater“, „unser Vater“.

Wer ist Gott? Vergessen wir nicht, dass nur derjenige, der gezeugt wurde, das innerste Wesen des Vaters in sich trägt. Und dieser eingeborene Sohn nannte ihn „heiliger Vater“. Wenn nun auch wir aus dem Geist geboren werden, tragen wir seine Prägung, und so können auch wir ihn durch seine Gnade und durch die Erlösung seines Sohnes freimütig Vater nennen. Er ist unser heiliger Vater. Wie einzigartig und kostbar ist das. Keine andere mir bekannte Religion nennt ihn Vater.

Wir haben nun eine weite Strecke zurückgelegt, um die Frage „Wer ist Gott?“ zu beantworten. Er ist unser heiliger Vater. Aber was bedeutet das für uns?

Anhand einer Geschichte werde ich zu erklären versuchen, was das bedeutet. Wir kennen eine ganz besondere Familie, durch die unser Leben sehr gesegnet wurde. Doch wir hätten nie erfahren, wie „besonders“ sie wirklich sind, wenn wir nicht von einer schrecklichen Tragödie gehört hätten, die sich 1989 zutrug. Greg Simmons war ein sehr erfolgreicher Geschäftsmann. Er steckte voller Energie, und den besten Teil davon stellte er Christus zur Verfügung. Greg ließ sich mit seiner Frau Christie und ihren fünf Kindern in Atlanta nieder. Er stand auf dem Gipfel seiner Karriere und eroberte mit seinen innovativen Ideen auf dem Versicherungssektor die Geschäftswelt im Sturm.

Eines Tages fuhr Greg mit vier seiner Kinder zwischen drei und zwölf Jahren und einem Freund nach Highlands, North Carolina, um ein kürzlich erworbenes Grundstück zu besichtigen. Sie kletterten empor zu einem Wasserfall. Greg, der nicht ahnte, dass es keinen Halt unter ihm gab, trat einen fatalen Schritt zu nahe an den Abgrund und stürzte mehrere hundert Meter hinab in den Tod.

Wer kann das plötzliche Grauen eines solchen Geschehens erfassen? Wir können Gott nur anflehen, dass er die Hinterbliebenen während einer so niederschmetternden Erfahrung in seinen Armen hält. Aber dieses furchtbare Ereignis war der Auslöser für einen außergewöhnlichen Brief.

Gregs zwölfjähriger Sohn McKittrick schrieb an eine der engsten Freundinnen der Familie die folgenden unglaublichen Zeilen:

> Liebe Mrs. Wieland,
> Sie können nicht ahnen, wie sehr Ihre Familie meinen Vater geprägt hat. Er hat Ihren Mann und Sie sehr bewundert. Er sprach viel von Ihrem starken Glauben an Gott. Er versuchte immer, gegenüber der Gemeinde und allen anderen ebenso großzügig zu sein wie Sie. Seit seinem Tod hat sich gezeigt, wer seine wahren Freunde waren. Ihre Familie stand ganz oben auf dieser Liste. Sie haben meiner Mutter und mir viel Kraft gegeben. Mein Vater hat Sie sehr geliebt und stets versucht so zu sein wie Sie. Mein Vater war wie die drei Männer in der Bibel, die von Jesus die Talente bekamen. Einer ging hin und investierte das Geld und vervielfachte es. Ein anderer kaufte Papiere, die ihren Wert verloren, und hatte am Ende nichts mehr. Der Dritte vergrub das Geld und machte gar nichts damit. Alle drei kamen nach ein paar Tagen zurück, und der Herr war zufrieden mit den beiden, die versucht hatten, das Geld zu vermehren, aber obwohl der eine Mann mit der gleichen Summe wiederkam, war der Herr enttäuscht, weil er es nicht einmal versucht hatte. Mein Vater hat vieles vervielfacht und vieles verloren, aber er hat dem Herrn immer gefallen. Zu einem Großteil hatte er das von Ihrer Familie. Mein Papa ging gerne Risiken ein, so war er nun einmal. 1. Mose 1,1 – Am Anfang war Gott ... das war seine Devise. Mein Vater war von Anfang an ein besonderer und risikofreudiger Mensch. Darum war er so beliebt und erfolgreich.
> Niemand wird je verstehen, wie oder warum mein Vater abgestürzt ist. Tun Sie sich selbst einen Gefallen und grübeln Sie nicht über die möglichen Gründe nach. Mein Vater starb für seine Kinder. Er wollte sich vergewissern, dass es für uns ungefährlich war, hinaufzukommen. Sie haben vielleicht verschie-

dene Meinungen gehört, aber nur sechs Menschen haben es gesehen, und nur drei verstehen, was wirklich passiert ist. Ich bin einer davon. Meine Mutter hat ihren größten Schatz verloren – ihren Mann. Die meisten anderen haben Greg verloren. Sie haben einen guten Freund verloren. Meine Großeltern haben ihren Sohn verloren. Forrest, John und Barbra haben ihren Bruder verloren. Aber für mich ist es anders, völlig anders. Er war mein bester Freund und mein Vorbild, aber als ich ihn das letzte Mal sah, wie er den Wasserfall hinabstürzte, verlor ich den kostbarsten Menschen, den ich auf der Erde hatte. Er war mein Vater, er war mein ganz besonderer und geliebter Papa. Vor drei Tagen hatte ich nachts einen Traum, aber es war eigentlich kein Traum. Meinem Vater geht es gut. Er hat es mir selbst gesagt. Danke, dass Sie eine echte Freundin sind. Ich habe Sie sehr lieb.
Gregory M. Simmons[7]

Ich kann diesen Brief nicht lesen, ohne dass mir die Tränen kommen. McKittrick, der meist bei seinem zweiten Vornamen genannt wird, unterschrieb diesen Brief mit seinem ersten Namen, denn es ist derselbe wie der seines Vaters. „Er war mein ganz besonderer und geliebter Papa", schrieb er. Diese Welt wird zu einem sehr einsamen Ort, wenn Söhne ohne ihre Väter aufwachsen. Wie trostlos wäre unser Dasein, wenn die ganze Welt selbst vaterlos wäre.

Wer ist Gott? Er ist unser heiliger Vater. Das Leben vereint scheinbar unvereinbare Gegensätze und birgt dadurch eine beängstigende Symmetrie in sich. So wie in der tiefsten Dunkelheit der Seele das hellste Licht leuchten kann, so stehen sich die Worte „heilig" und „Vater" diametral gegenüber und bilden zusammen doch eine Einheit.

Wenn Gott unser heiliger Vater ist, dann erschrecken uns seine Allmacht, Heiligkeit, Allwissenheit und seine Unwandelbarkeit nicht mehr. Stattdessen rufen sie Ehrfurcht und Dankbarkeit in uns hervor. Allmacht erscheint nur dann als Tyrannei, wenn sie nicht durch Güte gezügelt ist; Heiligkeit ist nur erschreckend, wenn sie nicht durch Gnade gemildert wird; Allwissenheit ist nur bedrohlich, wenn sie nicht von Barmherzigkeit begleitet wird; und Unwandelbarkeit jagt uns nur dann Furcht ein, wenn es dabei keine Aussicht auf Liebe und Vergebung gibt. Was Gott zusammengefügt hat, das soll der Mensch nicht scheiden. Gott sei Dank haben wir die Gewissheit, dass hinter all diesen Attributen seine Gnade und Güte, seine Hoffnung und seine Liebe stehen. Woher wissen wir das? Folgen Sie Jesus Christus bis ans Kreuz, und Sie werden es sehen.

Kehren wir zurück zum Beginn des Gebetes Joschafats, in dem er fragte: „Bist du es nicht, der da Gott im Himmel ist?" Wenn wir das nächste Mal über den Gott im Himmel lesen, dessen Name geheiligt wird, dann denken wir daran, dass er unser heiliger Vater ist.

Erinnerung tut Not

Die zweite Frage, die Joschafat in seinem Gebet stellte, war: „Hast du nicht ...?" (2. Chronik 20,7). Dann listete er die vielen Krisen auf, durch die Gott sein Volk geführt hatte. Joschafat blickte zurück und erkannte, dass sie ohne Gottes Leitung und Hilfe nie bis zu dem Punkt gekommen wären, an dem sie jetzt standen. Bei vielen Gelegenheiten sowohl im Alten als auch im Neuen Testament sehen wir, wie Gott das Volk führte, Schritt für Schritt. Zu Beginn des 5. Buches Mose erinnerte Gott selbst sie an seine Treue während ihrer vierzigjährigen Wanderschaft in der Wüste. In seiner Abschiedsrede an das Volk führte Josua ihnen wiederum Gottes unerschütterliche Liebe vor Augen (Josua 23). Eine der klassischen Passagen des Alten Testaments, Nehemia 9, schildert die Weihung der soeben wieder erbauten Stadtmauer von Jerusalem. Diese ausführliche Erinnerung an die leitende und erhaltende Macht Gottes durch die Jahre der Gefangenschaft hindurch, die das Volk an diesen Punkt seiner Geschichte brachte, ist zu unserem Nutzen hier aufgezeichnet. Ein ähnlicher Abschnitt im Neuen Testament ist Apostelgeschichte 7, wo Stephanus seinen Zuhörern erneut in Erinnerung ruft, was Gott für sie getan hat, von der Berufung Abrahams angefangen bis hin zum Kreuz Jesu.

Dieses Innehalten und sich Erinnern ist unerlässlich. Nur indem wir uns an Gottes Treue erinnern, können wir das Muster erkennen, das Gott in unser Leben hineingewoben hat. Gleichzeitig lernen wir, unsere Zuversicht auf sein Wirken zu setzen. Darum fordert Gott das Volk immer wieder auf, einen Stein oder eine Markierung zu errichten, damit sie nicht vergessen, der nächsten Generation von den Taten Gottes zu erzählen.

Das Magazin *Reader's Digest* berichtete in seiner Ausgabe vom August 1988 von einem zwölfjährigen Jungen, der in der Nähe von Naples, Florida, lebte. Eines Nachmittags spielte er im Wald mit seinem Hund, als plötzlich ein glühend heißer Schmerz durch seinen Fuß fuhr. Er schaute hinab und sah den mächtigen Kopf einer Klapperschlange, die ihn durch seinen Schuh hindurch gebissen hatte. Einige Zeit später fand ihn sein Vater bewusstlos zu Hause auf dem Küchenfußboden. Er begriff sofort, was geschehen war, packte den Jungen ins Auto und raste mit ihm zur nächsten, einige Meilen entfernten Arztpraxis. Doch unterwegs hatte er eine Autopanne. Verzweifelt stellte sich der Vater an den Straßenrand und versuchte die Vorbeifahrenden anzuhalten.

Erst nach einiger Zeit fuhr endlich ein haitianischer Landarbeiter mit seinem Pickup rechts heran. Doch inzwischen zirkulierte das Gift in der hohen Dosis schon so lange in dem Jungen, dass der Arzt sagte, er könne ihm nicht mehr helfen. Die einzige Hoffnung sei, ihn noch in ein Krankenhaus zu bringen, obwohl es selbst dazu inzwischen wahrscheinlich zu spät sei – nicht zuletzt, weil es bis dort ein weiter Weg war. Trotzdem lebte der Junge noch, als sie ihn hinbrachten. Doch die Ärzte dort konnten nur bestätigen, dass er keine Überlebenschance habe.

Einige Tage später schlug der Junge zur Überraschung aller die Augen auf. Doch es wartete noch eine größere Überraschung auf sie. Der Arzt sagte ihm, er habe großes Glück gehabt, denn er habe noch nie erlebt, dass jemand mit so viel Gift im Blut so lange überlebt habe.

Der Junge schüttelte den Kopf und sagte, er habe die ganze Zeit gewusst, dass er wieder gesund werden würde. Als er von der

Schlange gebissen worden sei, habe er versucht, sich zu befreien, aber es sei ihm nicht gelungen. Erst das Bellen des Hundes habe die Schlange schließlich vertrieben.

„Ich habe versucht, zurück nach Hause zu kommen", fuhr er fort, „aber ich bin dauernd hingefallen. Plötzlich stand eine weiß gekleidete Gestalt neben mir und half mir wieder auf. Er trug mich ins Haus und sagte mir, ich würde eine Weile krank sein, aber ich solle mir keine Sorgen machen. Er würde sich um mich kümmern, und ich würde wieder ganz gesund werden."

Der Arzt und die Familie waren sprachlos. Der Vater versuchte seinem Sohn die Geschichte auszureden, da sie ja, wie er sagte, „nicht religiös" seien. „Wir gehen nicht in die Kirche."

Aber so sehr sie sich auch bemühten, der Junge schüttelte nur den Kopf und sagte ihnen, er wisse genau, was passiert sei. Der Artikel endete mit dem Fazit: „Ein amerikanischer Junge glaubt felsenfest, dass Gott ihn auf seinen Armen getragen hat" – egal was andere sagen.

Es wird für diesen jungen Mann lebenswichtig sein, sich an dieses Erlebnis zu erinnern, wenn die nächsten Stürme des Lebens kommen. Die meisten von uns werden nie so ein dramatisches Wunder erleben, aber Gottes Eingreifen in unserem Leben ist ebenso real. Darum ist die Einladung, zu Christus zu kommen, so wichtig. Wenn man diesen Schritt tut, sollte man sich Zeit und Ort merken. Vielleicht kann nicht jeder dies konkret an einem Augenblick festmachen, aber die Lebensübergabe an Christus muss uns immer klar in Erinnerung bleiben. Dann können auch wir zu Gott sagen: „Hast du nicht ...?"

Es hat uns traurig gemacht, als wir vor einigen Jahren St. Petersburg besuchten. Wir standen vor einem ehemaligen Kirchengebäude, das heute „Museum für Wissenschaft und Atheismus" heißt. Genau von diesem Ort habe ich in der Einleitung zu diesem Buch erzählt. 176 Jahre zuvor war hier der russische Zar vor Gott niedergefallen und hatte um die Rettung seines Volkes gefleht. Doch in der Zwischenzeit ist dieser Ort zu einem Denkmal für den Atheismus geworden. So sind die Launen des menschlichen Verstandes.

Eine zuversichtliche Hoffnung

Damit kommen wir zur letzten Frage Joschafats: „Unser Gott, willst du sie nicht richten? Denn in uns ist keine Kraft vor dieser großen Menge, die gegen uns kommt. Wir erkennen nicht, was wir tun sollen, sondern auf dich sind unsere Augen gerichtet" (2. Chronik 20,12; REÜ).

Dann fügt der Chronist den folgenden Vers hinzu: „Und ganz Juda stand vor dem HERRN mit ihren Kindern, ihren Frauen und ihren Söhnen." Das Gebet hatte damit begonnen, dass Joschafat vor Gott stand. Doch dann wird uns im Nachsatz berichtet, dass Tausende Familien von nah und fern in diesem schweren Augenblick mit ihm dort standen, als sie dachten, dass der Kampf über ihre Kräfte gehen würde.

Was für eine Antwort gab ihnen Gott? Er sagte: „Fürchtet euch nicht und seid nicht niedergeschlagen vor dieser großen Menge! Denn der Kampf ist nicht eure Sache, sondern Gottes" (Vers 15). Dieser Vers befindet sich genau in der Mitte des Alten Testamentes, und das mit gutem Recht: In diesem Vers gibt uns Gott seine Zusicherung, dass er für uns kämpfen wird, wenn wir auf ihn vertrauen. Der Kampf ist nicht unsere, sondern seine Sache.

Wenn wir ein Gebet wie dieses beten, sollten wir uns seine Bedeutung bewusst machen. Bist du es nicht? ... Hast du nicht? ... Wirst du nicht? ... In erster Linie soll uns das daran erinnern, dass Gott derjenige ist, der ist und war und sein wird – der ewige Ich Bin. Er ändert sich nie. Wir kommen zu ihm wie Kinder in die Arme ihres liebenden Vaters.

Zweitens erinnert es uns daran, dass Gott auch der Herr über die Geschichte ist. Wann immer wir unseren Blick auf die Schwere des Kampfes richten, werden wir vor der Aufgabe zurückscheuen. Wann immer wir auf Gott sehen, werden wir Frieden finden in der Gewissheit, dass der Kampf die Sache des Herrn ist. Wir lassen uns so leicht durch die Fehler und Unaufrichtigkeit von Politikern und Machthabern in aller Welt entmutigen. Immer noch leben Millionen von Menschen unter Tyrannei und Gewaltherrschaft, die mit ideologischen Argumenten begründet werden. In unserer Gesellschaft ist es sehr beliebt, über alles Heilige herzuziehen. Wir machen uns Sorgen über Trends in Kunst und Unterhaltung und besonders die Art, wie das Fernsehen das Heilige trivialisiert und das Profane verherrlicht. Unsere Vorbilder sind süchtig nach Anerkennung und beschäftigen sich mehr mit ihrer Selbstbeweihräucherung als mit Dingen, die wirklich zählen. Nationen, die einst Gott als den einzig Wahren anbeteten, behandeln heute die Religion als ein Überbleibsel primitiven Denkens. Es scheint, als ob ein mächtiger Arm nach der Gemeinde greift. Ist Gott noch am Ruder? Doch er, der ist und der war, wird immer der souveräne Herrscher des Universums sein.

Wann immer ich im Lauf der Jahre neue Attacken gegen den Namen Christi erlebt habe, war mir ein Essay des bekannten englischen Schriftstellers F. W. Boreham ein großer Trost. Er trägt den schönen Titel „Die Kerze und der Vogel".[8] Wie Boreham meint, ist die Gegenwart Gottes eher mit einem Vogel zu vergleichen als mit einer Kerze. Wenn eine Kerze ausgelöscht wird, ist das Licht aus. Doch wenn ein Vogel vertrieben wird, dann flattert er nur zum nächsten Ast, um dort sein Lied weiter zu singen.

Ausgehend von diesem Bild spürt Boreham dem mächtigen Wirken Gottes in der ganzen Geschichte nach. Denken Sie zum Beispiel an den Einfluss, den die Puritaner auf ihre Zeit ausübten. Als dieser nachließ, beklagte Milton ein England, das dringend eine neue Erweckung der Herzen nötig hatte. War das Licht erloschen? Nein, schon acht Jahre nach dem frühen Tod des hoch angesehenen gläubigen englischen Staatsmannes Joseph Addison geschah etwas Gewaltiges, als sich am Morgen des 13. August 1727 eine Handvoll junger Leute unter der Leitung des siebenundzwanzigjährigen Grafen Zinzendorf in Herrnhut zum Gebet versammelte. Die Anwesenden erinnerten sich später nur noch, dass sie kaum wussten, ob sie noch auf der Erde oder schon im Himmel angekommen wären. Dies war die Geburtsstunde der Herrnhuter Brüdergemeine.

Während also in England der göttliche Einfluss versiegte, entstand in Deutschland die Herrnhuter Bewegung. Aus ihr wurden

Missionare in alle Enden der Erde entsandt. Doch dann ging es auch mit den Herrnhutern bergab. War nun das Licht erloschen?

Nein, der Vogel sang nur auf einem anderen Zweig weiter. Etwas später im gleichen Jahrhundert betrat William Carey am selben Tag, als in Frankreich das Kreuz verbrannt wurde, indischen Boden. Während Voltaire und andere Philosophen ihr Werk vollbracht hatten und Europa das Evangelium mit Gewalt zu verfolgen drohte, machte sich William Carey, in der einen Hand die Bibel, in der anderen die Annalen der Herrnhuter Mission, auf, um die Botschaft ins Herz Indiens zu tragen.

Als die Herrnhuter Bewegung schon am Absterben war, wurde die Flamme im Herzen Wesleys entzündet. Doch als dann wiederum die Wesleyschen Erweckungen erlahmten, war da das Licht erloschen? Nein, der Vogel sang nur auf einem anderen Zweig weiter.

Inspiriert von dem puritanischen Denker Chalmers erhoben sich Persönlichkeiten wie W. C. Burns, Alexander Duff, Robert Murray McCheyne und Andrew und Horatius Bonar, um in Schottland für Gott zu wirken. Und als Schottland seine Helden vergehen sah, ertönte plötzlich aus London die Stimme Charles Haddon Spurgeons für Tausende im In- und Ausland.

Nein, das Licht kann niemals ausgelöscht werden. Dieser Vogel hat sein Lied schon von den verschiedensten Zweigen aus gesungen. Ich bin davon überzeugt, dass sich die ersten Tonfolgen einer Melodie zu zeigen beginnen, so undurchschaubar es uns auch erscheinen mag. Es ist gut möglich, dass der Herr der Geschichte dabei ist, seine Instrumente für eine nie da gewesene Sinfonie zu stimmen. Schauen wir nicht auf die dunkle Seite.

Der Vogel singt sein Lied. Aber die Melodie muss zuerst einmal im Herzen eines jeden von uns erklingen. Der Philosoph mag debattieren. Der Skeptiker mag spotten. Die Erfahrung mag uns täuschen. Aber das Wort Gottes bleibt für immer. Ständige Wachsamkeit ist notwendig, denn die Gezeiten der Geschichte werden sich wenden. Wann immer wir meinen, wir könnten durch Kompromisse den Lauf der Dinge ändern, belügen wir nicht nur unseren Herrn, sondern auch uns selbst.

Joschafats Gebet war als Bitte an Gott gerichtet. Gleichzeitig erinnerte er sich damit selbst daran, dass Gott uns in unserer Not hört und dass er die Geschichte lenkt. Wir können in der Zuversicht ruhen, dass der Kampf nicht unsere, sondern Gottes Sache ist, die Sache unseres heiligen Vaters, der war, der ist und der sein wird.

Wer bist du, Gott? Du bist allmächtig, heilig, allwissend und unwandelbar. Du bist unser heiliger Vater, der derselbe ist gestern, heute und für immer, und unsere Herzen sind ruhelos, bis sie ihre Ruhe finden in dir.

2 Den Glauben spüren

DANIEL GOLEMANS FASZINIERENDES und viel gelesenes Buch *Emotionale Intelligenz* beginnt mit einer Geschichte, die das Herz gleichzeitig erwärmt und traurig macht. In dieser Geschichte werden die letzten Augenblicke von Gary und Mary Jean Chauncey beschrieben. Der Amtrak-Zug, mit dem sie gerade reisten, war in einen schäumenden Fluss gestürzt. Mit jedem Quäntchen Energie, das sie noch hatten, kämpften die beiden verzweifelt darum, das Leben ihrer elfjährigen Tochter Andrea zu retten. Andrea litt an Kinderlähmung und war an den Rollstuhl gefesselt. Irgendwie schafften sie es, ihre Tochter den Rettern in die ausgestreckten Arme zu schieben, aber sie selbst kamen dabei leider um.[9]

Als der Autor am Anschluss an seinen Bericht das heldenhafte Verhalten der Eltern jedoch damit erklärte, dass wir Menschen uns nun einmal evolutionsbedingt so verhalten, um das Überleben unserer Nachkommen zu sichern, war ich fassungslos und entrüstet. (Man kann sich die Frage kaum verkneifen: Wenn nur der Fortpflanzungs- und Erhaltungstrieb hinter dieser Tat gesteckt hätte, wieso haben dann die Stärkeren die Schwache erhalten und nicht sich selbst?) Aber ich werde mir diese Frage verkneifen, denn selbst Goleman sah ein, dass man diese Tat nicht einfach nur unter „Darwinismus“ verbuchen und abhaken konnte. „Nur Liebe“, fuhr er fort, könne eine solche Heldentat auf Kosten des eigenen Lebens erklären.

Der Rest des Buches setzt sich, wie der Titel andeutet, mit dem Thema der menschlichen Emotionen auseinander. Dabei wird eindrucksvoll gezeigt, dass, entgegen weit verbreiteter Annahmen, unser Emotionsquotient wahrscheinlich bessere Rückschlüsse auf unsere Intelligenz zulässt als unsere intellektuelle Komponente. Viele unserer (scheinbar) impulsiven Reaktionen werden von unseren Emotionen verursacht.

„Stürze dich nicht voreilig in Verpflichtungen“, ist ein oft gehörter Ratschlag. Ursache ist das allzu menschliche Verhalten, im ersten Moment eine Sache oft nur einseitig zu betrachten und zu durchleuchten. Oder wir sagen Dinge wie: „Schlaf erst einmal drüber, bevor du etwas sagst."

Auch hier ist die Implikation, dass wir vielleicht reagieren werden, wenn wir über unsere momentanen Gefühle erst einmal nachdenken. Diese Erfahrung haben wir alle gemacht.

Wenn unsere Gefühle in Bezug auf unser körperliches Wohlergehen also solch eine große Rolle spielen, wie viel wichtiger ist es dann, uns über den Einfluss unserer Gefühle im Klaren zu sein, wenn es um Gottes Nähe oder Ferne in unserem Leben geht. Bei manchen Themen können Gefühle unser ganzes Leben bestimmen. Daraus lässt sich ein klarer Schluss ziehen: Wir müssen wissen was wirklich ist, damit wir unsere Gefühle auf das aufbauen können, was wahr ist.

Ich war einmal Gast in einer Radiosendung zu einem völlig anderen Thema, als gegen Ende der Sendung eine Hörerin anrief und sagte: „Ich habe alles versucht, aber ich spüre Gott nicht."

Ein paar Tage später bekam ich einen Brief von einer jungen Frau, die mir schrieb, sie hätte gerade im Auto die Sendung gehört, als die Fragestellerin ihre Herzensnot äußerte. „Ich war so begierig darauf, Ihre Antwort zu hören", schrieb sie, „dass ich rechts heranfuhr und inständig hoffte etwas zu hören, das auch mir weiterhelfen würde."

Enttäuscht endete ihr Brief mit der Mitteilung, dass diese Hoffnung nicht in Erfüllung gegangen war. In wenigen Zeilen fasste sie die Komplexität ihres Problems zusammen und gestand sich ein, dass sie ganz naiv geglaubt hätte, eine so verwirrende Frage könne mit ein paar Sätzen aus der Welt geräumt werden.

Neue Antworten auf eine uralte Frage

Ganze Bibliotheken ließen sich mit Büchern zum Thema Gefühle füllen. Hier an dieser Stelle will ich klären, was genau Gefühle sind, wie sie unser Verhalten beeinflussen und warum wir überhaupt Gefühle haben.

Das Thema Gefühle ist so allgegenwärtig, dass sogar Satiren, Tragödien und Komödien sich damit beschäftigen. Kürzlich war in einem Werbespot ein Verkäufer zu sehen, der in die Rolle des Psychologen schlüpfte und seinen „Patienten" auf der Couch aufforderte, über den Verlust seines Lieblingsgetränkes frei zu assoziieren. Auf jeden Satz, mit dem das bedauernswerte Opfer seine tiefen Verlustgefühle ausdrückte, entgegnete der Therapeut: „Und wie haben Sie sich dabei *gefühlt?*"

Dieser Spot nimmt auf humorvolle und ironische Weise die Gefühlsversessenheit aufs Korn, die in manchen Therapieformen vorherrscht. Wir können unsere Gefühle nicht ignorieren. Ob es um eine Getränkewerbung geht oder um einen technologischen Geniestreich, die Frage der menschlichen Gefühle und ihrer Auswirkungen taucht nicht nur in psychologischen Zeitschriften auf, sondern neuerdings auch im Bereich der Wissenschaft und Technik.

Der Bezug zur Technik wurde deutlich, als der 1,4 Tonnen schwere IBM-Computer „Deep Blue" den Schachweltmeister Gary Kasparow besiegte. Faszinierend ist allerdings, dass die besten Kenner unserer modernen Gesellschaft auf die grundlegenden Unterschiede zwischen einem Computer und einem menschlichen Wesen hinweisen. Bisher habe ich noch nicht einen entsprechenden Beitrag gelesen, dem es gelungen wäre, ohne die Worte *Gefühl*, *Seele* oder *Gott* auszukommen. Um diese Worte scheint man einfach nicht herumzukommen, denn sie machen das Zentrum und den Kern des menschlichen Strebens aus. Nehmen Sie zum Beispiel die Äußerungen von David Gelertner, Informatik-Professor an der Yale-Universität, mit denen er Deep Blues Sieg kommentierte. Achten Sie besonders auf die zutiefst menschlichen Emotionen und Gefühle, auf die Gelertner wiederholt Bezug nimmt.

> Die Vorstellung, Deep Blue habe einen Verstand, ist absurd. Wie kann ein Gegenstand, der nichts will, nichts fürchtet, an nichts Freude hat, nichts braucht und sich um nichts schert, einen Verstand haben? Er kann im Schach gewinnen, aber nicht, weil er das will. Er ist nicht glücklich, wenn er gewinnt,

> oder traurig, wenn er verliert. Welche Pläne verfolgt er nach dem Spiel, falls er Kasparow schlägt? Hofft er vielleicht darauf, zusammen mit Deep Pink eine Sause in der Stadt zu machen? Er macht sich weder Gedanken um Schach noch um sonst etwas. Er spielt das Spiel aus demselben Grund, aus dem ein Taschenrechner rechnet oder ein Toaster toastet: weil er eine Maschine ist, die zu diesem Zweck konstruiert wurde. ...
> Was für erstaunliche Großtaten Computer auch immer vollbringen mögen, innerlich werden sie immer kalt und gefühllos bleiben. ... Kein Computer kann künstliches Denken erreichen, wenn er nicht auch zu künstlichen Emotionen fähig ist.

Allerdings beendet er seinen Artikel mit den folgenden Worten:

> Auf lange Sicht bezweifle ich, dass es irgendein menschliches Verhalten gibt, das die Computer nicht nachahmen können, irgendeine Nummer, die sie nicht abziehen können. Es ist vorstellbar, dass eines Tages Computer in nahezu allen Dingen den Menschen überlegen sein werden. Ich kann mir vorstellen, dass es eines Tages vielleicht Leute geben wird, die einen Computer zum besten Freund haben. Das wäre traurig – so, wie wenn man einen Hund zum besten Freund hat, nur noch trauriger. ... [Aber] zwischen dem Menschen und dem Ersatz gibt es eine ewige und unüberwindbare Kluft. Maschinen werden unser Leben immer leichter, gesünder, vielfältiger und verwirrender machen. Und die Menschen werden sich letzten Endes weiterhin mit den Dingen befassen, die immer schon wichtig für sie waren: mit sich selbst, ihren Mitmenschen und oft auch Gott.[10]

Was für eine einzigartige Fähigkeit hat Gott da in uns hinein gelegt – die Fähigkeit zu fühlen. Wer von uns würde das eintauschen wollen? Doch zugleich bringen uns diese Gefühle in den schwierigsten Situationen des Lebens schier zur Verzweiflung. Es ist eine unserer großen Lebensfragen, wie wir dieses einzigartige Geschenk in den

Griff bekommen und es davor schützen missbraucht zu werden. Denn unsere ganze Fähigkeit zu fühlen weist auf etwas hin, das jenseits der Gefühle selbst liegt. Der Autor Scott Peck vermittelt wertvolle Einsichten darüber, wie der Körper reagiert, wenn er verletzt wird. Im folgenden Abschnitt greife ich auf seine Analogie zurück, die deutlich macht, dass es auch im Bereich unserer Emotionen solche Indikatoren gibt.

Wenn irgendein Körperteil verletzt oder mit einem scharfen Instrument geschnitten wird, reagiert der Körper sofort und auf vielerlei Weise. Zuerst kommt es zu einer Erweiterung der kleinen Blutgefäße oder Kapillaren in der direkten Nachbarschaft der Verletzung oder Infektion. Diese durch einen verstärkten Blutfluss verursachte Anschwellung bewirkt, dass der Bereich sich rötet oder „entzündet". Durch diese Erweiterung der Gefäße erhöht sich auch deren Porosität, sodass die weißen Blutkörperchen durch die Gefäßwände wandern und sich auf einen Streifzug begeben können. Sie verschlingen buchstäblich die toten Zellen und die Bakterien, um dann wieder in die Blutgefäße zurückzukehren.

Aber die Gefäßerweiterung hat noch weitere Folgen. Die Schwellung macht die Nervenenden im Bereich der Verletzung schmerzempfindlicher, sodass man die Stelle unwillkürlich vor weiteren Belastungen oder Verletzungen schützt. All diese Reaktionen des Körpers dienen zu seinem Wohlergehen und seiner Gesundheit.

Hat Gott mit den Abläufen im menschlichen Körper nicht ein Wunderwerk geschaffen, um uns gesund zu erhalten? Wird er nicht für unsere Gefühlswelt dasselbe tun und auch hier Warnsignale und Selbstheilungskräfte zur Verfügung stellen? Wir sollten Gott dankbar sein für den Schutz und die Empfindlichkeit, die er in uns eingebaut hat, um uns zu bewahren und zu heilen. So sind wir in der Lage zu spüren, was gut und was zerstörerisch für uns ist.

Lassen Sie uns, ausgehend von dieser Analogie, den wechselseitigen Zusammenhang zwischen Gefühl und Wirklichkeit betrachten. Sowohl unsere Fähigkeit, Gefühle zu haben, wie auch unser Umgang mit diesen Gefühlen haben einen direkten Einfluss auf unsere Identität und unseren Charakter.

Ein Blick nach außen

Ich lade Sie zu zwei Ausflügen ein, bevor wir uns mit Gottes Antworten zu diesem wichtigen Thema befassen. Diese Reisen sind unerlässlich als Vorbereitung, um seine Hilfe in den Gefühlskämpfen des menschlichen Herzens zu erfahren.

Wir beginnen mit einem Blick nach außen und machen uns klar, dass es, so verschieden wir auch voneinander sind, dennoch bestimmte grundlegende Gefühle gibt, die sich ganz universell äußern. Vor einiger Zeit wartete ich am Flughafen auf meine Maschine. An jedem Abflugschalter schienen die Fernsehschirme im Mittelpunkt der Aufmerksamkeit zu stehen. Einen Sitzplatz suchend fragte ich mich, was für ein Bericht dort so viel Aufmerksamkeit auf sich zog. Es ging um den Prozess gegen den Attentäter Timothy McVeigh und seinen grauenhaften Bombenanschlag auf das Behördenhochhaus in Oklahoma City. Einer seiner Freunde befand sich im Zeugenstand und beantwortete live im Fernsehen übertragen die Fragen des Staatsanwalts.

„Als Sie ihn warnten, dass bei der geplanten Explosion des Gebäudes auch unschuldige Kinder sterben würden, was hat McVeigh da geantwortet?", fragte der Staatsanwalt.

Atemlos warteten die Zuschauer auf die Antwort. Sie lief darauf hinaus, dass McVeigh geäußert habe, die Kinder seien nicht unschuldig. „Jeder dort hat irgendwelche Verbindungen zu dieser korrupten Regierung und ist deshalb schuldig. Sie bekommen alle nur, was sie verdienen."

Die Reaktion der Zuschauer auf diese Aussage war regelrecht spürbar. Nahezu jeder schüttelte ungläubig den Kopf. Wodurch wurde diese einmütige Reaktion ausgelöst? War sie nicht stummer Ausdruck der Fassungslosigkeit darüber, dass ein Mann, der ein solches Grauen selbst auf unschuldige Kinder losließ, nicht die leiseste Gewissensregung zeigte? War er ein Mensch oder eine Maschine? Konnte jemand mit einer solchen Gefühlsarmut noch als Mensch gelten? Solche unausgesprochenen Gedanken der Abscheu müssen den Leuten wohl durch den Kopf gegangen sein.

Ein anderes Beispiel aus der jüngeren Zeit: Als die achtzehnjährige Melissa Drexler sich mitten in einem Tanz auf einem Schulball verabschiedete, wusste angeblich niemand, was sie vorhatte. Wenige Minuten später kam sie zurück und bat die Band, eines ihrer Lieblingslieder zu spielen. Niemand im Saal ahnte, dass sie in die Toilette gegangen war, ein Baby zur Welt gebracht und es in einer Plastiktüte in die Mülltonne geworfen hatte, wo es erstickte.

Das ist wirklich eine sehr traurige Geschichte. Die Psychiater beschreiben sie als eine Frau, die ihre Gefühle von der Wirklichkeit abgeschnitten hat. Nach ihrem Empfinden hat Melissa nur einen Fremdkörper aus ihrem Leib ausgeschieden, haben die Psychiater analysiert. Die Gesellschaft als Ganzes war sprachlos über diese grauenhafte, gewissenlose Tat.

Nach diesem Vorfall brachte das Magazin *People* einen Leitartikel über die Zunahme schwerer Verbrechen durch sehr junge Täter. Auf der Titelseite wurde die Frage gestellt, was wohl mit dem Gewissen eines Menschen nicht stimmt, wenn er ohne jede Emotion solche Untaten vollbringt.

Aber nicht nur solch bizarre Ereignisse rufen in ganz unterschiedlichen Menschen das gleiche Gefühl hervor. Gefühle werden ebenso geweckt, wenn es ein besonderes Ziel zu erreichen gilt. Als Michael Ballack 2002 die deutsche Fußballnationalmannschaft ins Endspiel der Weltmeisterschaft schoss, aber wegen eines taktischen Fouls für dieses Spiel gesperrt wurde, litt eine ganze Nation mit ihm und Fußballfreunde auf der ganzen Welt bedauerten ihn. Wenn wir uns also in der Welt umschauen, sehen wir, dass unsere Emotionen ein entscheidender Bestandteil unserer Geschöpflichkeit sind.

Ein Blick nach innen

Nach diesem Blick auf die Gefühle der Außenwelt schauen wir uns jetzt die Gefühle unserer Innenwelt an. Der sokratische Grundsatz „Erkenne dich selbst“ ist ein guter Ratschlag. Etliche Male forderte Jesus Menschen, mit denen er sprach, dazu auf in ihr Inneres zu schauen und sich über die Gründe für ihre Gefühle klar zu werden. Als Jona wütend wurde, weil die Einwohner von Ninive Buße taten, fragte Gott ihn: „Ist es recht von dir, so wütend zu sein?“

Offensichtlich war da irgendetwas in Jona, das ihn zu diesem Wutausbruch veranlasste. Und als Jona Gott beim ersten Mal keine Antwort gab, wiederholte Gott seine Frage: „Ist es recht von dir, so wütend zu sein?“

Als der verlorene Sohn zum Haus seines Vaters zurückkehrte, regte sich der ältere Bruder über das große Fest auf, das auf Anweisung seines Vaters vorbereitet wurde. Der Vater hinterfragte diese feindseligen, offensichtlich eifersüchtigen Gefühle des Älteren, da das Fest doch durch die Umstände gerechtfertigt war.

Und viele sind vertraut mit der berühmten Passage aus 1. Könige 19, wo der absolute Tiefpunkt im Leben des Propheten Elia beschrieben wird. Er war emotional ausgelaugt von dem langen Streit zwischen ihm und Königin Isebel. Gott kam zum völlig entmutigten Elia und fragte ihn: „Elia, was tust du hier?“

In unserem modernen Jargon würden wir sagen: „Was hat dich an diesen Punkt gebracht?“ Oder, wie die Iren es so treffend ausdrücken: „Bist das wirklich du selbst?“

Wichtig ist, dass wir ehrlich zu uns selbst sind, wenn wir zu erklären versuchen, warum wir Gott als nah oder fern empfinden. Lassen Sie mich vier hilfreiche Fragen nennen, um uns selbst besser zu verstehen.

Zuerst sollten wir uns fragen, welche emotionalen Altlasten wir in unsere Beziehung zu Gott mitgebracht haben. Waren wir jähzornig oder cholerisch, bevor wir ihn kannten? War unser Leben vom Kampf gegen Angst geprägt? Stellten wir früher negative Kritik in unseren Handlungsmittelpunkt? Lebten wir mit einer impulsiven und ungeduldigen Lebenseinstellung, die alles wollte, und zwar sofort? Oder waren wir sehr hart gegen uns selbst und machten uns schwere Vorwürfe bei jedem Misserfolg? Hatten wir eine Neigung zur Launenhaftigkeit?

Der Liederdichter William Cowper war schon immer starken Gefühlsschwankungen unterworfen. Er pries in einem berühmten

Choral die geheimnisvolle Weise, in der Gott wirkt und schrieb andererseits auch solche Zeilen:

> Wo ist die Seligkeit, die ich kannte,
> als ich den Herrn erblickte?
> Wo ist die Schau auf Jesus und sein Wort
> die meine Seele erquickte?
>
> Welch Stunden voller Frieden ich erlebte!
> Selbst die Erinnerung ist süß!
> Doch alle Welt kann niemals füllen
> die Leere, die er hinterließ.[11]

Der dänische Philosoph Sören Kierkegaard verbrachte einen Großteil seines Lebens in tiefer Depression. Der Prophet Elia war bekannt für seine Unstetigkeit. Darum überrascht es nicht, dass er durch den Konflikt mit der heimtückischen Isebel so niedergeschlagen war, dass er sich sogar den Tod herbeiwünschte.

Niemand im Neuen Testament bietet ein besseres Beispiel für eine launische und unstete Persönlichkeit als der Apostel Petrus. Petrus war hin und her geworfen von seinen Emotionen, ob er nun aufgebracht Jesus widersprach, als dieser seinen grausamen Tod am Kreuz ankündigte, oder dem Knecht des Hohenpriesters ein Ohr abschlug. Sein tollkühner Schritt ins Wasser auf das Geheiß seines Meisters und sein panischer Aufschrei, als ihm die Höhe der Wellen bewusst wurde, vermitteln einen guten Einblick in sein Temperament. Es passt ganz zu seinem Charakter, dass er der Erste war, der seinen Herrn verleugnete. Doch ebenso war er der Erste, der zum leeren Grab rannte, als die Frauen die Botschaft brachten, dass Jesus auferstanden war.

Für uns ist es wichtig zu wissen, wie wir persönlich „gestrickt" sind. Denn wir bringen unsere alten Schwächen mit in unsere Beziehung zu Gott und fragen uns dann oft verwundert, warum unser Temperament sich nicht verändert: Hat Christus nicht versprochen alles neu zu machen?

Sicher hat Gott verheißen, uns zu neuen Menschen zu machen, aber oft haben wir keine Vorstellung davon, auf welche Weise diese Veränderung stattfinden wird. Genau damit werden wir uns im Lauf dieses Buches noch beschäftigen. Zunächst aber sollten wir erkennen, dass unser Temperament eine entscheidende Komponente ist, die wir berücksichtigen müssen. Doch fürs Erste genügt es zu wissen, dass ein Unterschied besteht zwischen punktuellem Versagen und einer Lebensweise, die von solchen Schwächen geprägt ist.

Zweitens müssen wir uns fragen, welche Vorurteile und Unsicherheiten wir in unsere Beziehung zu Christus mitgebracht haben. Genau vor diesem inneren Konflikt standen auch die Jünger. Sie stritten sich heftig darüber, wer von ihnen im Reich Gottes der Größte sein würde.

Ich kenne einen Leichtathleten, der vom Gewinn der Goldmedaille träumte. Doch selbst als er sich für den olympischen Endlauf qualifiziert hatte, wagte er kaum zu glauben, dass die Verwirklichung seines Traums in Reichweite lag. Erst buchstäblich Sekunden vor dem Startschuss zum Finale kam ihm „aus dem Nichts ein Gedanke. Ich fragte mich, ob wohl mein Vater zusah, denn er hatte mir Jahre zuvor gesagt, ich würde es im Leben zu nichts bringen", erzählte er mir später.

Natürlich kam dieser Gedanke nicht aus dem Nichts, sondern aus der verletzten Seele des Sohnes. So tief können die Narben sein, die wir mit uns durchs Leben tragen.

Selbstannahme kann eine quälend schwere Aufgabe sein, wenn wir in unserem Leben solch gravierende Ablehnung erfahren haben oder wenn wir uns mit anderen vergleichen. Viele bringen solche Unsicherheiten mit ein in die Beziehung zu Gott und wissen nicht, wie sie sich aus ihrem Griff befreien können. Unsäglicher Kummer lähmt viele von uns, weil wir nicht erkennen, wie unterschiedlich Gott uns geschaffen hat. Wir ärgern uns über die ständige Ausgelassenheit anderer und missgönnen ihnen diese Eigenschaft, obwohl doch Gott jedem von uns eine andere Persönlichkeit gegeben hat. Umgekehrt kann mir auch ein Mensch zu schaffen machen, der ständig auf emotionalen Hochgefühlen reitet und dabei die eher zurückhaltende Veranlagung eines anderen nicht zur Kenntnis nimmt.

Einer der befreiendsten Momente im Leben besteht darin, uns selbst so anzunehmen, wie Gott uns gemacht hat. Dann fallen die Fesseln des Bemühens von uns ab, jemand zu sein, der wir nicht sind und als der wir nie gedacht waren. Erst dann werden wir zu jener einzigartigen Persönlichkeit, zu der Gott jeden von uns geschaffen hat.

Drittens müssen wir fragen, wo wir in unserer Beziehung zu Gott undiszipliniert sind. Disziplinmangel ist eine häufige Ursache für Dinge, die uns rastlos und unsicher machen. Die Distanz, die wir zu Gott empfinden, ist oft nicht so sehr Folge davon, dass Gott uns so fern ist, als vielmehr davon, dass wir so weit von dem entfernt sind, wo wir eigentlich sein könnten. Undiszipliniertheit führt dazu, dass wir uns mit minderwertigen Dingen zufrieden geben und unsere Möglichkeiten ungenutzt lassen.

Eine der schmerzlichsten Erfahrungen, die ich auf meinen Reisen um den Globus gemacht habe, ist das epidemische Ausmaß an Disziplinlosigkeit. Sei es bei unserer Arbeit oder in Bezug auf unsere Gewohnheiten, immer scheinen wir den Weg des geringsten Widerstandes zu suchen. Doch wenn wir es dann nicht schaffen, nach Gottes Willen zu leben, schieben wir ihm die Schuld in die Schuhe. Wenn uns die Disziplin zum Bibellesen fehlt, wie können wir dann erwarten, auf der Kanzel erfolgreich zu sein? Wenn uns die Weisheit fehlt, gut mit unserem Geld umzugehen, warum überrascht es uns dann, wenn wir uns ständig in finanziellen Engpässen befinden? Wenn wir nicht das Engagement aufbringen, unseren Kindern grundlegende Manieren beizubringen, warum überrascht es uns dann, wenn sie patzig und unverschämt sind? Wenn wir es versäumen, uns in schweren Zeiten im Vertrauen zu üben, warum erwarten wir trotzdem den Lohn des Glaubens?

Goleman berichtet von einem Test für Vierjährige in einer Vorschule auf dem Campus der Stanford-Universität, der vor allem Dozentenkinder angehörten. Jedes Kind bekam eine Süßigkeit, wurde aber angewiesen, sie erst nach fünfzehn oder zwanzig Minuten zu essen. Wenn sie warteten, würden sie zur Belohnung noch weitere Naschsachen bekommen. Dann wurden die Kinder allein gelassen, aber unbemerkt beobachtet. Manche schlugen sich mit der Faust gegen den Kopf, um ihre Widerstandskräfte zu mobilisieren. Andere unternahmen alles Mögliche, um sich abzulenken. Manche steckten die Süßigkeit einfach in den Mund, ohne auch nur einen Moment darüber nachzudenken. Andere warteten geduldig.

Dreißig Jahre später wurde an denselben, inzwischen erwachsenen Kindern eine Untersuchung durchgeführt. Die Ergebnisse sind erstaunlich: Zwischen den „Kindern", die die Disziplin hatten, zu warten, und denen, die einfach keine Willenskraft hatten, gab es auch im Erwachsenenalter einen dramatischen Gegensatz. Dieser Unterschied machte sich in buchstäblich jedem Bereich ihres Lebens und ihrer Arbeit bemerkbar.[12]

Schließlich müssen wir uns die vielleicht wichtigste Frage zur Selbstprüfung stellen: Welche falschen Vorstellungen von Gott haben wir in unsere Beziehung zu ihm mit übernommen? Jona hoffte, dass Gott gewalttätige Heiden wie die Menschen von Ninive vernichten würde. Tief im Inneren wusste er jedoch, dass Gott barmherzig sein würde, wenn die Leute von Ninive Buße taten. Doch Jona wünschte sich, dass Gott sich anders verhalten und die Leute so richten würde, wie Jona sie gerichtet hätte.

Os Guinness schreibt eine ernüchternde Warnung an alle, die mit hochfliegenden Emotionen, aber wenig Wissen zu Gott kommen:

> Falsche Lehre erzeugt in uns einen unbiblischen, schwachen Glauben, der den Zweifeln nicht standhält, die durch unsere Gefühle ausgelöst werden können.
> Wenn unser Verstand in guten Zeiten nicht unsere Grundlage war, dann können wir während einer geistlichen Durststrecke erst recht nicht auf ihn bauen. Stattdessen wurden wir in Glaubenszeiten von unseren Gefühlen regiert. Jetzt, während der Glaubenskrise, werden sie uns erst recht beherrschen.
> Der einzige Unterschied sind die veränderten Umstände. Wenn also Gefühle wirklich alles sind was zählt, dann sind weder Glaube noch Zweifel real. Sie wären lediglich andere Bezeichnungen für die wechselnden Stimmungen unserer Emotionen.[13]

Guinness legt hier den Finger auf den wunden Punkt der Gefühle und vermittelt uns gleichzeitig etwas sehr Tröstliches. Sobald wir verstehen, dass Gefühle zwar wichtig, aber nicht die Grundlage sind, können wir uns an Gottes ewiger Wahrheit erfreuen und vorübergehende Gefühle der Ferne ertragen. Kehren wir diese Rangfolge aber um und machen unsere Gefühle zur Grundlage, dann sind die Nähe und Ferne Gottes nur noch Ausdruck unserer eigenen Stimmungen, die vielleicht überhaupt nichts über die Welt der Tatsachen aussagen.

Letzteres ist fehlgeleiteter Subjektivismus. Ich glaube, hier reichen die Bilder, mit denen wir in den letzten Jahren versuchten, das Geheimnis der menschlichen Persönlichkeit zu begreifen, nicht aus. In der Vergangenheit haben wir uns das Leben vorgestellt wie einen Zug, bei dem die Lokomotive des Verstandes den Waggon der Gefühle zieht. Ich glaube, dieser Vergleich hinkt ein wenig. Alle Vergleiche hinken, aber manche treffen den Kern ein bisschen besser.

Ich sehe die Gefühle eher als eine Person, die neben Ihnen her geht, immer geführt vom Arm des Verstandes. Wenn diese Person den Spieß umkehrt, sodass der Verstand geführt wird, fangen die Probleme an. Ich glaube, diese Analogie verdeutlicht Gottes Sicht der Gefühle. Diese biblische Sicht möchte ich nun vertiefen und dabei nach Gottes Antworten suchen.

Die Kluft überbrücken

Wir haben bereits festgehalten, dass unsere Gefühle nicht individuell einzigartig sind. Es gibt Gemeinsamkeiten, die wir miteinander teilen. Gleichzeitig jedoch bringt jeder von uns seine ganz eigene Persönlichkeit in sein Leben mit Christus ein. Wie können wir mit angemessenen Gefühlen auf unsere Umwelt reagieren, ohne uns völlig von unseren Emotionen beherrschen zu lassen? Lassen Sie mich dies anhand einer Erfahrung meiner Familie illustrieren, aus der wir alle eine kräftige Lektion gelernt haben. Dieses Erlebnis war für mich eine Brücke, um die Kluft zwischen unseren eigenen Schwächen und dem unermesslichen Frieden Gottes zu überqueren.

Vor drei Jahren klingelte bei uns um halb zwei Uhr morgens das Telefon. Es war meine Schwägerin Barbara. Sie war voller Furcht und Sorge um ihren Mann. Der Fluglehrer war mit zwei Schülern auf einem Übungsflug durch die Berge von Colorado. Dort schien offensichtlich etwas Schreckliches passiert zu sein. Die Bodenstationen entlang der Flugroute hatten den Kontakt zu ihm verloren und seit fünfzehn Stunden nichts mehr von ihm gehört. Nicht das kleinste Lebenszeichen war von ihm gekommen, obwohl seine Landung laut Flugplan längst überfällig war. Alles deutete auf eine große Katastrophe hin.

Wie würden Sie reagieren, wenn Sie mitten in der Nacht eine solche Nachricht erhalten, die ganze Welt schlafend im Bett liegt und etwaige Suchtrupps in der Dunkelheit sowieso nichts ausrichten könnten? Wir konnten in dieser Situation nur eins tun, nämlich beten.

Noch einmal vergingen mehrere Stunden, und immer noch kam keine Nachricht.

Irgendwann am späten Vormittag wurde Barbara informiert, dass die Bodenstation das Signal eines notgelandeten Flugzeuges aus einem Canyon in den Bergen aufgefangen habe. Es handelte sich tatsächlich um Gordons Maschine, und die drei Männer hatten wie durch ein Wunder überlebt – schwer verletzt und dem Tode nah. Stunden zuvor waren sie bei einer Kehre in einem blind endenden Canyon in einen Abwind geraten und hatten unkontrolliert an Höhe verloren. Der Pilot konnte nicht verhindern, dass die Maschine in die Bäume am Rande einer Schlucht stürzte. Nach dem Absturz begannen die Stunden des Schweigens.

Für Barbara waren diese Stunden ein nicht enden wollender Albtraum, denn sie musste mit dem Schlimmsten rechnen. Hatte sie die Liebe ihres Lebens verloren, musste sie ihren kleinen Sohn nun allein aufziehen?

Gordon kämpfte in diesen Stunden ums nackte Überleben. Während dieser Zeit machte ihm jedoch nicht so sehr die Aussicht auf den nahenden Tod zu schaffen. Vielmehr beherrschte ihn der dringende Wunsch, dass seine Frau erfahren sollte, dass er sie liebte und dass er es schaffen würde.

Die beiden durchlebten diametral entgegengesetzte Empfindungen, die nichts mit der tatsächlichen Wahrheit zu tun hatten. Sie war von Todesangst beherrscht, obwohl er lebte, er von Angst um seine Frau, während er verblutete.

Es gab nur eine Lösung, um in Gordons und Barbaras Leben Wahrheit und Gefühl wieder in Einklang zu bringen: Jemand musste Barbara Kenntnis davon geben, dass Gordon am Leben und gerettet war. Gleichzeitig musste jemand sich um Gordons Wunden kümmern und ihn verarzten, damit sich seine Gefühle wieder an der Realität orientieren konnten.

Das ist die Mischung, die der große Schöpfer uns in unsere Herzen und in unseren Verstand gelegt hat – Erkenntnis zu gewinnen und Gefühle zu erleben. Kein Computer kann jemals eine solche Kombination von Wissen und Gefühl erreichen. Wie hat Gott es möglich gemacht, dass unser Innenleben aus einer so tollen Mischung besteht? Diese Frage soll uns nun beschäftigen.

Ein Blick nach oben

Ich fand es schon immer faszinierend, dass Gott ausgerechnet die Metapher des Worts gewählt hat, um seine ewige Natur zu umschreiben. Er hätte ja auch ein anderes Bild wählen können, wie etwa Liebe oder Heiligkeit. Warum benutzt er die Metapher der Sprache? Liegt es daran, dass sein Wort das andere wichtige Kommunikationsmedium ist, wenn Gott nicht selbst direkt zu uns redet? Ohne Worte könnte man dem Leben keinen Ausdruck geben. Selbst die höchsten und reinsten Empfindungen streben nach einem verbalen Ausdruck. Darum benutzen auch Musiker neben ihren Melodien die lyrische Sprache, um Schönheit ins Leben zu bringen.

Wenn im Hebräischen und im Griechischen vom *Wort* die Rede ist, gibt es jeweils einen unterschiedlichen Akzent der Bedeutung. In beiden Sprachen liegt dem Begriff Wort die Vorstellungen von Kommunikation und Vernunft zugrunde. Wenn Johannes sein Evangelium mit den Worten beginnt: „Am Anfang war das Wort, und das

Wort war bei Gott, und Gott war das Wort“, klingen darin zweifellos die ersten Worte aus dem ersten Buch Mose an: „Am Anfang schuf Gott ...“

Doch schon bald, in 1. Mose 1,3, lesen wir auch: „Und Gott sprach.“

Von Anfang an offenbart sich Gott als ein Gott, der spricht. Er ist ein kommunizierender Gott, ein Gott der Vernunft, ein Gott der Weisheit – ein Gott, der seine Gedanken offenbart.

Das Geschenk und Vorrecht der Sprache ist etwas ureigen Menschliches. Obwohl auch manche Tiere ein gewisses Verständnis für Gemütslagen und Beziehungen haben, sind sie doch völlig anderer Natur. Ein Affe kann zum Tanzen dressiert werden, aber er wird niemals verstehen, was einen Bach oder einen Händel ausmacht. Sprache und Vernunft sind die besonderen Eigenschaften der Menschheit, sie sind der Krone der Schöpfung Gottes vorbehalten. Wenn wir vergessen, welch wichtige Rolle die Sprache spielt, dann missbrauchen wir dieses göttliche Geschenk und verformen durch unseren Gebrauch der Worte die Wirklichkeit.

Werfen wir nur einen Blick auf unsere verdrehte Kultur um zu sehen, was wir mit Worten angerichtet haben. Worte wie *Freiheit*, *Liebe*, *Freude* und *Ehe* haben ihre Bedeutung völlig verloren. Am Anfang war das Wort. Gott ist der Ursprung der Sprache. Sprache muss Wirklichkeit widerspiegeln.

Wenn wir morgens aufwachen, fangen wir an mit uns selbst zu „reden“. In unserem Gehirn werden Gedanken verarbeitet, die wiederum Gefühle und Handlungen auslösen. Im Folgenden werden wir, ausgehend von einer Theorie der Sprache, nach dem Ursprung unserer Gefühle forschen.

Die Sprache Gottes

Unser himmlischer Vater teilt sich uns in Worten mit. Deshalb wollen wir herausfinden, was er uns über unsere Gefühle wie Freude oder Schmerz zu sagen hat. Als Erstes fällt dabei auf, dass er sich selbst als einen Gott bezeichnet, der Gefühle hat. Obwohl wir dieses Geheimnis nicht völlig erfassen können, wird es in seinem Wort immer wieder betont.

Die erste Stelle, an der Gottes starke Emotionen beschrieben werden, lautet: „Und es reute den HERRN ..., und es bekümmerte ihn in sein Herz hinein (1. Mose 6,6; REÜ).

Wird Gott hier nicht vermenschlicht, wenn ihm solch intensive Gefühle zugeschrieben werden? Wir müssen äußerst vorsichtig sein, damit wir diese Begriffe nicht in ihrer menschlichen Begrenztheit und als endlich verstehen.

Ein ebenso großer Irrtum wäre es aber, diese Begriffe rein metaphorisch aufzufassen, ohne echte Emotion dahinter. Wir sollen uns über das Böse bekümmern und über das Gute freuen.

Viele von uns glauben an einen fernen, uns fremden Gott, dessen Gefühle sich grundlegend von unseren eigenen Emotionen unterscheiden. Doch da, wo die Bibel uns sagt: „Am Anfang war das Wort“, heißt es weiter: „Und das Wort ward Fleisch und wohnte unter uns“ (Johannes 1,14; Luther 84). Wenn wir einer Person vertrauen, so heißt es, dass wir diese Person beim Wort nehmen können. Im Johannes-Evangelium sehen wir, dass Gottes Wort und sein Wesen identisch sind. Der Mensch gewordene Sohn Gottes fühlte, weinte, lachte und hoffte. Am Anfang war ein denkender, fühlender Gott.

Einmal unterhielt ich mich mit dem ehemaligen Präsidenten des Asbury College, Dennis Kinlaw. Kurz zuvor war er Großvater geworden. Bewegt erzählte er mir, wie er zum ersten Mal sein kleines Enkelkind in den Armen gehalten und sich unter Tränen gefragt hatte: „Gibt es jemanden, der dasselbe für mich empfindet, wie ich für diesen Kleinen?“ Die Antwort war ein schallendes: „Ja, es gibt jemand – Gott selbst. Und er empfindet sogar noch viel, viel mehr für dich!“

Doch hier erwartet uns die erste schwierige Lektion. So göttlich Gefühle ihrem Ursprung nach sind, müssen wir doch auch lernen, sie in die richtige Perspektive zu rücken. Wir sollten uns davor schützen, unsere Gefühle als den letztgültigen Hort der Wahrheit zu überhöhen. Gottes Gefühle entsprechen seinem vollendeten Wissen, sie stimmen mit dem überein, was wahr ist. Er handelt nicht so sehr aus seinen Emotionen als vielmehr aus dem heraus, was er weiß. Ein Wort hat dann Gültigkeit, wenn es wahr ist. Dabei ist Wahrheit eine Eigenschaft, die sich nur auf Aussagen beziehen lässt, nicht auf Gefühle. Gefühle kann man nicht als wahr oder falsch bezeichnen. Gefühle können berechtigt oder unberechtigt, verständlich oder unbegreiflich sein; aber sie sind nicht wahr oder falsch.

An dieser Stelle geraten wir oft ins Straucheln, weil wir uns nach Gefühlen sehnen, wenn doch gerade diese Gefühle eine äußerst verführerische Kraft sein können, die uns von der Wahrheit fortlockt.

Der Apostel Petrus lernte diese Lektion auf die harte Tour, als er sich in dem herrlichen Gefühl sonnte, Zeuge eines Geschehens zu werden, das nur ihm, Jakobus und Johannes anvertraut wurde. Ich spreche von der Verklärung Jesu. Wie großartig und unaussprechlich muss ihre Ehrfurcht gewesen sein, denn sie erblickten und erlebten ...

das reinste Weiß, das je ein Auge sah,
das größte Glück, das man sich nur vorstellen kann,
die gewaltigste Gotteserscheinung, die man je beschreiben könnte,
die wichtigsten Menschen, die ein Jude sich je zu sehen wünschen würde – Mose und Elia,
die herrlichste Ekstase des Geistes, nach der sich das Herz je sehnen könnte, und
den lieblichsten Klang, nach dem es unsere Ohren je verlangen könnte, als vom Himmel her die Stimme ertönte: „Dies ist mein Sohn, den sollt ihr hören."

Doch gerade im Zusammenhang mit diesem Erlebnis weist Petrus auf die übergeordnete Rolle des Wortes hin.

> Wir haben euch doch keine schönen Märchen erzählt, als wir euch von der Macht unseres Herrn Jesus Christus und von seinem Wiederkommen berichteten. Mit unseren eigenen Augen haben wir ihn in seiner ganzen Größe und Herrlichkeit selbst gesehen. Gott, der Vater, hat ihm diese Ehre und Macht

> gegeben. Als Jesus mit uns auf dem Berg war, haben wir selber die Stimme Gottes vom Himmel gehört: Das ist mein geliebter Sohn, an dem ich meine Freude habe. Umso fester verlassen wir uns jetzt auf das, was Gott durch seine Propheten zugesagt hat. Auch ihr tut gut daran, wenn ihr darauf hört. Denn Gottes Zusagen sind wie ein Licht, das in der Dunkelheit leuchtet und Klarheit schenkt, bis es endgültig Tag wird und der aufgehende Morgenstern Licht in unsere Herzen bringt. Doch eins dürft ihr dabei nicht vergessen: Kein Mensch kann jemals die prophetischen Worte der Heiligen Schrift aus eigenem Wissen deuten. Denn niemals haben sich die Propheten selbst ausgedacht, was sie verkündigten. Immer war es der Heilige Geist, der sie beauftragte und dazu trieb, das auszusprechen, was Gott ihnen eingab.
> 2. Petrus 1,16-21

Achten Sie darauf, woher er seine Gewissheit nimmt – „umso fester verlassen wir uns jetzt auf das, was Gott durch seine Propheten zugesagt hat“.

Petrus hätte seine Zuversicht durchaus auch mit dem vorübergehenden Glanz der Verklärung begründen können. Er fragte ja sogar Jesus, ob sie nicht gleich an Ort und Stelle Hütten bauen könnten, um nie wieder vom Berg herabsteigen zu müssen. Werden wir nicht oft von ganz ähnlichen Wünschen versucht? Warum können wir nicht in ständiger Verzückung leben? Warum müssen wir von den Höhen ins Tal hinabsteigen, wo uns der Kampf ums Überleben erwartet? Wenn Gott uns doch gerade so nahe ist, warum sollen wir dann diesen Ort verlassen, um dann irgendwo vom grauen Alltag verschlungen zu werden? Doch als älterer, weiserer Mann erkannte Petrus, dass Erfahrung und Gefühl sich dem unveränderlichen Wort Gottes unterordnen müssen, von dem Jesus sagte: „Himmel und Erde werden vergehen; meine Worte aber gelten immer und vergehen nie“ (Matthäus 24,35).

Weil wir also wissen, dass sein Wort beständig und ewig und persönlich an uns gerichtet ist, sollten wir unseren Willen und

Verstand trainieren, um jeden Tag auf ihn zu hören. Unser Wille ist dann wirklich diszipliniert, wenn wir regelmäßig die Entscheidung treffen, Gottes Wort zu hören. Der Psalmist sagte: „Ich sehne mich nach dir" (Psalm 63,2).

„Durchforsche mich, o Gott, und ... prüfe meine Gedanken und Gefühle!" (Psalm 139,21).

Samuel sagte zu Gott: „Sprich, Herr, ich höre" (1. Samuel 3,9).

Paulus wollte im Moment seiner Umkehr von Jesus wissen, was er tun sollte. Unser Leben ist so mit Reden angefüllt, dass wir kaum zum Hören kommen. Wer mit Worten um sich wirft, ohne Wahrheit in sich aufzunehmen, der bewegt sich auf den geistlichen Bankrott zu.

Es ist hochinteressant, wie Gott auf diese Gebete antwortete. Gott ließ Paulus sagen, dass dieser vor Königen und Herrschern predigen würde. Doch gleichzeitig wurde Paulus auch gewarnt, dass er um Christi willen viel erleiden würde. Bei einer solchen Botschaft hätte man Paulus mit Recht fragen können: „Und wie hast du dich dabei gefühlt?"

Wir wissen ja, was Paulus gegen Ende seines Lebens sagte: „Um ihn allein geht es mir. Ihn will ich immer besser kennen lernen und die Kraft seiner Auferstehung erfahren, damit ich auch seine Leiden mit ihm teilen und seinen Tod mit ihm sterben kann" (Philipper 3,10).

Offensichtlich waren nicht *Gefühle* der Antrieb für Paulus, sondern die Erkenntnis Christi. Ähnlich bekam Samuel ein Wort von Gott, das ihm das Herz brach. Er musste seinem Vorgänger und Mentor Eli das Gericht Gottes ankündigen.

Das Hören auf Gott hat seinen Preis, aber es trägt auch den größten Lohn ein, nämlich Gottes Willen zu tun. Wir sind verweichlicht durch unseren behaglichen Lebensstil und frönen der falschen Vorstellung, es müsse immer Spaß machen, Gott zu dienen. Dann fragen wir uns oft, warum er uns so fern erscheint, während es eigentlich wir sind, die seine Nähe verlassen haben. Wir haben uns so sehr daran gewöhnt, Predigern und Auslegern zuzuhören – so wertvoll das auch ist –, dass viele dabei völlig aus dem Blick verloren haben, täglich selbst auf Gottes Wort zu hören.

Was der Herr tun kann

Eines Tages möchte ich gerne eine Buchreihe sehen, in der Schriften veröffentlicht werden, die den Lauf der Geschichte beeinflusst haben. Beispiele dafür gibt es zuhauf. Zum Beispiel haben viele von dem einflussreichen, gottesfürchtigen Leben John Wesleys gehört. Wir lesen, dass er in seinem Leben über vierzigtausend Predigten hielt; er war ein äußerst produktiver Schriftsteller, dessen Bände Tausende von Seiten füllen. Im Laufe seines Lebens legte er rund 400 000 Kilometer zurück, einen Großteil davon zu Pferd. Sogar in seinen Achtzigern predigte er noch zweimal am Tag, und mit sechsundachtzig Jahren schrieb er in sein Tagebuch: „Allmählich schleicht sich Faulheit ein. Ich spüre die steigende Tendenz, morgens länger als bis halb sechs im Bett zu bleiben."

Was für ein unglaubliches, außergewöhnliches Leben! Wie fing das alles an? Es begann in einem schlichten Gottesdienst, in dem der Prediger lediglich aus dem Vorwort zu einem Kommentar über den Römerbrief von Martin Luther vorlas. Wer hätte sich zu diesem Zeitpunkt träumen lassen, dass dieser junge Prediger, dessen Herz sich durch das Feuer von Gottes Wort erwärmte, einst Englands Geschichte prägen würde?

Martin Luther selbst, der den Lauf der europäischen, wenn nicht sogar der Weltgeschichte veränderte, wurde durch einen schlichten kleinen Vers aus Habakuk in seinem Denken völlig verwandelt: „Der Gerechte aber wird durch seinen Glauben leben" (Habakuk 2,4; Luther 84).

Derselbe Vers wird im Neuen Testament noch dreimal zitiert. Paulus schrieb ihn an die größte der europäischen Gemeinden: Rom. Dann sandte er ihn an die größte der asiatischen Gemeinden: Galatien. Und ebenso taucht dieser Vers in dem Brief an die jüdischen Bekehrten auf, im Hebräerbrief.

Europäische, asiatische und jüdische Adressaten – wann immer etwas in der Bibel so häufig und nachdrücklich wiederholt wird, können wir sicher sein, dass darin ein großer Schatz der Wahrheit verborgen liegt.

Bei drei verschiedenen Gelegenheiten wurde Luther von diesen Worten getroffen. Doch richtig verstehen konnte er sie erst, als er buchstäblich auf den Knien die Lateran-Treppe in Rom empor kroch, tief gebeugt von der Last, Absolution für seine Sünde zu erlangen. Plötzlich ging ihm die Bedeutung des Verses mit lebensverändernder Gewalt auf. „Der Gerechte aber wird durch seinen Glauben leben."

Dieses eindrückliche Erlebnis gab ihm den Mut, sich vor die Mächtigen seiner Zeit zu stellen und ihren Drohungen zu widerstehen. Es war unverkennbar, worauf sich seine Zuversicht gründete, als er mit ihren Anklagen konfrontiert war. „Hier stehe ich", sagte er. „Ich kann nicht anders. Gott helfe mir."

Ähnlich bewegend ist die Geschichte des russischen Schriftstellers Fjodor Dostojewski. Als er im Februar 1881 im Sterben lag, so berichtet seine Tochter, war das Letzte, worum er bat, dass ihm aus der Bibel vorgelesen würde. Er wollte vor allem die Geschichte vom verlorenen Sohn hören. Diese Geschichte hatte sein Leben während seiner zehnjährigen Haft in Sibirien verändert. In den meisten seiner Bücher taucht diese Geschichte in der einen oder anderen Form auf – die Bekehrung eines Verworfenen. Darum nimmt es kaum Wunder, dass nach seinem Tod vierzigtausend junge Männer den Elementen trotzten, um Dostojewskis Sarg in einer Prozession durch die Straßen von St. Petersburg zu folgen. Es war das größte Begräbnis in Russland bis zu diesem Zeitpunkt. Dostojewskis Leben war durch das Wort verändert worden.

Hören Sie zu, wenn Gott spricht. Er wird mit Hilfe seiner unergründlichen Wahrheit Ihre Leidenschaften zähmen. Wesley, Luther und Dostojewski waren Männer, die von starker Leidenschaft getrieben waren. Sie waren Männer, die sehr tief empfanden. Mehr als alles andere hatten sie es nötig, von Gott zu hören, damit er sie in die Wahrheit führte. Der Choraldichter bringt es auf den Punkt:

Herr, ich verschloss die Tür,
Sprich nun das Wort,
Das in Getös' und Lärm
Blieb ungehört;

Lausch nun, mein Herz, tief drin,
Hör, was er will,
Solang allein ich bin,
Solange alles still.

Herr, ich verschloss die Tür,
Mein Herz nun stärke;
Der Auftrag wartet schon – ich geh' zu Werke.
Durch deine Gnad' allein
Bewahr' ich Treu';
Hier, ganz allein mit dir
Meine Kraft mach neu.[14]

Die Sprache des Ich

Ebenso wie Gottes Wort zu uns redet, gibt es auch Worte, die wir zu uns selbst sprechen. Dies mag seltsam erscheinen, doch können wir durch eigene Worte Herr über den Sog unserer Gefühle werden. Oswald Chambers erwähnt das in seinem Klassiker *Mein Äußerstes für sein Höchstes*:

> Es gibt gewisse Dinge, über die wir nicht beten dürfen – Stimmungen zum Beispiel. Stimmungen verschwinden nie durch Beten, Stimmungen verschwinden durch Treten. Eine Stimmung hat ihren Ursprung fast immer in unserem körperlichen Zustand, nicht in der Moral. Es ist eine beständige Anstrengung, nicht auf die Stimmungen zu hören, die sich aus einem körperlichen Zustand ergeben, sich ihnen nie auch nur für eine Sekunde zu unterwerfen. Wir müssen uns selbst beim Schlafittchen packen und durchschütteln, und dann werden wir feststellen, dass wir das tun können, wovon wir gesagt haben, wir könnten es nicht. Der Fluch bei den meisten von uns ist, dass wir das nicht tun. Das christliche Leben ist ein Leben Fleisch gewordener geistlicher Beherztheit.[15]

Etwas später fährt Chambers fort:

> Wenn wir unsere Emotionen nicht schulen, werden sie uns an der Nase herumführen, und wir werden zum Spielball unserer Impulse und spontanen Reaktionen. Sobald aber der Glaube geschult ist, die Emotionen zu beherrschen und weiß, wie er sich entschlossen gegen die charakterlichen Schwächen auflehnen muss, ist wieder ein Einfallstor des Zweifels für immer verschlossen. Ein Großteil unserer Not als Christen kommt nicht durch Sünde, sondern dadurch zustande, dass wir über die Gesetze unserer eigenen Natur nicht Bescheid wissen.

Der Mediziner Martyn Lloyd-Jones hat dazu sehr eindeutig Stellung bezogen. Vielleicht empören Sie sich im ersten Moment über seine Behauptungen und fragen sich, ob das nicht pure Autosuggestion ist. Es wäre ihr tatsächlich gefährlich nahe, wenn es nicht auch durch die Aussagen der Bibel gestützt würde. Zuerst also die Worte von Lloyd-Jones:

> Die große Kunst im geistlichen Leben ist es zu wissen, wie Sie mit sich selbst umgehen müssen. Sie müssen sich selbst in die Hand nehmen. Sie müssen sich selbst ansprechen, sich selbst predigen, sich selbst infrage stellen. Der Kernpunkt ist es zu verstehen, dass dieses unser Ich, dieser andere Mensch in uns, an die Kandare genommen werden muss. Hören Sie nicht auf ihn; wenden Sie sich an ihn; sprechen Sie zu ihm; verurteilen Sie ihn; tadeln Sie ihn; ermahnen Sie ihn; ermutigen Sie ihn; erinnern Sie ihn an das, was Sie wissen, anstatt ihm ruhig zuzuhören und ihm zu erlauben Sie herunterzuziehen und niederzudrücken.[16]

Hört sich das alles seltsam und ein bisschen schizophren an? Aber verhält sich der Apostel Paulus nicht eben auf diese Art und Weise? „Ich weiß genau, wofür ich kämpfe. Ich laufe nicht irgendeinem ungewissen Ziel entgegen. Wenn ich kämpfe, geht mein Schlag nicht ins Leere. Ich setze mich für diesen Sieg ganz ein und nehme keine Rücksicht auf meinen Körper. Er muss sich meinem Willen fügen" (1. Korinther 9,26-27).

In Psalm 42,5 fragt David: „Was betrübst du dich, meine Seele?" (Luther 84).

In Psalm 116,7 sagt er: „Sei nun wieder zufrieden, meine Seele; denn der HERR tut dir Gutes" (Luther 84).

Sicher, wenn der Apostel Paulus uns ermahnt, in Psalmen, Liedern und geistlichen Gesängen zueinander zu sprechen, um uns zu ermutigen und zu beeinflussen, dann gilt dasselbe auch für uns persönlich – wir sollen in unserem Herzen dem Herrn eine Melodie spielen, indem wir uns selbst ermutigende Worte zusprechen.

Die Sprache des Gehorsams

Es gibt noch eine dritte Quelle der Kommunikation, und das ist die Sprache des Gehorsams, die wiederum den Glauben aufbaut und stärkt. Wir alle wissen, dass unser Glaube zu Werken führt, aber wir vergessen oft, dass das Gegenteil ebenso zutrifft. Einer der grundlegenden Unterschiede zwischen dem griechischen und dem hebräischen Denken ist der, dass für die Griechen die Wahrheit durch Vernunft erreicht wurde, während für die Hebräer die Wahrheit eine Folge des Gehorsams war.

Wir sehen das etliche Male in der Bibel. Mose, Hesekiel, Hosea und Jona hatten keine Lust zu tun, wozu Gott sie aufforderte. Ja, jede Faser ihres Wesens drängte sie in eine andere Richtung. Doch Gott sagte ihnen, dass sie gehorchen müssten. Die Lösung bestand nicht darin, Gottes Willen zu tun, weil ihnen danach war. Aber wenn sie Gottes Willen auch ohne entsprechende Gefühle folgten, dann würde ihr Glaube gestärkt werden.

Eine klassische Demonstration dieses Prinzips sehen wir in der Begegnung zwischen Gott und Mose. Als Mose einen Beweis verlangte, dass Gott ihn tatsächlich gerufen habe, sagte Gott: „Ich stehe dir bei und gebe dir ein Zeichen, an dem du erkennst, dass ich dich gesandt habe: Wenn du mein Volk aus Ägypten herausgeführt hast, werdet ihr mir an diesem Berg hier Opfer darbringen!" (2. Mose 3,12).

Der Beweis für Gottes Berufung kam *nach* Moses Gehorsam, nicht vorher.

Diese Sprache des Gehorsams ist vielleicht von allen Sprachen am schwierigsten zu beherrschen. Gehorsam übersteigt zwar unser Gefühl, lässt uns dafür aber kühne Glaubensschritte gehen. Diese Sprache gehört zu den größten und schwierigsten Herausforderungen, die eine Ehe mit sich bringt. Hier zolle ich meiner Frau einen Tribut, dem ich kaum gerecht werden kann. Doch jeder, der sich in meiner Situation befindet, weiß, wovon ich spreche.

Manchmal kommt es zu einer Meinungsverschiedenheit zwischen meiner Frau und mir, sei es durch Stolz oder einfach Sturheit, wenn keiner unterliegen will und deshalb keine Versöhnung möglich ist. Ich kann nur zu meiner eigenen Schande sagen, dass ich in solchen Situationen oft mit mir zu kämpfen hatte. Meine Frau dagegen besiegte mit ihrer tiefen Liebe solch finstere, kleinlichen Neigungen. Sie hat nie Angst davor, mir entgegenzukommen und so der hässlichen Falle der Starrköpfigkeit zu widerstehen. Das sind die fruchtbarsten Lektionen des Glaubens. Wir handeln, wir gehorchen, wir geben nach, wir ordnen uns Gott unter, selbst wenn unsere natürlichen Neigungen uns in die entgegengesetzte Richtung zerren wollen.

Erlebten nicht auch Schadrach, Meschach und Abednego genau diesen Triumph des Glaubens in ihrem Leben? Selbst in unmittelbarer Todesgefahr standen sie aufrecht und waren sich sicher, dass Gott sie retten würde. „Aber auch wenn er es nicht tut", sagten sie, „musst du wissen, o König, dass wir nie deine Götter anbeten und uns nicht vor der goldenen Statue niederwerfen werden" (Daniel 3,18).

Ich behaupte, dass unsere säkularisierte Gesellschaft Gott nicht mehr „spürt", weil sie die Fähigkeit verloren hat ihm zu gehorchen.

Die Sprache der Freunde

Viertens gibt es eine Sprache, die durch Freunde zu uns kommt. Das Geschenk der Freundschaft ist eine der kostbarsten Gaben Gottes. Dieses Geschenk erhalten wir aus reiner Gnade – oft habe ich erlebt, dass es auch Leuten zuteil wurde, die es gar nicht verdienten. Im Lauf der Jahre, in denen ich rund um die Welt gereist bin und mich überall mit Menschen zum Essen hingesetzt habe, hat mich dieses wunderbare Geschenk immer begleitet. Auf jedem Kontinent habe ich bereichernde Erinnerungen an irgendeinen Freund, der mich irgendwann mit der Gabe seiner Gastfreundschaft beschenkte. Wenn unsere Gefühle am Boden sind und der Weg uns öde und trostlos erscheint, dann trägt uns der Freund oder die Freundin ein Stück weiter.

Einer der niederschmetterndsten Momente in der Geschichte Israels war der Moment, als Absalom seinen Vater David verriet und zu stürzen versuchte. Besonders schlimm an dem Ganzen war jedoch, dass Ahitofel, ein ehemaliger Vertrauter Davids, hinter der Verschwörung stand. Diese Tragödie belastete das Herz Davids lange Zeit schwer. Der Schmerz darüber muss ihn immer und immer wieder überfallen haben. In Psalm 55 spricht David davon: „Wäre es mein Feind, der mich verhöhnt, dann könnte ich es noch ertragen. Würde mein erbitterter Gegner sich über mich erheben, wüsste ich ihm aus dem Weg zu gehen. Aber du bist es, mein Vertrauter, mein bester und engster Freund! Wie schön war es, als wir noch unsere Gedanken austauschen konnten, während wir mit den anderen Pilgern auf dem Weg zum Tempel waren!“ (Psalm 55,13-15).

Und auch im einundvierzigsten Psalm spielt er darauf an: „Sogar mein engster Freund, der oft an meinem Tisch saß und dem ich vertraute, tritt mich mit Füßen“ (Psalm 41,9).

Während meiner Studienzeit schloss ich mit einigen anderen Studenten das Abkommen, regelmäßig füreinander zu beten. Im Lauf der Jahre haben unsere Wege uns weit auseinander geführt. Einer jener Freunde war ein außergewöhnlich mutiger junger Mann, Koos Fietje, der später mit der Überseeischen Missionsgemeinschaft

(ÜMG) als Missionar nach Thailand ging. 1974 kam ich auf dem Weg zu einer Vortragsreise in Kambodscha durch Bangkok. Obwohl ich mir sehr wünschte Koos zu sehen, wollte ich ihm nicht die weite Reise vom Norden Thailands nach Bangkok zumuten. Ich würde sowieso nur eine Nacht dort verbringen, deshalb nahm ich gar nicht erst Kontakt zu ihm auf.

Doch als ich auf dem Flughafen mein Gepäck vom Laufband nahm und durch die Glastür ging, wer stand dort und erwartete mich? Koos. Er ergriff meine Hand und sagte: „Dachtest wohl, du könntest dich unbemerkt durchschleichen, was?"

Woher er überhaupt wusste, dass ich in Bangkok Station machte, ist mir bis heute schleierhaft.

Wir unterhielten uns die ganze Nacht im Hotelzimmer darüber, wie Gott uns in unserem Leben führte und wie er uns immer wieder zur Treue aufrief. Koos ermahnte mich auf dem Weg zu bleiben. Er war ein außergewöhnlicher Mensch. Trotzdem spürte ich, dass irgendetwas Koos schwer belastete. Als wir uns trennten, wiederholte er etwas, das er schon einige Male gesagt hatte: dass er sein unerschrockenes Zeugnis für Christus vielleicht mit dem Leben bezahlen würde. Und tatsächlich, ich sah Koos nie wieder. Nur wenige Jahre später wurde er nach einem Gebetstreffen, bei dem er gepredigt hatte, von einem Mann aus nächster Nähe erschossen.

Gott schenkte mir mit Koos einen Freund, dessen Glaube mein Vorbild war. Wenn ich manchmal mit Belastungen, die das Leben auf Reisen mit sich bringt, zu kämpfen hatte, war Koos' Martyrium mir ein Ansporn. Ein Freund kann uns sowohl durch sein Leben wie durch seinen Tod helfen, manches Übel oder kleinliche Gefühl zu überwinden.

Paulus schrieb in seinem Brief an die Philipper: „Es ist ja nicht erstaunlich, dass ich so von euch denke, denn ihr liegt mir ganz besonders am Herzen. Daran ändert sich nichts, auch wenn ich jetzt im Gefängnis bin und vor Gericht die Wahrheit des Evangeliums verteidigen und bezeugen muss. Durch eure Gaben und Gebete für mich habt ihr auch Anteil an dem Segen, den Gott mir schenkt. Gott allein weiß, wie sehr ich mich nach euch allen sehne; liebe ich euch doch so, wie auch Jesus Christus euch liebt" (1,7-8). Paulus beschreibt hier die tiefe Freundschaft, die Gottes Kinder einem Diener Christi in Ketten erwiesen.

Die Sprache der Gemeinde

Schließlich kommen wir zur Rolle der Gemeinde, die für ihre Glieder sorgen und die Schwachen und Bedürftigen unterstützen sollte. Gemeinde sollte ein Ort der inneren Heilung und Wiederherstellung sein. Um anderen Weisung und Leitung zu geben, sind die Geduld Christi und die Weisheit eines disziplinierten Lebens notwendig. Wenn eine Person strauchelt oder in Sünde fällt, ist die Gemeinde Christi berufen, sich dieser Person zuzuwenden und ihr zurechtzuhelfen. Wenn jemand mit dem Gefühl der Gottesferne zu kämpfen hat, dann hat Gott nur die Arme seiner Gemeinde, um solche Leute wieder zu sich zu ziehen. Fühlt sich jemand verlassen, dann kann Gott nur durch die Herzen seiner Gemeinde mit dieser Person leiden und sie trösten.

Nur in einer mitfühlenden Gemeinschaft entwickeln wir das Gefühl der Geborgenheit und Annahme. Es gibt heute so viel Verletzungen und Einsamkeit unter den Menschen. Nichts hat unserer Gesellschaft mehr zu sagen als eine Gemeinschaft, die sich mit der Liebe Christi anderen zuwendet.

Aber die Gemeinde hat heute noch eine weitere Funktion, und zwar im Bezug auf die Musik. Musik ist eins der mächtigsten, doch leider am leichtesten zu manipulierenden Mittel, um Gefühle zu beeinflussen. Hören Sie sich einmal an, wie eine Jugendkultur sich vom pulsierenden Sound mancher Musikstile bestimmen lässt. Wer das erlebt, stellt schnell manch ernste Frage: Was macht solche Musik mit den Gefühlen der Hörer? Und was offenbart sie möglicherweise über ihren inneren Zustand?

Statt uns jedoch auf das Glatteis zu begeben, das mit solchen Fragen verbunden ist, will ich nur eine Sache anmerken. Wenn man älter wird, spendet Musik zunehmend mehr Trost und Inspiration, als dass sie Ekstase hervorruft. Mit der Zeit kommen die wahren Bedürfnisse ans Licht: die Sehnsucht nach Frieden und Ruhe, nach Trost und Hilfe. Dazu gehört auch der Wunsch, nicht allein über eine hoffnungsvolle Zukunft, sondern auch über das Vergangene nachzudenken.

Ich bin mehr denn je davon überzeugt, dass Musik die Fähigkeit hat, uns im Innersten unseres Wesens anzurühren und dass Gott uns so geschaffen hat, dass wir darauf ansprechen. Musik drückt entweder Harmonie oder Missklang aus. Häufiger aber noch offenbart Musik die Harmonie oder den Missklang im Leben eines Menschen.

Eine der wichtigsten Funktionen der Musik besteht darin, in unserem Gedächtnis einen Schatz an Erinnerungen aufzubauen. Sie wirkt wie eine Rückspultaste, die uns zu schönen Erinnerungen an die Vergangenheit zurückführt. In diesem Sinn hilft sie uns unsere Lebensträume mit den Lebensleistungen in Verbindung zu bringen. Die Gemeinde sollte deshalb gründlich über die Vor- und Nachteile der vielen neuen Chorusse und Lieder, die wir heute singen, nachdenken. Viele Christen im mittleren Alter werden von ihrer musikalischen Vergangenheit abgeschnitten. Lieder, die sie gerne gesungen haben, kommen in der Anbetung ihrer Gemeinde nicht mehr vor, und bei der ständigen Veränderung haben nicht einmal die Jungen Zeit, einen Schatz der Erinnerungen aufzubauen. Doch immer gilt: Musik spielt in der Gemeinde eine außergewöhnliche Rolle, und sie ist ein großartiges Mittel, um unsere Gefühle zum Guten zu bewegen.

Lassen Sie mich am Ende dieser Betrachtung über unsere Gefühle die wichtigsten Punkte zusammenfassen: Wir müssen die Stimme Gottes hören, die durch sein Wort zu uns spricht. Wir müssen uns Zeit nehmen, um uns selbst Worte der Wahrheit zuzusprechen. Unsere Gefühle bekommen wir durch die Sprache des Gehorsams in Zaum. Unser Ziel sollte es sein, dauerhafte Freundschaften aufzubauen, die uns Kraft geben, wenn wir schwach sind. Wir schöpfen aus der Kraft der Gemeinde, die uns trägt, und wir genießen den Klang und die Inspiration der Musik, die Gott seinem Volk gegeben hat.

Bei einem Sonntagsgottesdienst vor einigen Monaten ist mir diese fünffache Kraft auf unvergessliche Weise deutlich geworden. Bei meinem Schwiegervater hatte man nach einem Herzanfall festgestellt, dass er eine Bypass-Operation brauchte. Doch bei dem ausgelasteten Gesundheitssystem, so sagte man ihm, müsse er mit sieben bis neun Monaten Wartezeit auf die Operation rechnen. Er war sicher, diese lange Zeit nicht zu überleben, und stellte sich innerlich schon auf den Tod ein.

Während er sich an jenem Sonntag zu Hause ausruhte, war seine Frau im Gottesdienst. Sie besuchte immer noch so treu die Versammlungen, wie beide es zeit ihres Lebens getan hatten. Ich beobachtete sie während des ganzen Gottesdienstes aus einiger Entfernung. Ihre Freundinnen, die um sie herum saßen, erkundigten sich nach seinem Zustand. Sowohl die Predigt, die Gebete, als auch die Wahrheiten von der Kanzel hatten Bedeutung für ihre Situation. Sie behielt die ganze Zeit über die Fassung. Dann kam das Schlusslied, und nun konnte sie die Tränen nicht länger zurückhalten. Vielleicht waren niemandem die Wahrheiten des Chorals so spürbar bewusst wie ihr:

> Stille, mein Wille! Dein Jesus hilft siegen;
> Trage geduldig das Leiden, die Not;
> Gott ist's, der alles zum Besten will fügen,
> Der dir getreu bleibt in Schmerzen und Tod.
> Stille, mein Wille! Dein Jesus wird machen
> Glücklichen Ausgang bedenklicher Sachen.
>
> Stille, mein Wille! Der Herr hat's in Händen;
> Hält sich dein Herz nur im Glauben an ihn,
> Wird er den Kummer bald wenden und enden;
> Herrlich wird endlich, was wunderbar schien.
> Stille, mein Wille! Dein Heiland wird zeigen,
> Wie vor ihm Meer und Gewitter muss schweigen.
>
> Stille, mein Wille! Es kommen die Stunden,
> Dass wir beim Herrn sind ohn' Wechsel der Zeit;

Dann ist das Scheiden, der Kummer verschwunden,
Ewige Freundschaft vergütet das Leid.
Stille, mein Wille! Nach zeitlichem Scheiden
Sehn wir uns wieder ohn' Schmerzen und Leiden.[17]

Wie barmherzig war es von Gott, ihr in dieser Not zu begegnen. Alle Sprachen wirkten zusammen, um Ruhe in ihre Seele zu bringen. Es bleibt nur eine Frage: Wie lernen wir, solche Wahrheiten von Herzen zu glauben, um so den Frieden, den sie mit sich bringen, zu erfahren? Oder, anders ausgedrückt, wie können wir uns von der Wahrheit statt von unseren Gefühlen leiten lassen?

Schlussfolgerung

Ich habe lange und gründlich über den inneren Kampf nachgedacht, aus dem heraus ein Mensch sagt: „Ich habe alles versucht, aber ich kann Gott nicht spüren."

Die bekannte Rockgruppe U2 hat ein Lied mit dem Titel „I Still Haven't Found What I'm Looking For" veröffentlicht – „Ich habe immer noch nicht gefunden, was ich suche."

Im Text werden all die Dinge genannt, die das Leben zu bieten hat, sogar das Evangelium. Er endet jedoch auch hier mit dem Refrain: „Auch schon ausprobiert – ich habe immer noch nicht gefunden, was ich suche."

Ausgehend von meinen Überlegungen zu dieser Frage bin ich zu zwei Schlussfolgerungen gekommen.

Die erste ist, dass wir in unserem Leben auf die eine oder andere Weise zerbrochen werden; wir *müssen* zerbrochen werden. Wir werden entweder von einer Lüge zerbrochen oder von der Wahrheit. Dass jeder selbst diese Entscheidung zu treffen hat, lässt sich auch an Jesu Leben eindrucksvoll zeigen. Ob wir nah oder fern von Gott sind, hängt letztlich von dieser persönlichen Entscheidung ab. Dessen sind sich viele aber nicht bewusst.

Als er das Kreuz vor sich sah, wusste Jesus, was ihm bevorstand, und er wusste, dass er auf jedem Weg, für den er sich entschied, sehr leiden würde. Der gequälte Schrei, der aus seinem Innern kam, zeigt, wie sehr Jesus vor diesem Moment zurückscheute. Er bat seine Jünger bei ihm zu bleiben, denn er brauchte ihre Nähe. „Könnt ihr denn nicht eine einzige Stunde mit mir wachen?", fragte er, als sie eingeschlafen waren, während seine Seele in Gethsemane ihre Not herausschrie (Matthäus 26,40).

Sein Gebet: „Mein Vater, wenn es möglich ist, so bewahre mich vor diesem Leiden!", verblüfft uns, bis er hinzufügt: „Aber nicht mein Wille soll geschehen, sondern dein Wille" (Matthäus 26,39).

Wovor fürchtete sich Jesus so sehr? Gewiss nicht vor dem körperlichen Schmerz. Den konnte er aushalten. Es war das Wissen und das Gefühl, selbst von Gott, seinem Vater, verlassen zu sein, *obwohl er gleichzeitig im Zentrum des Willens Gottes war*. Gott würde seinem Sohn während der größten Versöhnungstat aller Zeiten fern sein, er würde ihm den Rücken kehren. Darum schrie Jesus am Kreuz: „Mein Gott, mein Gott, warum hast du mich verlassen?" (Matthäus 27,46).

Der Punkt ist dieser: Jesus hätte, um diesem Bruch mit seinem Vater auszuweichen, dieses Opfer vermeiden können. Aber wenn er das getan hätte, hätte Jesus sich letzten Endes vom Willen und Herzen seines Vaters entfremdet. Indem er sich für den Tod und jene vorübergehende Trennung entschied, wurde er zurück in Gottes Vaterarme gezogen. Anders gesagt, Jesus hatte die Wahl – er konnte dem Kreuz widerstehen und die Welt in ihrem Chaos zurücklassen, oder er konnte sich selbst zerbrechen lassen, sodass die Welt zu Gott gezogen werden und leben könnte. Indem er den Tod erlitt und sich von Gott trennen ließ, konnte Jesus uns, die wir fern waren, in Gottes Arme zurückbringen.

Jenes Kreuz, an dem unser Herr zerbrochen wurde, an dem er unsere Sünde und unsere Leiden auf sich nahm, an dem er unsere Entfremdung trug, an dem er von allen verlassen wurde, ist das Herz des Evangeliums. Wenn wir es richtig verstehen und uns ihm unterwerfen, dann verdient das Kreuz mehr als nur den Kommentar: „Hab ich auch schon ausprobiert, hat aber nicht funktioniert."

Wer Jesus Christus nicht nachfolgt, fragt sich, wo Gott in dieser leidenden Welt wohl sein mag. Warum scheint er so weit weg zu sein? Wir denken oft, dass jemand, der Christus nicht kennt, die Bedeutung des Kreuzes nicht erfassen kann. Und in einem gewissen Sinn stimmt das auch. Aber ich möchte eine Behauptung wagen, und das bringt mich zu meiner zweiten Schlussfolgerung. Obwohl das Kreuz den Skeptikern und dem normalen Denken der Menschen so fremd ist, bestätigen sie unbewusst doch irgendwo tief in ihrem Herzen seine Botschaft, dass Gott selbst in den grausamsten Ausprägungen des Lebens irgendwo erreichbar sein muss. Zwei Zitate werden das verdeutlichen und uns zu einem wesentlichen Punkt der Entscheidung führen.

Eli Wiesel, Literaturnobelpreisträger und jüdischer Überlebender des Holocaust, berichtet davon, wie er im Konzentrationslager mit einigen anderen gezwungen war mit anzusehen, wie zwei jüdische Männer und ein jüdischer Junge aufgehängt wurden. Die beiden Männer starben sofort, aber der Tod des Jungen zog sich aus irgendeinem Grund hinaus, sodass sein Todeskampf am Galgen eine halbe Stunde dauerte.

Wiesel hörte jemanden hinter sich murmeln: „Wo ist Gott? Wo ist er?“ Dann ertönte die Stimme noch einmal voller Qual: „Wo ist er?“

Auch Wiesel konnte die Frage nicht länger unterdrücken: „Wo ist Gott? Wo ist er?“

Dann hörte er eine leise Stimme in seinem Innern sagen: „Er hängt dort am Galgen.“

Der Autor Dennis Ngien fügte dieser Geschichte in seinem Artikel „The God Who Suffers“ (Der leidende Gott) eine Fußnote hinzu. Er zitierte den Theologen Jürgen Moltmann mit den Worten, jede andere Antwort wäre Blasphemie.[18]

Ich dagegen stelle die Frage: Kann irgendein anderer Glaube als das Christentum diese Frage grundlegend beantworten? Wenn wir diese gefühllosen Gräueltaten betrachten, fragen wir uns: Wo ist Gott? Und die Antwort kommt: Er ist mittendrin – er ist es, der unsere Gräueltaten erleidet.

Jene unverzeihlichen und erbärmlichen Taten, Gebäude in die

Luft zu jagen und Männer, Frauen und Kinder darin umzubringen oder ein neugeborenes Baby zu ersticken, richten sich letztlich gegen Gott. Wir fügen anderen Menschen Schmerzen zu, weil wir vorher Gott abgewiesen haben. Ich finde diese Antwort von Wiesel absolut erstaunlich. Wo ist Gott? Genau dort in jenem Gebäude, genau dort in jener Plastiktüte. Das Kreuz ist somit die einzig mögliche Erklärung, wo Gott inmitten des ganzen Leids ist. Gott selbst hängt am Galgen, damit wir ihm nahe kommen können. Jede andere Antwort wäre Blasphemie.

Aus dieser Wahrheit folgt eine bedeutsame persönliche Herausforderung. Wenn wir vor dem Kreuz stehen, müssen wir eine Entscheidung treffen: Entweder erfassen wir die Bedeutung des Kreuzes und bringen unser ganzes Sein mit all unseren Leidenschaften dar, um mit Christus gekreuzigt zu werden, sodass wir in Hörweite seiner Stimme leben und sein Herz fühlen können. Oder aber wir wenden uns von dem Kreuz ab und leben zukünftig mit dem Gefühl, von Gott entfremdet zu sein. Aber hier kommt oft die Lüge ins Spiel – wenn wir nämlich glauben, wir könnten dem Vater nahe sein, ohne dass unser Ego stirbt. Selbst in Christi eigenem Wirken war das unmöglich.

So oft wird darüber gepredigt, dass wir „zu Christus kommen" müssen. Dass wir aber auch mit ihm gekreuzigt werden müssen, hören wir weniger oft. Wenn wir nicht zulassen, dass dieses alte Ich gekreuzigt wird, wird sich gar nichts ändern, wenn wir mit all unserem alten Ballast zu ihm kommen.

Entweder muss also die Lüge sterben, auf der unsere Gefühle basieren. Oder wir opfern stattdessen die Wahrheit, der sich unsere Gefühle eigentlich unterordnen sollten. Genau diese Frage stellt sich uns: Ob wir uns mit Christus kreuzigen lassen.

Ich behaupte, auf eine subtile Weise erkennt auch die Welt hier die Wirklichkeit des Kreuzes. Kürzlich stieß ich auf einen Bericht, der diese Behauptung kräftig untermauert.

Vor einiger Zeit beklagte eine Autorin im *Ladys' Home Journal* den Verlust der Ethik in unserer Zeit, meinte aber, es gebe gelegentliche Lichtblicke, die Anlass zur Hoffnung gäben. Zum Beweis für diese optimistische Haltung erzählte sie die Geschichte von David Kaczynski: Viele Jahre lang verbreitete in den USA ein Mann mit dem Spitznamen „Der Unabomber“ so viel Furcht und Schrecken mit seinen sinnlosen Mordanschlägen, dass selbst in Deutschland die Medien regelmäßig berichteten. Als man den „Una-Bomber“ endlich fasste, war das nicht ein Ergebnis einer Rasterfahndung oder spezieller Ermittlungsmethoden. Es war einzig die mutige Entscheidung von David Kaczynski. Er hatte wie alle US-Amerikaner die Täterprofile und Fahndungsberichte verfolgt – bis ihm eines Tages ein grauenhafter Gedanke kam. Jeder Hinweis aus dem veröffentlichten Täterprofil wies auf seinen eigenen Bruder Ted hin.

Voller Angst ging David schließlich zur Polizei und nannte seinen furchtbaren Verdacht. Die Polizei folgte seinem Hinweis, und heute befasst sich die Justiz mit dem Grauen der irrationalen Mordserie, die Ted Kaczynski zur Last gelegt wird.[19]

Man fragt sich unwillkürlich, was wohl David Kaczynski durch den Kopf gegangen sein mag, als ihm zum ersten Mal der Verdacht kam, sein Bruder könne der Mörder sein. Wir wissen lediglich, dass er nachdem er sich seiner Sache sicher war, seinen Bruder trotz des Wissens auslieferte, dass die Sache den Bruder das Leben kosten konnte.

Doch lassen Sie mich einen Moment innehalten. Der Kampf drehte sich nicht darum, ob sein Bruder den Tod verdient hatte, sondern der eigentliche Kampf fand im Innern von David Kaczynski statt. War er bereit, seine persönlichen Wünsche, ja seine Liebe zu seinem Bruder in den Tod zu geben um der Wahrheit und der Gerechtigkeit willen? Nach einem großen inneren Kampf ließ David seine Wünsche sterben, damit das Morden ein Ende hatte. Das war die ehrenvolle Entscheidung, die er traf.

Bei diesem Entschluss gewann die Wahrheit Oberhand über das Gefühl und verhalf diesem so zum Sieg. Im Grunde drückt der Tod von Mary Jane und Gary Chauncey, die starben, um ihrer Tochter Audrey das Leben zu retten, dasselbe aus – den Tod des eigenen Ich.

Können wir in unserer Hingabe an Christus billiger wegkommen? Der Apostel Paulus veranschaulichte diese Wahrheit in einer schlichten Aussage an Timotheus: „Um dieser Ursache willen leide ich dies auch; aber ich schäme mich nicht, denn ich weiß, wem ich geglaubt habe, und bin überzeugt, dass er mächtig ist, mein anvertrautes Gut bis auf jenen Tag zu bewahren" (2. Timotheus 1,12; REÜ).

Das lässt sich auf ähnlich einfache Weise illustrieren, womit ich dieses Kapitel zum Abschluss bringe.

Angenommen, Sie warten mit Ihrem Koffer im Flughafen auf den Aufruf zum Einchecken. Weil der noch etwas dauert, gehen Sie ohne Koffer spazieren. Bei Ihrer Rückkehr ist der Koffer weg. Wie werden Sie sich jetzt verhalten? Wenden Sie sich ans Schalterpersonal und geben eine Suchmeldung auf? Die Antwort wäre mit großer Sicherheit ein Nein. Wenn Sie den Koffer vor dem Einchecken gestohlen bekommen, haben Sie keinerlei Ansprüche an die Fluggesellschaft.

Hätten Sie dagegen den Koffer schon eingecheckt und würden bei der Ankunft an Ihrem Zielort feststellen, dass er nicht da ist, so wäre es Ihr gutes Recht, die Leute von der Fluggesellschaft zu fragen, wo er ist. Und man würde sich sofort auf die Suche nach ihrem verlorenen Gepäck machen. Denn die Fluggesellschaft ist nun einmal für das anvertraute Gepäck verantwortlich. Sie trägt jedoch keine Verantwortung für einen Koffer, der ihr nicht übergeben wurde.

Das ist genau das, was der Apostel Paulus hier meint. Er war zuversichtlich, dass Gott das, was ihm anvertraut ist, bewahren würde. Bringen Sie Ihre Gefühle zum Kreuz. Vertrauen Sie Ihre Emotionen seiner Fürsorge an, und er wird sie für Sie bewahren.

3 Ein Sinn im Leiden

Der schottische Philosoph David Hume fasste das größte Hindernis für den Glauben an die Existenz Gottes mit folgenden Worten zusammen:

> Würde ein Fremder plötzlich in diese Welt fallen, so würde ich ihm als Beispiel ihrer Übel ein Hospital voller Krankheiten zeigen, ein Gefängnis voller Übeltäter und Schuldner, ein Schlachtfeld voller Leichen, eine Flotte, die auf dem Meer umherirrt, eine Nation, die unter Tyrannei, Hungersnot oder Pestilenz dahinsiecht. Ehrlich, ich wüsste nicht, wie das zu einer letztgültigen Absicht der Liebe passen sollte.[20]

Ein anderer sagt Folgendes:

> Es ist nicht die Wissenschaft, die mich an den Absichten Gottes zweifeln lässt. Es ist der Zustand der Welt. Es ist der erbärmliche, endlose Kampf ums Dasein unter den Nationen. Es ist der Zusammenbruch unserer Ideale vor den brutalen Fakten der Gewalt und des Chaos. Es ist das Gefühl, dass im innersten Wesen der Dinge etwas Dämonisches lauert, das gegen uns arbeitet; dass schon in den Grundfesten des Universums etwas radikal Verdrehtes ist, das alle Hoffnungen des Menschen zunichte machen, all seine Träume zum Scheitern bringen und seinen erbärmlichen Optimismus in die Katastrophe führen muss. Absicht? Schauen Sie sich die Welt an. Dann wird Ihnen alles klar.[21]

In Fjodor Dostojewskis Meisterwerk *Die Brüder Karamasow* sagt Ivan Karamasow:

> Sagen Sie selbst – ich fordere Sie heraus: Nehmen wir an, Sie wären berufen, den Bau der menschlichen Geschicke zu errichten, sodass die Menschen endlich glücklich wären und ihren Frieden und ihre Ruhe fänden. Wenn Sie wüssten, dass Sie, um das zu erreichen, nur ein einziges Geschöpf quälen müssten, sagen wir das kleine Mädchen, das sich in dem Nebenhaus so verzweifelt an die Brust schlug, und dass Sie auf ihren ungesühnten Tränen jenen Bau errichten könnten, wären Sie bereit, das zu tun? Sagen Sie es mir, und lügen Sie nicht![22]

Es ist kaum möglich, für die hier ausgedrückte Skepsis und die Frage, die damit aufgeworfen wird, nicht eine gewisse Sympathie zu empfinden. (Die spezielle Stoßrichtung der Frage von Ivan Karamasow ist komplexer, und deshalb habe ich am Ende des Buches ein Postskriptum angefügt, um näher darauf einzugehen.) Die Fülle des Bösen und das Ausmaß an sinnlosem Leid zwingt einen denkenden Menschen zu der Frage, wie ein guter Gott mit einer Welt voller Bösem zusammenpasst. Wer von uns hat noch nie ein missgebildetes Kind angesehen, vor Mitleid schwer geschluckt und über den Sinn dahinter nachgedacht? Wer von uns hat je eine Mutter gesehen, die ihr Kind verloren hat, und nicht nach dem Grund gefragt?

Leben heißt zwangsläufig früher oder später, dass man im eigenen Leben oder bei anderen Schmerz und Leid erlebt. Jeder denkende Mensch muss sich unweigerlich nach dem „Warum?“ fragen.

Keine Frage wird häufiger gestellt und kein Glaubenshindernis hält sich hartnäckiger als dieses „Warum?“. Schon die biblischen Propheten warfen diese Frage in unterschiedlichen Variationen auf. Habakuk fragte: „Warum muss ich so viel Unrecht mit ansehen, und warum schaust du untätig zu, wie die Menschen einander das Leben zur Hölle machen?“ (Habakuk 1,3).

David rief aus: „Wie lange, Gott, willst du dich von den Feinden verhöhnen lassen?“ (Psalm 74,10).

Jona war empört über die Gewalttätigkeit der Einwohner von Ninive und wollte sie ausgelöscht sehen. Jeremia forderte den Herrn heraus und sagte: „Trotzdem will ich mit dir über deine Gerechtigkeit reden: Warum geht es den Menschen, die dich missachten, so gut?“ (Jeremia 12,1).

Ich habe mich bisher kaum mit einem skeptischen Menschen unterhalten, der seinen Zweifel nicht mit der Frage nach dem sinnlosen Leid begründet hätte. Die Zahl derer, die ihren Glauben an Gott verloren haben, weil ihnen ein geliebter Mensch gestorben oder ein Freund schwer verunglückt ist, ist Legion. Zweifellos ist dies eine der ehrlichsten und echtesten Fragen an den christlichen Glauben, der ja von einem liebenden und allmächtigen Gott spricht.

Leider haben allzu glatte und unschlüssige Antworten auf solch brennende Fragen dazu geführt, dass die Kommunikation zwischen ehrlich fragenden Skeptikern und jenen, die darauf angeblich antworten können, zusammengebrochen ist. Oft tun wir den Fragesteller als jemanden ab, der nicht glauben will und dann eben noch einen fadenscheinigen Grund für seinen Unglauben sucht. Vielleicht sind manche Fragenden wirklich fest zum Unglauben entschlossen. Doch es gibt auch jene, die in ihrem Denken und Fühlen aufrichtig mit diesem Problem kämpfen. Jemand hat es so auf den Punkt gebracht: Wenn das Böse siegt, verlieren Menschen ihren Glauben an das Gute und werden zu Atheisten.

Doch auch die Fragesteller selbst haben ihre Frage oft nicht völlig durchdacht. Meiner Ansicht nach sollten Skeptiker, die die Frage nach dem Leid stellen, selbst eine Antwort formulieren. Wie erklären *sie* sich das Problem des Leidens?

Neben einer eigenen Antwort sollten sie auch begründen, warum diese Frage berechtigt ist – wohlgemerkt, Gott sollte hier nicht als Erklärung herangezogen werden. Oft verstummen nun die Skeptiker an dieser Stelle, denn sie stoßen bei ihren Erklärungsversuchen an die Grenzen des Rationalen.

G. K. Chesterton fasste dieses Problem zusammen: „Wenn der Glaube an Gott schwierig wird, gibt es die Tendenz, sich von ihm abzuwenden; aber abwenden wohin, um Himmels willen?“

Die Christen glauben, dass eine sinnvolle Antwort gefunden werden muss, aber hat denn ein Atheist eine bessere Antwort auf das Problem des Bösen? Mit seinem typischen Humor und in Anerkennung der Tatsache, dass viele Antworten der Sache nahe, aber nicht nahe genug kommen, fuhr Chesterton fort: „Mein Problem mit dem Leben ist nicht, dass es rational ist, und auch nicht, dass es irrational ist ... sondern dass es nahezu rational ist."

Immer wenn wir meinen, eine endgültige Antwort gefunden zu haben, kommt irgendjemand und bringt mit einem Einwand unser Gedankengebäude wieder zum Einsturz.

Die Bibel geht nicht schweigend über diese Frage hinweg, sondern behandelt sie mit großem Ernst. Das ebenso häufig missverstandene wie zitierte Buch zum Thema des menschlichen Schmerzes und Leidens ist das Buch Hiob. Der Name Hiob ist geradezu ein Synonym für Leiden, und doch haben es nur wenige auf sich genommen, seine Argumente genau zu analysieren. Wenn wir bedenken, wie alt dieses Buch ist, müssten wir eigentlich darüber staunen, wie tief greifend es das Thema behandelt.

Ich hoffe, dass wir tief graben und die Argumente ausschöpfen können, die uns die einzig schlüssige Antwort auf dieses uralte Rätsel geben können. Doch bevor wir uns auf diese Reise begeben, lassen Sie uns dieses komplexe Thema nochmals in seinem Zusammenhang betrachten. Um der Kürze willen muss dies sehr konzentriert erfolgen. Nachdem wir diese philosophische Hürde genommen haben, werden die Antworten umso stärker auf uns wirken.

Die Frage in Frage stellen

Als ich vor einigen Jahren an der Universität von Nottingham in England sprach, führte eine ziemlich aufgebrachte Person aus dem Publikum genau mit dieser Frage einen Angriff gegen Gott. C. S. Lewis erinnert uns daran, dass nichts so peinlich ist wie eine Frage, die man stellt, ohne sie richtig verstanden zu haben. Dieser Fragesteller wurde von seiner eigenen Frage zu Fall gebracht.

„Es kann unmöglich einen Gott geben", sagte er, „angesichts all des Bösen und des Leidens, das es in der Welt gibt!"

Ich fragte ihn, ob wir uns darüber einen Augenblick unterhalten könnten. Er war einverstanden.

„Wenn Sie sagen, dass es so etwas wie das Böse gibt, setzen Sie damit nicht voraus, dass es so etwas wie das Gute gibt?“, fragte ich ihn.

„Natürlich“, gab er zurück.

„Aber wenn Sie voraussetzen, dass es so etwas wie das Gute gibt, setzen Sie damit nicht auch gleichzeitig voraus, dass es so etwas wie ein moralisches Gesetz gibt, auf dessen Grundlage zwischen dem Guten und dem Bösen unterschieden wird?“

„Ich denke schon“, kam die Antwort etwas zögerlicher und leiser.

Das war ein sehr wichtiger Punkt für meine Argumentation. Die meisten Skeptiker haben nie einen Gedanken auf diese Frage verschwendet. Darum erinnerte ich den Fragesteller, während er noch zögerte, an die Debatte zwischen dem Agnostiker Bertrand Russell und dem christlichen Philosophen Frederick Copleston. Während der Debatte fragte Copleston Russell, ob er an das Gute und das Böse glaube. Russell bejahte, worauf Copleston fragte, wie er zwischen den beiden unterscheide. Russel antwortete, er unterscheide zwischen Gut und Böse auf dieselbe Weise, wie er zwischen verschiedenen Farben unterscheide.

„Aber Farben unterscheiden Sie doch durch Sehen, nicht wahr?“, hakte Copleston nach. „Wie aber unterscheiden Sie zwischen Gut und Böse?“

„Aufgrund meines Gefühls natürlich!“, kam Russells scharfe Antwort.[23]

An dieser Stelle hätte jemand unterbrechen und Russell sagen sollen, dass die Leute in manchen Kulturen ihre Nächsten lieben, während sie sie in anderen Kulturen essen – beides aufgrund ihres Gefühls. Welches Verhalten Mr. Russell wohl persönlich vorzog?

Wie könnten wir, als rational denkende Menschen, es jemals rechtfertigen, auf der Grundlage von Gefühlen zwischen Gut und Böse zu unterscheiden? Wessen Gefühle sollten denn als Maßstab dienen? Das von Hitler oder das von Mutter Teresa? Mit anderen Worten, es muss ein Moralgesetz geben, einen Maßstab, an dem wir

Gut und Böse messen. Wie sonst sollte man zwischen beiden unterscheiden? Mein Fragesteller stimmte mir ohne Zögern in diesem Punkt zu.

Lassen Sie mich noch einmal kurz rekapitulieren, wie weit er schon gekommen war. Ich hatte ihn gefragt, ob er an das Gute glaube; er hatte mit ja geantwortet. Wenn er aber an das Gute glaubte, musste er ein Moralgesetz annehmen, anhand dessen er zwischen den beiden unterschied. Er stimmte mir zu.

„Wenn es also ein Moralgesetz gibt“, sagte ich, „müssen Sie auch einen Moralgesetzgeber postulieren. Aber den wollen Sie ja gerade widerlegen, indem Sie seine Existenz abstreiten. Wenn es keinen Moralgesetzgeber gibt, gibt es auch kein Moralgesetz. Wenn es kein Moralgesetz gibt, dann gibt es auch das Gute nicht. Wenn es das Gute nicht gibt, dann gibt es auch das Böse nicht. Dann weiß ich aber nicht so recht, wie Ihre Frage eigentlich lautet!“

Es herrschte Schweigen, und dann sagte er: „Wonach frage ich Sie denn dann?“

Die Komik der Situation war offensichtlich. Deutlich erschüttert stellte er fest, dass im Kern seiner Frage eine Voraussetzung lag, die seiner eigenen Schlussfolgerung widersprach. Genau das meinte ich, als ich sagte, dass der Skeptiker nicht nur eine Antwort auf seine eigene Frage geben, sondern auch die Frage selbst rechtfertigen soll. Während noch das Gelächter verebbte, erinnerte ich ihn daran, dass ich seine Frage akzeptiere. Jedoch stütze seine Frage eher meine Ansicht, dass wir in einer moralischen Welt leben, als sein eigenes skeptisches Weltbild. Denn wenn Gott nicht der Autor des Lebens ist, tragen die Begriffe *Gut* und *Böse* keinen Sinn mehr in sich.

Oft meinen Skeptiker, sie hätten mit der Frage nach dem Bösen den Theismus endgültig in der Falle. Sie übersehen dabei aber die Schwäche ihrer eigenen Argumentation. So werden sie stattdessen von ihrer eigenen Frage in die Falle gelockt, denn hinter dieser Frage verbirgt sich eine bestimmte Ausnahme. Mit anderen Worten: Können wir überhaupt ein Problem mit moralischen Implikationen diskutieren, wenn wir davon ausgehen, dass dies kein moralisches Universum ist?

C.S. Lewis sagte, sobald wir das Wort *besser* verwenden, setzen wir eine Bezugsgröße voraus.

Letztlich geht es also darum, ob wir überhaupt nach der Ursache des Bösen fragen dürfen, wenn wir gar nicht voraussetzen, dass unsere Welt eine moralische Grundlage hat. Während ein Christ gedanklich konsequent über das Problem des Bösen reden und eine in sich schlüssige Antwort darauf geben kann, hat der Skeptiker große Mühe, auf die Frage nach dem Guten in einem amoralischen Universum zu antworten.

Das Problem des Bösen lässt sich also nicht damit lösen, dass wir angesichts des Bösen die Existenz Gottes abstreiten. Vielmehr muss damit das Problem des Bösen und des Leidens mit Gott in der Gleichung gelöst werden.

Genau das war Hiobs Schlussfolgerung. Er verlor nie die Tatsache aus dem Blick, dass Gott ganz und gar am Ruder war. Allerdings passte Hiobs Erfahrung nicht in seinen theologischen Bezugsrahmen. Er war immer davon ausgegangen, dass man, wenn man gut ist, gesegnet, und wenn man schlecht ist, verflucht wird. Aber warum wurde er dann verflucht, obwohl er doch rechtschaffen gewesen war? Seine Theologie geriet zwar ins Wanken, nicht aber sein Glaube an Gott.

Die Art und Weise, wie Hiob dieses Problem aufarbeitet, ergibt eine faszinierende Studie, und ihr wollen wir uns jetzt zuwenden.

Ein seltsamer Anfang

Im ersten Kapitel des Buches lesen wir, wie Hiob eine Katastrophe nach der anderen erlebte. Er verlor seine Gesundheit, seinen Wohlstand und schließlich auch seine Familie. Als er nun auf seinem Aschehaufen saß, von Kopf bis Fuß mit Geschwüren bedeckt, sagte seine Frau zu ihm: „Na, immer noch fromm? Mach doch Schluss mit Gott und stirb!"

Doch Hiob erwiderte: „Was du sagst, ist gottlos und dumm! Das Gute haben wir von Gott angenommen, sollten wir dann nicht auch das Unheil annehmen?"

Die Bibel fügt hinzu: „Selbst jetzt kam kein bitteres Wort über Hiobs Lippen“ (Hiob 2,9-10).

Zwar erscheint die Aufforderung von Hiobs Frau verständlich, doch sollten wir uns fragen, was sie eigentlich mit ihrem „mach doch Schluss mit Gott und stirb!“ meinte. Wenn Gott existiert, ist dann irgendetwas damit erreicht, wenn wir ihn „verfluchen“, wie es im Original eigentlich heißt? Genauso gut könnte man sich ein Paar Boxhandschuhe anziehen und so gegen einen Panzer antreten. Wenn aber Gott nicht existiert, wen hätte Hiob dann verfluchen sollen? Aber sehen wir ihr diese Anklage nach. Sie reagierte so, wie wohl jeder Mensch reagiert hätte, wenn alles, woran er geglaubt hat, plötzlich keinen Sinn mehr ergibt.

Andererseits ging auch Hiob von einer Annahme aus, nämlich dass Gott nicht nur die Quelle des Trostes war, sondern auch die Quelle des Leides. Daraus schlussfolgerte Hiob, dass er sich einfach mit dem Leid abfinden müsse. Hatte Hiob mit dieser Annahme Recht?

Vergessen wir nicht, dass wir im Prolog des Buches einen Einblick bekommen, was dieser Prüfung vorausging, wovon Hiob nichts ahnte. Im Epilog wiederum sehen wir, wie Hiob die großen Zusammenhänge verstand. Das Muster, das sich nun ergab, brachte ihm viel Trost und veranlasste ihn, Gott anzubeten.

Durch den langen Prozess seiner vielen Gespräche wurden die Fragen, die Hiob stellte, immer klarer und konzentrierter. Das war vielleicht eine seiner größten Entdeckungen – wie wichtig es ist, die richtigen Fragen zu stellen.

Weiter lesen wir, dass Hiobs drei Freunde Elifas, Bildad und Zofar zu ihm kamen, um ihm verstehen zu helfen, wo Gott in all seinem Unheil war. (Lange Zeit habe ich behauptet, dass ihre Eltern diese Namen unmöglich in einem Baby-Buch gefunden haben können. Die Namen wären eine reine Erfindung. Das hat sich geändert, als ich irgendwo in einem entlegenen Winkel der Welt tatsächlich einem Bildad begegnet bin.)

Man kann sich die Gespräche der drei Freunde vorstellen, während sie auf dem Weg zu Hiob waren. Dabei legten sie sich ihre

Pläne zurecht: Wer übernimmt welche Rolle, damit sie Hiob möglichst gut Trost zusprechen konnten. Doch schon beim ersten Anblick seines erbärmlichen Zustandes verschlug es ihnen die Sprache. Sieben Tage und sieben Nächte lang brachten sie kein Wort heraus.

Zweifellos waren das ihre weisesten und besten Momente. So sehr man die Anteilnahme dieser Männer an Hiobs Leid schätzen muss, kann man doch über ihre mangelnde Feinfühligkeit in dieser niederschmetterndsten Stunde ihres Freundes nur den Kopf schütteln. Sie gaben ihm nur vorgekaute Antworten und schlecht durchdachte theologische Plattitüden, die oberflächlich schlüssig erschienen, angesichts der Qualen Hiobs aber nur hohl waren.

Der Erste, der den Mund aufmachte, war Elifas. Er war der Älteste und Freundlichste. Doch statt all der guten Ratschläge, die er hätte geben können, erzählte er eine höchst seltsame Episode.

> Hiob, heimlich habe ich eine Botschaft bekommen,
> leise wurde sie mir zugeflüstert!
> Es geschah in jener Zeit der Nacht, wenn man sich unruhig im Traum hin und her wälzt, wenn tiefer Schlaf die Menschen überfällt:
> Da packten mich Grauen und Entsetzen;
> ich zitterte am ganzen Körper.
> Ein Windhauch wehte dicht an mir vorüber –
> die Haare standen mir zu Berge!
> Dann sah ich jemanden neben mir, aber ich konnte ihn nicht erkennen, nur ein Schatten war zu sehen; er flüsterte:
> „Kann denn ein Mensch gerechter sein als Gott,
> vollkommener als sein Schöpfer?“ ...
> Das alles haben wir erforscht. Du kannst uns glauben,
> denn es ist wahr! Nun richte dich danach!
> Hiob 4,12-17; 5,27

Man kann sich vorstellen, was Hiob empfand, während Elifas wortreich von seinem Traumerlebnis erzählte. Dennoch war Hiob so höflich, sich seine Rede anzuhören, bevor er in Empörung ausbrach. Er flehte verzweifelt um Verständnis für die Schwere seines Verlustes:

> Ach könnte mein Schmerz doch gewogen werden!
> Legte man doch mein Elend auf die Waage!
> Es wiegt schwerer als der Sand am Meer,
> und deshalb sind meine Worte so unbeherrscht.
> Der Allmächtige hat mich mit seinen Pfeilen durchbohrt,
> tief dringt ihr Gift in mich ein. Gott hat mich
> mit seinen Schrecken eingekesselt. ...
> Wer so verzweifelt ist wie ich, braucht Freunde,
> die fest zu ihm halten, selbst wenn er Gott nicht mehr glaubt.
> Hiob 6,1-4; 14

Elifas' Gedanken enthalten keinen offensichtlichen Fehler, einzig die Grundlage ist fragwürdig. Er erinnerte an Hiobs „Geschöpflichkeit“ und damit an seine Sündhaftigkeit. Er argumentierte für die Gerechtigkeit Gottes und die Fairness, mit der er mit den Menschen umgeht. Elifas scheint auf den ersten Blick Recht zu haben. Doch sein Ausgangspunkt passt nicht zu Hiobs Situation. Elifas' Worte bringen seine Gefühllosigkeit zum Ausdruck, weil ihm eine schlüssige Logik wichtiger ist als das Elend seines Freundes.

Ich erinnere mich, wie ich einmal in den frühen Jahren meines Dienstes von einem Ehepaar gefragt wurde, warum Gott Leid in unserem Leben zulässt. Ich saß ihnen auf der hintersten Kirchenbank gegenüber, nachdem alle anderen schon gegangen waren. Während ich mich vorbeugte, um auf ihre Frage zu antworten, bemerkte ich plötzlich ihr Baby neben ihnen, das offensichtlich mit dem Down-Syndrom auf die Welt gekommen war. Einen Augenblick lang stockte mir der Atem. Mir wurde klar, dass ihre Frage tief in ihren Herzen verwurzelt war. Sie hatten keine akademische Frage gestellt, sondern ihre Gefühle waren real. Ebenso real und praktisch musste auch meine Antwort sein.

Versetzen Sie sich in Hiobs Zwangslage. Wenn Sie alles verloren hätten, was Ihnen lieb und teuer ist, was würden Sie davon halten, wenn ein Freund Ihnen von einem Traum erzählen würde, in dem er einem Geist begegnet ist? Ihm standen die Haare zu Berge, und dann sprach der Geist ihn an und gab ihm folgende Botschaft für Sie: „Kann ein Mensch vollkommener sein als sein Schöpfer?"

Kein Wunder, wenn Hiob vor Frustration aus der Haut gefahren wäre und gesagt hätte: „Was redest du da für einen Stuss?"

Nebenbei bemerkt, es ist unwichtig, ob Elifas diesen Traum wirklich hatte. Die eigentliche Frage ist, wie denn ein anderer die Echtheit dieser Episode nachprüfen konnte. Und selbst wenn sie stattgefunden hatte, so war sie eine ganz persönliche Erfahrung, die nur Elifas betraf. Ist es aber weise, ein ganzes theologisches System auf eine einzelne Erfahrung aufzubauen, die von niemand anderem überprüft werden kann?

Elifas versäumte das wirklich Notwendige: nämlich mit Hiobs Schmerz behutsam umzugehen.

In meiner Studienzeit konnte ich von einem brillanten Wissenschaftler lernen. Er hatte wenig Geduld und neigte zu Ausbrüchen, wenn ein Student es wagte, ihm eine Arbeit vorzulegen, die seinen Ansprüchen nicht genügte. In einer besonders schweren Klausur bei ihm betete jeder von uns Studenten um eine halbwegs passable Note. Ein Student, der nicht die leiseste Ahnung hatte, was eine der Fragen bedeutete, wagte es, seine Antworten mit einem gewichtigen Wortschwall aufzupolstern. Vielleicht würde der Professor irgendwo in dieser Flut von Worten doch noch die Andeutung einer passenden Antwort entdecken.

Als der Student seine Arbeit zurück bekam, war quer darüber einer der witzigsten Einzeiler geschrieben, die ich je gelesen habe. Der Professor hatte einfach geschrieben: „Das ist nicht richtig. Das ist noch nicht einmal falsch!"

Es dauerte eine Weile, aber schließlich verstand der Student, um was es ging.

Eine Antwort auf eine Frage kann auf mindestens drei Arten klassifiziert werden. Zum einen kann es sein, dass die Antwort richtig ist. Zum anderen könnte sie als falsch bezeichnet werden. Drittens könnte es sein, dass die Antwort noch nicht einmal einen Irrtum beinhaltet. Denn wenn man etwas als falsch bezeichnet, gesteht man zumindest zu, dass etwas Sinnvolles zum Thema gesagt wurde.

Wie aber antwortet man auf einen Traum oder eine Vision, wenn nichts das Gesagte untermauern kann? Auch wenn es unhöflich klingen mag, woher wissen wir, dass Elifas nicht einfach nur halluzinierte oder an irgendeiner Art Messias-Komplex litt?

Wie sehr hat der christliche Glaube unter Leuten gelitten, die eine einzige geistliche Randerfahrung zur alleinigen Deutungsgrundlage für das Dasein aller anderen machten. „Die Geister zu prüfen" erscheint heute unmodern, und um eine Gemeinde oder Gruppe zu gründen, braucht man nur eine besondere Manifestation. Verboten scheint nur der Argwohn zu sein. Dies ist eine gefährlich Art der Frömmigkeit, denn sie lässt uns keine Möglichkeit zu unterscheiden, ob jemand nun Gott anbetet oder sich selbst als Gott aufspielt.

So authentisch Elifas' Erlebnis auch gewesen sein mochte, Hiob tat völlig Recht daran, es von sich zu weisen. „Wer so verzweifelt ist wie ich, braucht Freunde, die fest zu ihm halten ... Ihr aber enttäuscht mich wie die Flüsse in der Wüste, deren Bett vertrocknet, sobald kein Regen mehr fällt" (Hiob 6,14-15).

Sie boten zu trinken an, wenn es niemand nötig hatte, doch sie verweigerten den Trunk demjenigen, der am Verdursten war. Elifas' Rede ging an Hiobs Qual völlig vorbei. Daraufhin fragt Hiob:

> Gebt mir eine klare Antwort, und weist mir nach,
> wo ich im Irrtum bin, dann will ich gerne schweigen!
> Nur wer die Wahrheit sagt, überzeugt mich –
> eure Vorwürfe beweisen nichts!
> Wollt ihr meine Worte tadeln, weil sie so verzweifelt klingen?
> Was ich sage, verhallt ungehört im Wind!
> Ihr würdet selbst ein Waisenkind verkaufen
> und euren besten Freund verhökern!
> Bitte, seht mich an! So wahr ich hier sitze:
> Ich sage euch die volle Wahrheit!

Unverblümt zieht Hiob Elifas für seine Herzlosigkeit zur Rechenschaft. Sinngemäß wirft er ihm vor, ein gefühlloses Reservoir leerer Worte zu sein, ohne Empfinden und Verstand. Jemand, der nichts als gefühllose Plattitüden von sich gibt.

Ein Prophet des Windes

Diese Pattsituation machte den Weg frei für Bildad, den nächsten Freund Hiobs. Er verlor keine Zeit und erwiderte Hiob:

> Wie lange willst du noch so weiterreden
> und lässt den unbeherrschten Worten freien Lauf? ...
> Schau doch nur auf die früheren Generationen,
> und achte auf die Weisheit unserer Väter!
> Denn unser Leben währt nur kurze Zeit.
> Wir wissen gar nichts ...
> Aber die Alten können dich aus ihrer
> reichen Erfahrung belehren.
> Hiob 8,2.8-10

Bildads Antwort scheint stimmig zu sein, und doch verursacht auch sie leichtes Missbehagen. Die Gedanken selbst scheinen völlig zutreffend zu sein – was ist schließlich falsch an der Behauptung, dass wir ein offenes Ohr für die Weisheit der Alten haben sollen? Frühere Generationen können uns viel beibringen im Hinblick auf Leiden und Schmerz. Die Schätze der Dichtung und Prosa, die im Lauf der Jahrhunderte in stürmischen Lebenszeiten geschrieben wurden, waren für viele andere ein Licht, wenn sie selbst solche dunklen Täler durchschreiten mussten.

Ich denke zum Beispiel an das eindrucksvolle Zeugnis einer Frau namens Annie Johnston Flint. Sie verbrachte den größten Teil ihres Lebens mit Schmerzen. Ihre Eltern hatte sie schon früh verloren, und sie selbst litt an verschiedenen körperlichen Gebrechen: Inkontinenz, Krebs und rheumatische Arthritis. Annie brauchte nach den

Worten eines Augenzeugen sieben oder acht Kissen rund um ihren Körper, um die wunden Stellen abzupolstern, die sie durch ihre lange Bettlägerigkeit hatte. Dennoch trägt ihre Autobiografie zu Recht den Titel *The Making of the Beautiful* (Die Erschaffung des Schönen). Ihre Worte können Herzen in ihren verzweifeltsten Momenten berühren und klingen, als hätte ein Engel sie verfasst. Eines ihrer bekanntesten Gedichte lautet:

> Je schwerer die Last, desto größer die Gnade,
> Wo Mühsal sich mehrt, da schickt er mehr Kraft;
> Barmherziger ist er, je tiefer der Schade,
> In vielfacher Not er viel Frieden schafft.
>
> Wenn unsre Geduld ist erschöpft und vergangen,
> Wenn die Stärke erlahmt, eh' der Tag halb getan,
> Wenn unsere Kräfte dem Ende sich neigen,
> Fängt der Vater uns zu beschenken erst an.
>
> Unendliche Liebe und maßlose Gnade,
> Niemand hat seiner Macht Grenzen geseh'n;
> Aus unerschöpflichem Reichtum in Jesus
> Schenkt er uns Gaben, die niemals vergehn.[24]

Leicht schreibt man so aufwühlende Worte und tiefe Gefühle eines so zerbrochenen Menschen einer Art göttlichen Inspiration zu. Ich bezweifle nicht, dass über die Jahre viele immer wieder aus den Worten dieses Chorals Trost geschöpft haben.

Trotzdem müsste man eigentlich prüfen, ob hiermit wirklich die Frage nach dem Leid in unserem Leben beantwortet wird oder ob dieses Gedicht lediglich die Gefühle der Akzeptanz und des Triumphes in der Situation ausdrückt? Hiob dachte mehr über die Gründe für sein Leiden nach als darüber, wie er es ertragen könnte.

Lassen Sie uns nach dieser Poesie des Triumphes zurückkehren zu den Ermahnungen derer, die dieses Problem durchdacht haben. Auch hier erhalten wir verschiedene Antworten. Von Augustinus in der Antike bis zu C. S. Lewis in jüngerer Zeit haben sich viele Autoren mit diesem quälenden Thema beschäftigt. Die Worte des britischen Journalisten Malcolm Muggeridge bestätigen, wie verschiedenartig und zwiespältig die Antworten ausfallen. Er sagte:

> Entgegen aller Erwartung erinnere ich mich an Erlebnisse, die mir damals besonders niederschmetternd und schmerzlich erschienen, mit besonderer Befriedigung. Ich kann sogar ganz wahrheitsgemäß sagen, dass alles, was ich in meinen fünfundsiebzig Jahren auf dieser Welt gelernt habe, alles, was mein Dasein wirklich bereichert und erhellt hat, durch Not zu mir gekommen ist und nicht durch Glück, sei es gesucht oder erlangt. Mit anderen Worten, wenn es je möglich würde, die Not durch irgendein Medikament oder einen medizinischen Hokuspokus aus unserem irdischen Dasein auszumerzen ... würde das im Ergebnis das Leben nicht erfreulicher machen, sondern unerträglich banal oder trivial. Das ist natürlich auch die Bedeutung des Kreuzes, und es ist mehr als alles andere das Kreuz, das mich unwiderstehlich zu Christus gezogen hat.[25]

In diesen Gedanken, die Muggeridge hier ausdrückt, liegt eine Quelle der Wahrheit. Doch für jemanden, der am Verzweifeln ist, kann auch dies eine viel zu distanzierte Antwort auf die ganz nahe Qual sein. Darum reagierte auch Hiob so empört auf Bildads Antwort. Er fragte: „Wie kann ein Mensch vor Gott sein Recht bekommen?“ (Hiob 9,2).

Gottes Macht erscheint so willkürlich, klagt Hiob – er erschafft Berge und versetzt sie dann, wie es ihm beliebt. Auch hier zweifelt Hiob nicht an Gottes Existenz; er bittet lediglich darum, seine Absichten erkennen zu können. Dann stieß Hiob einen Sehnsuchtsschrei aus, der die Tür einen Spaltbreit zu öffnen begann: „Aber es gibt keinen, der zwischen dir [Gott] und mir entscheidet und für Recht sorgt“ (Hiob 9,33).

Die Stimme des Zorns

An dieser Stelle sehen wir, wie sich Hiobs eigener Weg herauskristallisiert. Im ersten Fall bat er um Unterweisung. Jetzt bittet er um Vermittlung, er will in Kontakt mit Gott treten. Seine äußerlich zerbrochene Welt erfährt jetzt einen allmählichen Wiederaufbau von innen.

Dann kam die dritte Stimme – die von Zofar. Als Jüngster und Taktlosester der drei beschimpft er im Grunde Hiob als Idioten und Schwätzer. „Ein Hohlkopf kommt nicht zur Vernunft, genauso wenig wie ein Wildesel als Mensch geboren wird", warf Zofar Hiob an den Kopf (Hiob 11,12).

Es ist fast belustigend zu sehen, wie sich vor Jahrhunderten die menschliche Natur in einer solchen Situation ausdrückte, und gleichzeitig tröstet es, dass diese Charaktere auch nicht anders waren als wir selbst. Ungeduld und Zorn sind vorhersehbar, wenn man glaubt, man hätte die Antwort, und die andere Person würde es nur nicht einsehen. Elifas, Bildad und Zofar sahen sich selbst als von Gott gesandte Boten mit einer Fülle von Juwelen der Weisheit. Hiob wiederum war baff über ihre völlige Gedankenlosigkeit.

Zofars Antwort bestand im Wesentlichen in der Aussage, dass Gottes Wege nun einmal nicht Hiobs Wege seien, und das müsse Hiob einfach begreifen. Aber war das wirklich eine Antwort? Tatsache war doch, dass die Wege des Teufels auch nicht Hiobs Wege waren, und das war ihm bereits klar. Seine Frage betraf das *Was* und das *Warum* der Unterschiede zwischen Gottes und seinem Denken, nicht die bloße Tatsache.

Jetzt kommt allmählich Klarheit in die Sache. Zuvor hatte Hiob darum gefleht, jemand möge ihn belehren. Dann fragte er, ob es nicht einen Vermittler gäbe, der seinen Disput mit Gott schlichten könne. Als Nächstes rief er verzweifelt aus: „Meinst du, ein Mensch wird wieder lebendig, wenn er gestorben ist?" (Hiob 14,14).

Zumindest hilft uns offensichtlich der Schmerz, unsere Fragen klar zu formulieren. Von seiner Begierde, die Gründe zu erfahren zu seiner Frage nach dem Leben jenseits des Grabes, hatte Hiob bereits eine weite Strecke zurückgelegt.

Die Illusion der Allwissenheit

Nun begann Gott Hiobs Frage zu beantworten. Bisher hatte er schweigend zugehört und war dem Lauf des Gespräches gefolgt, um den besten Denkern Gelegenheit zu geben, dem Rätsel auf den Grund zu gehen. Keiner von ihnen schien nachfühlen zu können, was Hiob empfand, und im Lauf der Tage trieben ihre Gedanken einen immer größeren Keil zwischen sie und Hiob. Als Gott dann das Wort ergriff, forderte er Hiob heraus, sich dem Kern der Sache zu stellen. Darauf hatte Hiob lange gewartet.

> Wer bist du, dass du meine Weisheit anzweifelst
> mit Worten ohne Verstand?
> Tritt mir gegenüber wie ein Mann,
> und gib mir Antwort auf meine Fragen!
> Hiob 38,2-3

Das muss wohl die schockierendste Antwort gewesen sein, mit der Hiob von Gott rechnen konnte. Jeder Mensch, den ich kenne, würde auf die Frage nach dem Problem des Leides anfangen, über seine eigene Antwort zu philosophieren. Wir neigen alle chronisch dazu, unsere eigenen Lösungen anzubieten. Und nun tat Gott den überraschenden Schachzug, Hiob Fragen zu stellen. Ja, er bombardierte Hiob mit einer Serie von ungefähr vierundsechzig Fragen, eine nach der anderen, und zwang Hiob, seinen eigenen bescheidenen Vorrat an Gewissheiten auszuschöpfen.

> Wo warst du, als ich das Fundament der Erde legte?
> Sag es doch, wenn du so viel weißt!
> Wer hat ihre Maße festgelegt und wer die Messschnur
> über sie gespannt? Du weißt es doch, oder etwa nicht? ...
> Bist du hinab zu den Quellen des Meeres gereist,
> hast du den Abgrund des Ozeans durchwandert?
> Haben sich dir die Tore des Todes geöffnet,
> die den Eingang ins dunkle Land verschließen? ...

Woher kommt das Licht, und wie gelangt man dorthin?
Woher kommt die Finsternis? ...
Lässt du die Sternbilder erscheinen, je nach Jahreszeit,
bringst du den großen und den kleinen Wagen herauf? ...
Wer lässt die Wolken wohl geordnet ziehen?
Wer bestimmt das Wetter nach einem weisen Plan? ...
Kannst du mir sagen, wann die Steinböcke werfen,
schaust du zu, wie die Hirschkühe kalben?
Hiob 38,4-5.16-17.19.32.36; 39,19

So sprudelten die Fragen, und Hiob war vollkommen sprachlos. Er hatte seine ganze Argumentation darauf aufgebaut, dass er wissen wollte, was los war, denn nur mit diesem Wissen konnte er Klarheit in seine Verwirrung bringen. Zuerst erinnerte ihn Gott daran, dass es unzählige Sachen gab, die er nicht völlig verstand, aber einfach für selbstverständlich genommen hatte.

Kinder lernen das schon früh. Ist Ihnen schon einmal aufgefallen, dass es in jedem Märchen eine Bedingung gibt? „Wenn du nicht bis Sonnenuntergang zurück bist, wirst du dich in ein Wildschwein verwandeln."

Aber achten Sie auch darauf, dass die Märchenfigur niemals zu der guten Fee sagt: „Wie kommt denn das?" Denn darauf könnte die gute Fee mit Recht antworten: „Wenn du es so haben willst, dann sag mir doch, wie kommt es denn, dass es überhaupt ein Feenland gibt?"[26]

Die gewaltige Größe und der filigrane Detailreichtum des Universums muss uns im besten Sinne des Wortes demütigen. Je mehr eine Person weiß, desto demütiger muss sie sein, denn unser Wissen erinnert uns ständig an die Größe und Verschlungenheit der letzten Wirklichkeit: die Geburt eines Babys, das Saugen dieses Kindes an der Brust der Mutter, das Wunder des Wachstums und der Reifung, die faszinierende Komplexität des Gehirns, der Zauber der menschlichen Sexualität.

G. K. Chesterton erzählt eine eindrückliche Geschichte mit dem Titel „Der Zauberer". Es ist ein Gleichnis über einen Zauberer, der eine Stadt besuchte und einige Kunststücke aufführte, um die Leute zu unterhalten. Während alle anderen seine Vorführung nach Herzenslust genossen, bestand ein junger Gelehrter in der ersten Reihe darauf, für jeden Trick seine eigene Erklärung zu finden. Dem Zauberer ging das ziemlich auf die Nerven, und schließlich verfiel er auf einen Trick, den auch der Intellektuelle unerklärlich finden würde.

Er rief den Analytiker zu sich und fragte ihn: „Welche Farbe hatte die Lampe vor deinem Haus, als du ausgegangen bist?"

Der Gelehrte antwortete ihm, es sei eine rote Lampe. „Lauf nach Hause", sagte der Zauberer, „und während du unterwegs bist, werde ich sie in eine grüne Lampe verwandeln."

„Das kannst du nicht!", gab der junge Mann zurück.

„O doch, das kann ich, und ich werde es auch tun", kam die Antwort.

Der junge Mann rannte nach Hause, und als er nur noch ein paar Schritte entfernt war, sah er, wie die Lampe ihre Farbe veränderte. Völlig verblüfft machte er kehrt und rannte zurück zu dem Zauberer. „Also schön, wie hast du das gemacht?"

Der Zauberer sah ihn an und sagte: „Ich habe einfach ein paar Engel hingeschickt, die haben die Glühbirne ausgewechselt."

„Unsinn", kam die Antwort. „Sag schon, wie hast du es gemacht?" Doch wie aufgebracht der Gelehrte auch protestierte, er bekam immer nur dieselbe Antwort: „Ich habe ein paar Engel hingeschickt, um die Birne auszuwechseln."

Der junge Mann zog sich in sein Laboratorium zurück und versuchte herauszufinden, wie man ein rotes in ein grünes Licht verwandeln kann. Das machte ihn mit der Zeit so besessen, dass er schließlich wahnsinnig wurde. Seine Schwestern kamen zu dem Zauberer und beschworen ihn, seinen Trick zu verraten, sodass ihr Bruder seinen gesunden Menschenverstand zurückgewönne.

„Aber ich habe ihm schon die Wahrheit gesagt", sagte er.

„Na schön, warum erzählen Sie ihm dann nicht irgendetwas, das nicht wahr ist, sich aber vernünftig anhört? Dann wird er wenigstens wieder normal."

Der Zauberer erklärte sich widerstrebend einverstanden und fabrizierte eine Erklärung für seinen Trick, die der junge Mann bereitwillig akzeptierte. Sofort gewann er seinen Verstand zurück.

Dazu macht Chesterton die Schauder erregende Bemerkung, dass in Wirklichkeit der Kritiker vernünftiger war, solange er keine Erklärung dafür hatte, dass sich die rote in eine grüne Lampe verwandelte. Als er die Lüge glaubte, die er für eine passende Erklärung hielt, da war er in Wirklichkeit erst richtig wahnsinnig. Die Übertragung auf unsere Zeit liegt auf der Hand.[27]

Als ich vor Jahren in einem Dorf in Vietnam sprach, bestand meine Zuhörerschaft hauptsächlich aus Landarbeitern, von denen viele Analphabeten waren. Ich erzählte ihnen eine Geschichte, die in Indien oft zu hören war; die Geschichte eines Mannes, der unter einem Baum voller reifer Nüsse saß. Er schaute hinauf in den Baum und sagte spöttisch zu Gott: „Irgendwie glaube ich, du bist nicht besonders schlau. Du hast einen riesigen Baum gemacht, der kleine Nüsse trägt, und eine kleine Pflanze, die sich mit schweren Wassermelonen abschleppen muss. Großer Baum, kleine Nüsse; kleine Pflanze, große Wassermelonen. Dein Sinn für Verhältnismäßigkeit scheint nicht besonders ausgeprägt zu sein."

In diesem Moment fiel eine kleine Nuss von dem Baum herab und traf ihn am Kopf. Er stutzte und murmelte: „Gott sei Dank, dass das keine Wassermelone war!"

Es war eine Freude, ihr brüllendes Gelächter zu hören und zu sehen, wie sie sich anstießen, als wollten sie sich gegenseitig dazu gratulieren, dass sie in ihrer Schlichtheit so goldrichtig waren.

Mit diesem Erlebnis will ich nicht die Bildung herabsetzen oder irgendwie verhöhnen oder die Unwissenheit verherrlichen; es soll nur die Luft aus dem übersteigerten Stolz lassen, der sich aufgrund einer Illusion der Allwissenheit ein arrogantes Selbstbewusstsein anmaßt.

Soll das heißen, dass der Intellekt nichts dazu beitragen kann die Größe des Universums zu verstehen? Natürlich nicht. Es soll uns nur darin erinnern uns das Staunen zu bewahren und unsere Begrenztheit nicht zu vergessen. Gott sagt sinngemäß: „Du darfst nicht davon ausgehen, dass du nur das akzeptieren kannst, was du ganz und gar verstehst."

Er macht deutlich, dass er in der Schöpfung genug Beweise für seine Macht und seine Weisheit gegeben hat. Darum ist es unvernünftig, nach umfassender Erkenntnis als einziger Grundlage für den Glauben zu streben. Zwischen den Worten *ausreichend* und *umfassend* besteht ein gewaltiger Unterschied. Wenn wir diesen Unterschied nicht zur Kenntnis nehmen, werden wir für immer im Niemandsland zwischen Göttlichkeit und Begrenztheit festsitzen.

Der lange Jahre in der französischen Schweiz lebende Kulturphilosoph Francis Schaeffer gab oft eine sehr treffende Illustration zu diesem Thema. Nehmen wir an, Sie verlassen morgens das Haus, und auf Ihrem Tisch stehen zwei Gläser Wasser; Glas A mit zwei Zentilitern Wasser gefüllt, Glas B leer. Als sie abends zurückkommen, bemerken Sie, dass Glas B jetzt Wasser enthält und Glas A leer ist. Als Sie zudem das Wasser in Glas B messen, stellen Sie fest, dass es vier Zentiliter sind, nicht zwei. Daraus könnten Sie folgern, dass jemand das Wasser aus Glas A genommen und in Glas B umgeschüttet hat. Andererseits könnten Sie auch ganz überzeugt sein, dass das Wasser nicht aus Glas A stammt, weil darin ja nur zwei Zentiliter gewesen sind. Für die beiden zusätzlichen Zentiliter muss es eine andere Erklärung geben.

Die Wissenschaft kann vielleicht „zwei Zentiliter dieses Universums" erklären, aber darüber hinaus gibt es vieles, was nicht im Zuständigkeitsbereich der Wissenschaft liegt. Ein so angesehener Gelehrter wie Michael Polanyi, einer der besten Wissenschaftsphilosophen unserer Zeit, warnt davor, die eigenen unwissenschaftlichen Denkvoraussetzungen aus dem Blick zu verlieren.[28] Gott forderte Hiob heraus, seine eigene Begrenztheit zuzugeben und Gott Gott sein zu lassen. Gott beharrt darauf, dass es diese Begrenztheit gibt und geben muss.

Doch Gott bleibt nicht dabei stehen, Hiob nur klar zu machen, dass all das viel zu groß für ihn ist. Was Gott ihm deutlich machen wollte, war, dass dieser selbe Gott, der so viel Ordnung und Schönheit in die Welt hineingelegt hatte, die er aus dem Nichts erschuf, auch aus der Zerbrochenheit Hiobs Ordnung und Schönheit erstehen lassen konnte. Das Universum ist zugleich komplex und prinzipiell verständlich, und daran wurde Hiob erinnert.[29] Es steht Intelligenz hinter dem Bauplan, ebenso wie es auch eine Intelligenz gibt, die uns hilft, mit dem Leiden fertig zu werden.

Stellen Sie sich für einen Moment das gegenteilige Szenario in einem gottlosen Universum vor. Wenn wir eine intelligente erste Ursache aus diesem Universum herausschneiden, bleibt uns nur eine geistlose Kraft hinter allem. Eine schlimmere Nachricht für die Menschheit könnte ich mir nicht vorstellen.

Es fasziniert mich, wie naiv manche Leute sind, die offenbar meinen, die Skeptiker hätten gesiegt, wenn sie die zufällige Entstehung des Lebens in diesem Universum beweisen könnten. Genauso gut könnte man einem jungen Mann sagen: „Du bist eigentlich nicht das Kind, das wir uns gewünscht haben, aber da du nun einmal hier bist, lass uns das Beste daraus machen."

Ich möchte nicht der Empfänger dieser kleinen Rede sein. Darum erinnerte Gott Hiob als Erstes daran, dass ihm da ein Geist und eine Kraft gegenüberstanden und zuhörten, die unendlich viel größer waren als sein eigener Geist und seine Kraft. Er redete nicht ins Leere.

Den Trost offenbaren

Nachdem er Hiob über die Tatsache nachdenken ließ, dass Gott sowohl Schöpfer als auch Planer ist, kam er zu Hiob als Offenbarer und Tröster. Und Hiobs demütige Antwort lautete: „Herr, ich kannte dich nur vom Hörensagen, jetzt aber habe ich dich mit eigenen Augen gesehen! Darum widerrufe ich meine Worte, ich bereue in Staub und Asche" (Hiob 42,5-6).

Der Gott, zu dem er gerufen hatte, kam, um ihm in dieser neuen Rolle zu begegnen.

Wissen, Hören und Lesen haben ihren Platz. Aber irgendwann muss ein Moment der persönlichen Unterwerfung kommen. Unsere

Hingabe an Gott beruht auf ausreichend objektiver Wahrheit, sodass die Wahrheitsansprüche bestätigt werden können. Die Bibel ist kein Märchenbuch voll spiritueller Spekulationen irgendwelcher Träumer. Sie besteht aus historischen, geographischen und philosophischen Aussagen, die von Historikern, Archäologen und Philosophen geprüft und bestätigt werden können. Aber der eigentliche Kontaktpunkt kommt, wenn dieses Sachwissen – dieses Wissen *über* Gott – zu der persönlichen Erfahrung des Vertrauens gegenüber Gott und zu einer Hingabe an seinen Willen wird. Erst dann bewirkt das persönliche Verstehen eine veränderte Haltung.

Die alten Israeliten begingen einen kolossalen Fehler. Statt geistlich Verantwortung zu übernehmen und direkt zu Gott zu kommen, wollten sie, dass Mose sie vor Gott vertrat. Sie baten um einen König, der ihnen die politische Verantwortung abnahm, wo doch Gott gesagt hatte, er selbst wolle ihr König sein. Kurz, sie wollten dem direkten Kontakt zu Gott ausweichen.

Die Kirchengeschichte ist übersät mit den Trümmern, die so genannte Vermittler hinter sich gelassen haben, die den gewöhnlichen Menschen das Vorrecht raubten, direkt zu Gott zu kommen. Der Schaden, der dadurch der Menschheit und der Christenheit entstanden ist, ist unermesslich.

Aber es ist nicht nur das Auf und Ab der Geschichte, es steckt auch eine Denkvoraussetzung bei vielen Leuten dahinter, dass Gott prinzipiell nicht erkennbar oder zu weit von uns entfernt sei. Doch die Bibel erinnert uns daran, dass Gott uns großzügig eingeladen hat, ganz persönlich zu ihm zu kommen. Er geht auf jeden zu und sagt: „Kommt alle her zu mir, die ihr euch abmüht und unter eurer Last leidet! Ich werde euch Frieden geben“ (Matthäus 11,28).

Ich erwähne nur selten und ungern den Wendepunkt in meinem eigenen Leben, denn das ist eine sehr persönliche Sache, und manchmal schmerzt mich jetzt noch der Gedanke daran, um nicht von der Peinlichkeit zu reden, die er für meine Familie mit sich bringt. Aber ich kann nicht umhin an diesen erschütternden Moment in meiner Vergangenheit zu denken. Ich war siebzehn Jahre alt, als ich ohne große Gefühlsaufwallung oder Bekümmerung zu der Erkenntnis gelangte, dass das Leben kaum einen Sinn hatte. Je mehr ich über die trostlosen Implikationen nachdachte, desto näher kam ich einer Entscheidung – Suizid.

Nach jenem Selbstmordversuch lag ich in einem Krankenhausbett. Das Gift, das ich eingenommen hatte, war vollständig erbrochen, aber niemand konnte sagen, ob ich mich wieder erholen würde. Als ich mit meinem dehydrierten Körper dort lag, wurde mir aus der Bibel vorgelesen. Die Nachricht, dass Jesus Christus in mein Leben kommen und dass ich Gott persönlich kennen lernen könne, ließ mir das Herz übergehen und füllte die tiefen Abgründe aus, die die Wahrheit in mir aufdeckte. In jenem Moment wurde durch ein schlichtes Gebet des Vertrauens der Wandel von einem verzweifelten Herzen zu einem Herzen, das den Lebenssinn in Fülle gefunden hatte, für mich Wirklichkeit.

Gott stieg herab zu einem Teenager in einem Krankenhausbett in der brodelnden Millionenstadt Neu-Delhi. Stellen Sie sich das vor! Gott nahm mich so wichtig, dass er mein Schreien hörte. Wie unfassbar, dass er ein persönliches Interesse an den Kämpfen in unserem Leben nimmt. Ich kann es nicht besser ausdrücken als damit, dass seine Selbstgenügsamkeit und Größe uns nicht die wunderbare Freude versagen, in unserer Individualität bestätigt zu werden und zu wissen, dass wir für ihn von einzigartigem Wert sind. Das war der Sinn des Gleichnisses Jesu von dem Hirten, der die neunundneunzig Schafe im Pferch zurückließ und sich auf die Suche nach dem einen machte, das sich verirrt hatte.

Die umwälzenden Implikationen des Evangeliums für die Geschichte und die ganze Menschheit sollten uns nie aus dem Blick verlieren lassen, dass die Botschaft der Bibel in erster Linie eine sehr persönliche Sache ist. Es musste Hiob erst offenbart werden, dass ein Großteil seines Wissens über Gott durch die Gedanken anderer Leute zu ihm gekommen war – Gedanken, die sie persönlich nie verfolgt hatten. Genau das war das Dilemma, in dem seine Freunde steckten – sie konnten ausgiebig zitieren, was andere gesagt hatten, aber ihre ganz persönliche Erfahrung mit Gott ging gegen Null.

Auf dieselbe unübersehbare Schwäche in seinem Leben musste

Jesus auch den Apostel Petrus hinweisen. Petrus zitierte gern, was andere über Jesus sagten. Doch Jesus fragte ihn: „Und für wen haltet *ihr* mich?“ (Markus 8,29; Hervorhebung von mir).

Darum kann auch niemand mit solcher Vollmacht von den verheerenden Folgen der Sünde sprechen, der sie nicht selbst erlebt hat. Niemand kennt die wiederherstellende Kraft Gottes so wie der, der diesen Weg gegangen ist. „Ich kannte dich nur vom Hörensagen, jetzt aber habe ich dich mit eigenen Augen gesehen!“

Gott ist nicht nur der Gott der Macht in der Schöpfung; er ist auch der Gott der Gegenwart in unserer Not. Er hatte Hiob nicht im Stich gelassen, sondern war persönlich bei ihm.

Solange wir das Leid nicht im persönlichen Kontext sehen und seine Lösung persönlich zu spüren bekommen, wird uns jede andere Lösung, so gut sie sich auch anhört, akademisch erscheinen. Alle Antworten, die man einem leidenden Menschen geben kann, werden auf taube Ohren fallen, bis diese Person zu der persönlichen Erkenntnis gekommen ist, dass Gott gesprochen und sich offenbart hat, zuerst in seinem Wort und dann in ihrer eigenen Erfahrung.

Eine Gegenperspektive

Nachdem er diesen Punkt erreicht hatte, wurde Hiob eine neue Entdeckung deutlich. Zuvor hatte er gefragt: „Meinst du, ein Mensch wird wieder lebendig, wenn er gestorben ist?“
Jetzt konnte er seine eigene Frage mit fester Zuversicht beantworten:

> Doch eines weiß ich: Mein Erlöser lebt; auf dieser
> todgeweihten Erde spricht er das letzte Wort!
> Auch wenn meine Haut in Fetzen an mir hängt
> und mein Leib zerfressen ist, werde ich doch Gott sehen!
> Ja, ihn werde ich anschauen; mit eigenen Augen werde ich ihn
> sehen, aber nicht als Fremden. Danach sehne ich mich
> von ganzem Herzen!
> Hiob 19,25-27

Allem Leiden muss persönlich begegnet werden, aber auch mit dem klaren Verständnis, dass es ein Leben jenseits des Grabes gibt. Denken Sie nur an Hiobs Zuversicht: „Auch wenn meine Haut in Fetzen an mir hängt und mein Leib zerfressen ist, werde ich doch Gott sehen!“

Gott sieht die Dinge aus einer Perspektive, die wir, die wir in unserem zeitlichen Bezugsrahmen gefangen sind, niemals wahrnehmen können. Selbst der Tod würde Hiobs Gemeinschaft mit Gott nicht unterbrechen. In einem Lied wird das so ausgedrückt: „Lass mich diese Welt sehen, lieber Herr, als ob ich sie durch deine Augen sähe.“[30]

Als der Prophet Habakuk sich mit all der Gewalt in seinem Umfeld auseinander setzte, bat er Gott um eine Erklärung. Später konnte er sagen: „Er beflügelt meine Schritte, wie eine Gazelle kann ich über die Berge springen.“

Zum ersten Mal sah er menschliches Leiden von einem Standpunkt aus, von dem er es noch nie betrachtet hatte, aus der Perspektive Gottes (Habakuk 3,17-19).

Der durch manche Lebenstiefen geschrittene Dichter William Cowper drückte es so aus:

> Der blinde Unglaube irrt stets
> Und sucht umsonst nach Wahrheit;
> Gott ist sein eigner Interpret,
> Und er schenkt uns die Klarheit.[31]

Hiob wurde Schritt um Schritt geführt – zuerst erkannte er den Schöpfer und Planer, dann begegnete er ihm als Offenbarer und Tröster, und schließlich lernte er ihn als Vermittler und Erlöser kennen. Diese schöne Wahrheit konnte von Hiob nur auf sehr begrenzte Weise verstanden werden. Wir, die wir auf das Kreuz zurückblicken, verfügen über eine viel vollständigere Sicht der gewaltigen Bedeutung des Wortes *Erlöser*. Hiob ahnte nicht, dass ein Tag kommen würde, an dem der Reinste von allen, in dem keine Sünde war, leiden und sterben würde, damit wir, die wir in Sünde lebten, seine Ruhe und Reinheit finden mögen.

Man erzählt eine sehr bewegende Geschichte über einen bekannten Prediger, der seine junge Frau verlor. In der Verwirrung ihrer frischen Trauer kam seine kleine Tochter zu ihm und fragte ihn, wieso wir denn immer noch sterben müssten, wenn doch Jesus für unsere Sünden gestorben sei. Er wartete auf eine passende Illustration, mit der er der Kleinen helfen könnte zu verstehen, was Gott für uns getan hat. Auf dem Weg zur Beerdigung befand sich ihr Auto hinter einem großen Lastwagen. Er wies sie auf den Laster hin, sah sie an und fragte sie, wenn sie überfahren werden würde, ob sie dann lieber von dem Laster überfahren würde oder von seinem Schatten am Straßenrand.

„Ist doch klar“, antwortete sie, „lieber von dem Schatten, das würde nicht so wehtun.“

Er hielt einen Moment inne und sagte dann sanft: „Das ist es, was Jesus für uns getan hat. Bei seinem Tod am Kreuz ließ er sich von dem Lastwagen des Gerichtes Gottes überfahren. Wir kriegen jetzt nur noch den Schatten des Todes ab.“

Indem er an unserer Stelle ans Kreuz ging und die Kluft zwischen Gott, der das Leben anbot, und der Menschheit, die den Tod verdiente, überbrückte, überspannte Christus den größten Abgrund, den es gibt. Unsere Sehnsucht nach einem Fürsprecher vor Gott ist ein tiefes Bedürfnis, das in buchstäblich jeder theistischen Religion Ausdruck findet. Doch die meisten behandeln Gott so, als wäre er immer noch irgendwo da draußen. Anderen fällt es besonders schwer, Gott nahe zu bringen, ohne ihn zu vermenschlichen. Darum ist die griechische Mythologie voller Helden und personifizierter Ideale. Im Pantheismus machen Avatare oder Inkarnationen den Großteil der Offenbarung aus. Im christlichen Glauben dagegen haben wir die einzigartige Tatsache, dass Gott uns nahe kommt, während er doch transzendent bleibt.

In welchem Umfang Hiob das schon verstand, bleibt müßige Spekulation, aber dass er selbst mit seinem rudimentären Verständnis ausrief, ein Erlöser würde sein Leiden verstehen, für seine Sache eintreten und ihn rechtfertigen, ist bemerkenswert.

Kurz, diese Entdeckung bestätigte eine der Überzeugungen

Hiobs, zerstörte aber einen Aspekt seiner Theologie. Hiob hatte wiederholt gesagt, er habe seines Wissens ein ehrenhaftes Leben geführt. Doch er hatte immer angenommen, wenn man auf dem Pfad der Tugend wandelte und ein Leben in Reinheit führte, würden Wohlstand und Freiheit vom Leid automatisch folgen. Diese Schlussfolgerung war falsch.

Im Lauf der Geschichte ist dieser Fehlschluss immer wieder gemacht worden. Vielleicht erinnern wir uns, dass sogar Johannes der Täufer sich nach seiner Verhaftung fragte, ob Jesus tatsächlich der sei, der er zu sein behauptete. Der Hintergedanke war: „Wenn er der Messias ist, warum bin ich dann im Knast?"

Der Jünger Petrus konnte sich beim besten Willen nicht vorstellen, dass der Sohn Gottes an einem Kreuz sterben würde.

So schwer es auch zu akzeptieren ist: Leiden ist nicht immer durch die persönliche Sünde eines Menschen bedingt, aber dem Leiden muss man sich immer persönlich stellen. Unser Herr selbst trug Leiden, die er nicht selbst verursacht hatte, aber der Held unseres Heils wurde vollkommen, vollständig gemacht durch sein Leiden. Wir dürfen das Leben nie von den isolierten Punkten unserer persönlichen Kämpfe aus betrachten.

Es gibt ein großes Gesamtbild, in das unser persönlicher Kampf sich einfügt. Dieses Bild hat Gott vor Augen. Je näher wir ihm kommen, desto klarer wird das Bild. Und ein Element in diesem Bild ist Leid und Verzweiflung.

Aber wenn Hiobs Theologie zerschlagen wurde und das Bild ihm sagte, dass selbst die Gerechten Leid und Schmerz erfahren konnten, was war es dann, was er mehr als alles andere erkennen musste? Hier finden wir die Antwort, die Hiob so dringend brauchte, wie auch wir sie brauchen, wenn uns das Wasser bis zum Hals steht. Ich kann das am besten durch eine Illustration verdeutlichen.

Als ich vor einigen Jahren am Moody Bible Institute sprach, war es ein außerordentlicher Segen für die Konferenz, dass wir einen Vortrag von Professor Charles Cooper hören konnten, der dort lehrte. Er saß auf einem Stuhl, während er seine Geschichte erzählte, die immer noch ganz frisch in seiner Erinnerung und in der Erinnerung derer war, die ihn kannten. Er erzählte von der Begeisterung, die er verspürt hatte, als er frisch verheiratet war, und von den Freuden seiner jungen Liebe. Doch schon vier Monate nach der Hochzeit brach die Tragödie herein.

Seine Frau kehrte von einer Reise zurück, und er und seine Schwiegermutter fuhren zum Flughafen, um sie abzuholen. Als die Maschine an das Gate rollte, sahen sie Krankenwagen und Polizeifahrzeuge dem Flugzeug folgen, und ihre Insassen stürmten die Hecktreppe empor. Doch Charles achtete nur auf das vordere Ende der Maschine, wo seine Frau aussteigen würde. Plötzlich packte seine Schwiegermutter ihn am Arm und deutete auf eine Bahre, die aus der hinteren Luke des Flugzeuges getragen wurde. Auf der Bahre befand sich, abgedeckt von einem weißen Tuch, offensichtlich eine Leiche. Aber das war noch nicht alles. An der Bahre hing eine Handtasche, eine Handtasche, die so furchtbar ähnlich der Tasche seiner Frau war.

Wenige Augenblicke später wurden ihre Namen über die Lautsprecher ausgerufen, und unter Schock empfingen sie die Mitteilung, dass seine junge Frau kurz vor der Landung völlig unerwartet einen tödlichen Herzanfall erlitten hatte.

Wie reagiert man auf eine so niederschmetternde Nachricht? Charles Cooper nahm uns mit auf seine persönliche Reise durch das Leid. Seine abschließenden Worte werden mir für immer in den Ohren gellen. Die Beileidskarten, die Briefe, die Anrufe, die Umarmungen und die Liebe seiner Freunde, sagte er, hätten alle eine Rolle gespielt, um ihm beim Überleben zu helfen. „Aber was mich mehr als alles andere auf den Beinen hielt, war mein Vertrauen in den Charakter Gottes."

Das war es, was unter dem Strich zählte.

Das ist die veränderte Perspektive, die Hiob brauchte. Indem er ständig auf seinen eigenen Charakter und seine Reinheit schaute, hatte er den Charakter Gottes aus den Augen verloren. Wer einen solchen Weg beschreiten musste, hält sich mit aller Kraft an dieser Wahrheit fest. Gott ist nicht nur allmächtig. Er ist auch vollkommen in seiner Güte. Wir müssen ihm vertrauen, auch wenn die Zeiten düster sind.

Am Ende entdeckte Hiob, dass dieser Gott, sein Schöpfer und Planer, sein Offenbarer und Tröster, sein Fürsprecher und Erlöser, auch derjenige war, der ihn stärkte und wiederherstellte.

Der Moment des Triumphes

Das Buch Hiob schließt mit einer so faszinierenden Erfahrung, wie wir sie nie erwartet hätten. Hiob war sich jetzt völlig im Klaren darüber, dass das ganze Problem des Leides tatsächlich über sein Verständnis ging und dass seine Kenntnis Gottes als Schöpfer, Offenbarer, Erlöser und Erneuerer ausreichte, um ihn durch all das hindurchzutragen, was er nicht verstand. Jenseits dessen jedoch kam die größte Überraschung von allen.

Hiobs Freunde wurden wegen der Rolle, die sie gespielt hatten, von Gott streng zurechtgewiesen, und sie mussten zu Hiob kommen, nicht nur um seine Vergebung zu empfangen, sondern um ihn auch noch um Fürsprache zu bitten, damit Gott ihnen vergab. Mit anderen Worten: Er, der in seiner eigenen Not um einen Mittler gebeten hatte, wurde nun selbst zu einem Mittler, der die Kluft zwischen seinen hoch gebildeten Freunden und Gott überbrückte.

Die Bibel sagt über unseren Herrn, dass Jesus, nachdem er selbst gelitten hat, nun in der Lage ist, vor Gott für uns einzutreten. In kleinem Rahmen erhielt Hiob einen Einblick in das Herz Gottes, indem er vor Gott für seine Freunde eintrat. So wie Jesus selbst, nachdem er von den Seinen verraten worden war, als Fürsprecher für sie eintrat, und so wie Josef, von seinen Brüdern verraten, in der Position war, ihnen zu vergeben und sie zu erneuern, so bat nun auch Hiob für seine Freunde. So wie sein eigener Erlöser ihn Gott nahe gebracht hatte, so spielte er nun diese Rolle für Elifas, Bildad und Zofar. Das nenne ich eine höhere Perspektive einnehmen und die Dinge von Gottes Warte sehen!

Verändernde Wahrheiten

Wir können eine Reihe von Schlussfolgerungen aus diesem enormen Kampf ziehen, den Hiob durchlebte. Zuallererst müssen wir verstehen, dass Leiden, Tod, Krankheit, Schmerz und Verlust zum Leben dazugehören, ob wir nun gerecht oder ungerecht sind.

Zweitens sehen wir, dass die Rolle eines Freundes ungemein wichtig ist, um Menschen durch Zeiten der Not zu tragen. Lassen Sie uns diesen Punkt niemals unterschätzen. Gottes Antwort für ein schwer belastetes, wundes Herz könnte durchaus in den Schultern eines Freundes bestehen, wenn einer die Last des anderen trägt und so das Gesetz Christi erfüllt.

Drittens erkennen wir, dass die meisten Antworten dieser Art einen Prozess erfordern. Die Fragen müssen selbstloser werden, bevor die Antwort persönlicher werden kann. Für Hiob und ebenso für uns war der Prozess ebenso notwendig wie die Antwort. Kürzlich kam in Bombay, Indien, nach einem Vortrag über das Thema „Gott und das Problem des Leides" ein Mann auf mich zu und erzählte mir von der Tragödie seiner Familie. Seine Tochter war einige Jahre zuvor bei einem Flugzeugunglück ums Leben gekommen. Er sagte zu mir: „Früher dachte ich immer, die Zeit würde alle Wunden heilen. Daran glaube ich nicht mehr. Heute glaube ich, dass die Zeit nur offenbart, wie Gott die Heilung bewirkt."

Viertens haben wir mit Hiob gelernt, dass die Antwort auf das Leid mehr in einer Beziehung zu finden ist als in einer Aussage. Menschen, die Gott persönlich kennen und das Kreuz verstanden haben, sind eher in der Lage in der dunklen Nacht der Seele Hilfe zu finden als jene, die ihre Probleme rein philosophisch angehen. Und der Mann oder die Frau, die viel gelitten haben, spielen oft selbst eine erlöserähnliche Rolle für Leute, denen diese enge Beziehung zu Gott in ihrem Leben fehlt und die nur oberflächliche Antworten finden.

Jemand sagte mir einmal: „Wenn du Weisheit suchst, halt Ausschau nach jemandem, der viel gelitten hat, ohne dass sein Glaube erschüttert wurde."

Dieses Prinzip habe ich hautnah erlebt, als ich vor einigen Jahren mit einem Freund Nanjing in China besuchte. Wir nutzten die Möglichkeit, einige Stunden mit einem der bekanntesten Evangelisten Chinas, Wang Ming Tau, zu verbringen. Die Geschichte seiner Gefangenschaft unter dem brutalen Regime Mao Tse-tungs war faszinierend.

Wang Ming Tau saß wegen seines Glaubens an Christus im Gefängnis ein. Doch da er den Gedanken an eine lebenslange Haft nicht ertragen konnte, schwor er seinem Glauben ab und wurde entlassen. Doch als freier Mann wusste er, dass er seinen Herrn verraten hatte. Betrübt über sein Versagen kam er zu dem Schluss, wenn Gottes Wille für ihn ein Leben im Gefängnis sei, dann wolle er das freudig annehmen. Mit neuer Hingabe an seinen Herrn ging er durch die Straßen von Peking und rief: „Ich heiße Petrus, und ich habe meinen Herrn verleugnet! Ich heiße Petrus, und ich habe meinen Herrn verleugnet!"

Wie erwartet, wurde er sofort wieder verhaftet. Neunzehn weitere Jahre lang saß er hinter Gittern und litt für Christus. Als er uns seine Geschichte zu Ende erzählt hatte, fragte er, ob er uns einen Choral vorsingen dürfe, den er im Gefängnis jeden Tag gesungen habe. Alt und gebrechlich, die Hände ganz knorrig, seine fast erblindete Frau an seiner Seite, begann er zu singen:

> Alle Wege führt mein Heiland
> Mich, was sehn ich mich noch mehr?
> Sollt' an seiner Gnad' ich zweifeln,
> Der stets geht neben mir her?
> Himmlischer Friede, göttlicher Trost;
> Dem der gläubig in ihm ruht!
> Denn ich weiß, was auch geschehn mag,
> Jesus, du machst alles gut.[32]

Als ich in diesem kleinen Zimmer saß und ihn singen hörte, fiel mein Blick auf die drei jungen Männer, die auf dem Fußboden saßen und unverwandt zu ihm empor blickten. Sie hatten ihn ebenfalls besucht, und bevor sie gingen, baten sie ihn, für sie zu beten.

Es hat etwas sehr Bewegendes, wenn junge Männer in der Blüte ihrer Kraft einen alten, gebrechlichen Menschen um sein Gebet bitten. Doch sie kannten das Prinzip des erlösenden Leidens im besten biblischen Sinn, nach dem einer, dessen Leben in seinem eigenen Leiden vom Erlöser angerührt wurde, ehrlicher und wirksamer für jene beten kann, die noch nicht durchs Feuer gegangen sind. Ich sah Hiob beifällig dazu lächeln.

4 Die Last der Schuld

1969 SCHRIEB DER ÖSTERREICHISCHE Nazi-Jäger Simon Wiesenthal sein bedenkenswertes Buch *Die Sonnenblume*. Nur wenige Schriften haben mit so ungeschönter Emotionalität und so durchdringendem Verstand die Qualen eingefangen, die er persönlich in einem der finstersten Augenblicke der Geschichte erlebte. Sein Thema war der unausweichliche und unerklärliche Kampf, den wir als Menschen mit der Schuld auszufechten haben. Von Anfang bis Ende zog sich dieser Titanenkampf durch das Buch, sowohl in seinen eigenen Gedanken als auch in denen anderer Beiträger, die auf die Bitte des Autors um eine Antwort reagierten.

In seiner autobiografischen Geschichte berichtet Wiesenthal an einer Stelle, wie er aus einem Todeslager der Nationalsozialisten in ein behelfsmäßiges Wehrmachtslazarett gebracht wurde. An diesem überraschenden Tag führte ihn eine Krankenschwester ins Zimmer eines Offiziers, der um eine kurze private Unterredung mit einem Juden gebeten hatte. Wiesenthal, der nicht wusste, was ihn erwartete, betrat argwöhnisch den Raum und sah sich einem schwer verwundeten Mann gegenüber, der von Kopf bis Fuß mit Verbänden bedeckt war. Mit einem heiseren Flüstern wandte sich der Mann an ihn. Benommen von der Begegnung und unsicher, ob das wirklich geschah oder ob er nur träumte, erduldete Wiesenthal nervös den dichten Monolog des Mannes. Der Soldat redete sich ein grauenhaftes Verbrechen von der Seele, das er begangen hatte, als er ein ganzes Dorf voller Juden in Brand gesteckt hatte. Er konnte die Schreie jener Männer, Frauen und Kinder, die in den Flammen starben, weil es ihm beliebte, nicht mehr aus seiner Erinnerung löschen.

Warum aber hatte er diesen Fremden an sein Krankenlager gebeten? In dem Wissen, dass er sterben würde, unternahm er eine letzte verzweifelte Anstrengung, von einem Angehörigen des Volkes, das er verfolgt hatte, Vergebung zu erlangen. Doch so sehr der Mann ihn auch anflehte, Wiesenthal brachte es nicht über sich, ihm diese

Vergebung zuzusprechen. Schon während des Geständnisses unternahm Wiesenthal mehrere Versuche den Raum zu verlassen, doch der Offizier beschwor ihn: „Bitte bleiben Sie.“

Er musste sich das von der Seele reden. Doch auf der anderen Seite tobte ein ebenso heftiger Kampf. Wie kann ich, dachte Wiesenthal, durch ein paar Worte oder eine Handbewegung jemanden von einem so monumentalen Verbrechen gegen die Menschlichkeit freisprechen? Er selbst hatte durch die Nazis neunundachtzig seiner Verwandten verloren.

Das Buch wäre faszinierend genug, wenn das sein ganzer Inhalt wäre. Doch Jahre später fragte sich der Autor, ob er richtig gehandelt hätte. Hätte er nicht der Seele des Mannes Frieden geben müssen, indem er seine Buße auf dem Totenbett annahm und ihm die Vergebung gewährte, um die er sich so ernstlich bemühte? Seine Selbstprüfung führte Wiesenthal dazu, an zweiunddreißig namhafte Persönlichkeiten zu schreiben – Gelehrte, Sozialwissenschaftler, Psychologen und andere. Sechsundzwanzig von den Zweiunddreißig bestätigten ihn in seiner Entscheidung, die gesuchte Vergebung zu verweigern. Die Begründungen variierten: Die einen bezweifelten, dass er als Einzelner das Recht gehabt hätte, ein Verbrechen zu vergeben, das gegen eine ganze Rasse verübt worden war. Andere äußerten Verständnis und Sympathie für sein Widerstreben, eine so grausige Tat zu vergeben. Nur sechs waren der Ansicht, er hätte sich aufschwingen und Vergebung üben sollen, zumindest für sein Teil.

Was für ein Strudel menschlicher Emotionen wirbelt um dieses Thema der Schuld! Wir sind in unseren Familien damit konfrontiert. Wir kämpfen darum in den Gerichtssälen. Wir philosophieren darüber in den Klassenzimmern. Wir versuchen sie psychologisch zu erklären. Wir schimpfen darüber von den Kanzeln. Wir ringen damit in unserem persönlichen Leben. So allgegenwärtig und tief sitzend sind ihre Auswirkungen, dass manche professionellen Therapeuten so weit gehen zu sagen, Schuld sei der Grundpfeiler aller Neurosen.[33]

Selbst wer sich nicht allzu gut in den Werken William Shakespeares auskennt, erinnert sich an jenen reuevollen Aufschrei der Lady

Macbeth. In dem gleichnamigen Drama wird Macbeth von seiner Frau dazu angestiftet, König Duncan zu ermorden und den Thron an sich zu reißen. Nach dem Mord war sie es, die das Blut des Königs nahm und es an die schlafenden Wächter schmierte, um ihnen den Mord in die Schuhe zu schieben. Doch später kreist die Handlung um Lady Macbeth selbst, die Nacht für Nacht schlafwandelt. Auf ihre Hände starrend fleht sie: „Fort, verdammter Fleck! Fort, sag ich! – Eins, zwei! ... Noch immer riecht es hier nach Blut; alle Wohlgerüche Arabiens würden diese kleine Hand nicht wohlriechend machen. Oh! Oh! Oh!“[34]

Der Arzt, der ihren erbärmlichen Zustand bemerkt, sagt dazu: „Diese Krankheit liegt außer dem Gebiete meiner Kunst.“

Vielleicht hat auch Lord Byron an Lady Macbeth gedacht, als er schrieb: „Oh, dieser Stich, der allen Sinn verdirbt, der Wurm, der niemals schläft und niemals stirbt.“[35]

Schuld ist tatsächlich eine der ältesten Empfindungen, über die jemals geschrieben wurde, und schon in den ersten Versen der Bibel geht es um sie. Nach der bekannten Geschichte von der Versuchung in 1. Mose 3 lesen wir, wie Adam und Eva sich versteckten, als Gottes Stimme nach ihnen rief: „Wo bist du?“

Die Frage zielte nicht so sehr auf einen Ort als vielmehr auf einen Zustand. Weder Adam und Eva konnten sich von der Qual befreien, die ihr willentlicher Verstoß gegen Gottes Gebot ihnen nachträglich bereitete.

Ähnlich spricht auch David in Psalm 51 von den Qualen, die er empfand, als sein Ehebruch mit Batseba und der Mord an ihrem Mann ans Licht kamen. Er verglich sie mit den Schmerzen eines Mannes, dem die Knochen zerschmettert wurden. Und wer kann das Bild vergessen, das Pontius Pilatus heraufbeschwört, wenn er versucht, seine Hände von der Schuld reinzuwaschen, die er fürchtete, nachdem er Jesus ans Kreuz geschickt hatte? In der Schweiz ist sogar ein Berg nach ihm benannt, und die Legende sagt, dass hin und wieder sein Geist zu sehen ist, der ans Wasser des Luzerner Sees kommt, um seine Schuld abzuwaschen. Ob man die Schuld nun mit einem spukenden Geist, einer verwundeten Seele oder einem zerschlagenen Körper vergleicht, alle Kulturen und Religionen setzen sich mit diesem Thema auseinander.

Dieses universelle Gefühl zwingt jeden Menschen, sich entweder diesem Konflikt zu stellen oder einen überzeugenden Weg zu finden, um ihn wegzuerklären. Das Thema ergibt packenden Lesestoff. Viele große Romanautoren haben sich damit befasst und Seite um Seite mit den Wegen und Methoden gefüllt, mit denen der menschliche Geist mit der Schuld fertig zu werden versucht. Raskolnikow aus Dostojewskis Roman *Schuld und Sühne* ist ein klassisches Beispiel.

Analysiert man die Tricks, zu denen manche greifen, oder die Offenheit, mit der andere sich zu ihrer Schuld bekennen, ergeben sich einige ganz klare, wenn auch begrenzte Optionen. Es gibt zumindest sechs verschiedene Reaktionen, auf die die Menschheit im Blick auf unseren Kampf mit der Schuld verfallen ist.

Die Schuld durch Ehrfurchtslosigkeit austreiben

Die erste Reaktion, die man zeigen kann, und viele machen sich diese Haltung gegenüber der Schuld zu Eigen, besteht darin, jegliche persönliche Schuld durch eine schamlose Ehrfurchtslosigkeit auszutreiben. Diese Einstellung gegenüber der Schuld geht tollkühn davon aus, dass im Grunde nichts im Leben heilig sei und dass Schuld eigentlich nur eine anerzogene Reaktion sei, die wir vor allem der Religion verdanken. Da aber die Religion ein Überbleibsel vormoderner Zeiten sei und es verbindliche Kategorien von Richtig und Falsch gar nicht gebe, sollte man die Schuld aus dem Wortschatz der Gesellschaft ausmerzen und mit Spott und Hohn aus unserem Dasein vertreiben.

So wie die antiken Heiden die Religion prostituierten und sich in die Sklaverei sinnloser gebetsmühlenartiger Rituale begaben, so kastriert der moderne Materialist die Religion und stolziert mit einer Eitelkeit herum, die ebenso bemitleidenswert ist. Diese arrogante Reaktion hat viel an Beliebtheit gewonnen und liefert den Vorwand für das rücksichtslose Lächerlichmachen von Dingen, die einst als heilig galten. Symptome dafür zeigen sich oft in scheinbar harmlosen Situationen, führen aber letzten Endes in die tödlichsten Formen von Hass und Gewalt.

Schauen Sie sich allein eine durchschnittliche Fernsehsendung an und achten Sie auf die scherzhaften Bezüge auf uneheliche Kinder, Ehebruch, Fluchen und eine Vielzahl weiterer Verhaltensweisen, vor denen man sich eigentlich in Acht nehmen sollte. Der Spott selbst deutscher Medien, der über den damaligen US-Vizepräsidenten Dan Quayle hereinbrach, als er Besorgnis über eine beliebte Sitcom äußerte, die gedankenlos und frivol die Mutterschaft ohne Ehemänner feierte, unterstreicht, wie verletzend diese ehrfurchtslose Haltung sein kann – bis dahin, dass sie das Leben ihrer Kritiker zu zerstören droht. Die unverhohlene Empörung der Leute aus der Unterhaltungsbranche, die sich über Quayles Bemerkungen lustig machten, sprach Bände über unsere Zeit. Es wurde akzeptiert, dass die schillernden Figuren, in deren Leben nichts heilig war, als Helden und Heldinnen gefeiert wurden, während der hohe Amtsträger, der mehr Anstand eingefordert hatte, als Trottel dastand.

Hat in Deutschland jemand kritisch Stellung bezogen, als der Sänger und Komponist Dieter Bohlen im Herbst 2002 seine Autobiografie veröffentlichte, in deren Mittelpunkt sich Affäre an Affäre reiht? Bohlen belegte lange Wochen Platz eins der Bestseller-Listen.

Vielleicht könnte man diese Trivialisierung des Lebens und seiner Möglichkeiten akzeptieren, wenn wir alle damit einverstanden wären, oder auch nur wenn diejenigen, die darauf so stolz sind, wenigstens konsequent wären. Aber diese Art von Herabsetzung ist eine subtile Form der Attacke, und die Spötter halten sich nicht an ihre eigenen Regeln, wenn der Spieß umgekehrt ist und etwas, das sie als heilig betrachten, in den Schmutz gezogen wird.

Viel zu viel Schaden wird unserem emotionalen und geistlichen Wohlergehen zugefügt, wenn wir verantwortungslos mit Dingen umgehen, die vielen Menschen heilig sind. Darum zahlen wir einen hohen Preis für unsere Ehrfurchtslosigkeit, wenn sie an die scharfen Kanten der Wirklichkeit stößt. Früher oder später muss die Schuld anerkannt werden, sonst werden die Ehrfurchtslosen sich am Ende selbst zu Opfern machen.

Die düstere Mahnung der Geschichte

In den letzten Jahren des 20. Jahrhunderts hängten sich die wesentlichen Fragen, die Millionen Menschen zum Thema Schuld stellten, immer wieder am Zweiten Weltkrieg und den Gräueln des Holocaust auf. Das hat seinen guten Grund, denn viele haben diese Dinge noch frisch in Erinnerung, und außerdem spielt das gewaltige Ausmaß dieser Verbrechen eine Rolle. Darum werde ich zwei Illustrationen aus diesem Zusammenhang anführen, eine tatsächliche und eine erdachte Begebenheit, die zeigen, wie verheerend die Wirkung der Ehrfurchtslosigkeit sein kann, wenn die Schuld verleugnet wird, sei es in der Wirklichkeit oder in der Fantasie.

1960 vollbrachte der israelische Geheimdienst Mossad eine der Glanzleistungen seiner Geschichte, als er Adolf Eichmann in seinem Versteck in Argentinien aufspürte. Von Anfang bis Ende trug der Ablauf alle Züge eines Drehbuchs für einen Hollywood-Film. Der Mann, der den ganzen Plan umsetzte, war Peter Malkin. Mehrere Angehörige Malkins waren im Dritten Reich ums Leben gekommen, und deshalb ging er mit persönlicher Leidenschaft an seine Aufgabe. Insbesondere trauerte er immer noch um seine Schwester und seinen sechsjährigen Neffen Peter.

Als Malkin die Gefangennahme vorbereitete, überwachte er heimlich das Kommen und Gehen Adolf Eichmanns in dessen Haus und bemerkte eine regelmäßige Routine. Jeden Tag, wenn Eichmann von der Arbeit nach Hause kam, wurde er begeistert von einem kleinen Jungen begrüßt, der seine Arme hoch in die Luft warf und ihn willkommen hieß. Malkin musste oft an seinen eigenen kleinen Neffen denken, wenn er Abend für Abend diesen liebevollen Empfang durch den kleinen Jungen beobachtete. Auch Eichmanns zärtliche Reaktion fiel ihm auf – bisher hatte er ihn sich nur als einen kaltblütigen Architekten der Massenvernichtung vorgestellt.

Eines Tages schließlich, nach minutiöser Planung, schlich sich Malkin von hinten an Eichmann heran, als er auf dem Weg von der Bushaltestelle zu seinem Haus war, und veranlasste ihn mit drei schlichen Worten – „Un momentito, Señor" – sich umzudrehen, sodass er ihn packen konnte. Blitzartig wurde Eichmann in einen wartenden Wagen gezerrt. Die Worte baten lediglich um „einen Moment, mein Herr", aber sie trugen das Gewicht des ewigen und unauslöschlichen Aufschreis aus dem Herzen von Millionen Menschen, dass das Leben eines Mörders der Gerechtigkeit zugeführt werden müsse. Der Rest ist Geschichte – es folgte der Prozess und die Hinrichtung des Mannes, dessen Name unzählige Menschen in Angst und Schrecken versetzt hatte und unter dessen Aufsicht Zehntausende in die Gaskammern gesandt worden waren.

Doch ein privater Augenblick zwischen Malkin und Eichmann mag der härteste Schlag für Malkin selbst gewesen sein und ihm mehr als alles andere das Herz gebrochen haben. Unfähig, jenes Gespräch noch länger für sich zu behalten, brach Malkin schließlich nach dreißig Jahren sein Schweigen und schrieb kürzlich darüber. Es war von höchster Wichtigkeit für Malkin, dass Eichmann zwei Dinge zum Ausdruck brachte. Erstens wollte Malkin unbedingt das Wie erfahren. Wie war es möglich, dass ein ganz normaler Mensch ein so unsägliches Gräuel orchestrieren konnte und dabei nicht einmal Schuld empfand? Was hatte diese beispiellose Brutalität ausgelöst?

Aber dann war da noch ein Zweites – eine ganz persönliche, nagende Frage. Malkin hatte herausgefunden, dass der kleine Junge, von dem Eichmann so begeistert war, sein eigener sechsjähriger Sohn war, der ihm in Argentinien geboren worden war. Malkin glaubte, er könne die Frage mit ihrem ganzen emotionalen Gewicht in die Waagschale werfen, indem er sie in einem günstigen Augenblick stellte, als Eichmann gerade voll Leidenschaft davon sprach, wie sehr er seinen Sohn vermisste.

„Der Junge meiner Schwester, mein liebster Spielkamerad – er war gerade im selben Alter wie Ihr Sohn ... auch blond und blauäugig, genau wie Ihr Sohn. Und Sie haben ihn umgebracht."

Er wartete auf eine Erklärung, zuversichtlich, dass Eichmann sich einen Ruck geben und Malkins Empfindungen für seinen Neffen nachfühlen würde.

Doch Eichmann hielt inne und murmelte dann völlig gleichgültig: „Aber Ihr Neffe war doch Jude, nicht wahr?“

Es kostete Malkin jedes Quäntchen Selbstbeherrschung, das er aufbringen konnte, das Zimmer zu verlassen und nach draußen zu gehen, wo er, wie er selbst sagt, „hemmungslos heulte“. Lange Zeit konnte er kein Wort herausbringen.[36]

Ein kostbares Menschenleben war trivialisiert und diese Trivialisierung auch noch gefühllos gerechtfertigt worden. Der Hass trug eine Maske der Gelassenheit, die erschreckend war. Über die Geburt und Volkszugehörigkeit einer Person wurde rücksichtslos hinweggegangen, und die Heiligkeit des Lebens wurde ehrfurchtslos in den Schmutz getreten.

Zum innersten Kern allen Daseins gehört es, dass wir den innewohnenden Wert unserer Mitmenschen anerkennen. Unser Leben und der Ort unserer Geburt sind ein Erbe, das uns nicht durch irgendeine kollektive Übereinkunft verliehen wird. Sie sind unser persönliches, unantastbares Gut. Das Leben ist in seinem Kern heilig und abhängig, und es gibt nur einen, der die Macht hat, es zu geben – Gott. Wenn aber das Leben heilig ist, sowohl in seinem Wesen als auch in seinem Vertrauen, wie kann es dann so gelebt oder missbraucht werden, als wäre es wertlos?

Ich habe mich oft gefragt, was wohl durch Eichmanns Kopf gegangen sein mag, als er diese Worte sprach. Welche moralische Ermahnung gab er sich selbst, um sein Handeln zu legitimieren? War für ihn die Rasse eines Menschen etwas, was ihn entbehrlich machen konnte? Dies sind quälende Fragen, die nicht übergangen werden dürfen. Ich glaube, diese Frage hier hat uns viel über das Wesen der Schuld zu sagen, denn Eichmanns Antwort ist nicht zu erklären, ohne dass wir uns mit der größeren Frage entweder der innewohnenden Heiligkeit des Lebens oder aber der völligen Wertlosigkeit von allem, was wir tun, auseinander setzen. Sagte Eichmann hier vielleicht mehr, als wir uns anzuhören wagen? Lassen Sie mich eine Antwort versuchen.

Wahrheit durch Fiktion

Die zweite Illustration aus der Literatur gibt uns einen Hinweis, was hinter einer so entsetzlichen Gleichgültigkeit stecken könnte. Die Relevanz des Schuldthemas wird unübersehbar, wenn wir diese Frage herausschälen. Romanautoren setzen sich mit der Wirklichkeit auseinander, indem sie Charaktere erfinden, in deren Mund sie die unbestreitbarsten Empfindungen des Lebens legen. Ich bediene mich aus George Steiners Buch *The Portage to San Cristabel of A. H.*, wobei das A. H. für Adolf Hitler steht. Die Geschichte ist zweifellos fantasievoll ausgeschmückt, aber das hat seinen guten Grund. Die Handlung besteht darin, dass Adolf Hitler nicht gestorben ist, wie es in den Geschichtsbüchern steht, sondern stattdessen in die Sümpfe Südamerikas geflohen ist, um sich zu verstecken.

Gegen alle Wahrscheinlichkeit kommen seine Verfolger ihm auf die Spur und bringen ihn zurück, um ihm den Prozess zu machen. Auch ihm wird die nahe liegende Frage gestellt: Warum dieses gezielte Todesurteil gegen eine bestimmte Rasse? Er nennt drei Gründe, und der Letzte lautet: „Es musste eine Endlösung geben."

Damit meint er die völlige Vernichtung. Gab es einen Grund dafür, dass er diese Endlösung inszenierte? Steckte vielleicht etwas Tieferes dahinter, vielleicht ein verschleierter, aber gezielter Plan das Übernatürliche auszurotten?

Wir wissen aus den Geschichtsbüchern, dass Hitler zutiefst von Nietzsche beeinflusst war. Aus Nietzsches Sicht hatte die Religion die menschliche Würde und Macht untergraben, indem sie den Leuten die Begriffe der Schuld und der Buße aufgezwungen hatte. Diese hatten eine äußerst entmenschlichende Wirkung und behinderten den gesellschaftlichen Fortschritt und die menschliche Macht, meinte er. Konnte man dann nicht weiter folgern, dass das Volk, durch das uns das Moralgesetz überliefert wurde, für den Fluch der Schuld verantwortlich war? Dieser Schwäche musste der Todesstoß versetzt werden! War das eine treibende Kraft hinter Hitlers Entschlossenheit, die Juden auszumerzen?

Selbst wenn das nicht der Fall sein sollte, müssen wir erkennen, dass auch in unserer Zeit dem Christentum kritisch gegenüberstehende Leute immer wieder sagen, die Religion sei eine Krücke und ein Hindernis für den Fortschritt. Stimmen sind zu hören, Artikel sind zu lesen und Filme sind zu sehen, die die „behindernde Rolle der Religion" für den menschlichen Fortschritt ins Visier nehmen. Jede Befürwortung der Moral wird niedergemacht. Das Leben, so meint man, wird uns nicht von Gott verliehen: „Lasst uns die Zehn Gebote von den Wänden der Schulen nehmen. Wenn es keine Gebote mehr gibt, gibt es auch so etwas wie Schuld nicht mehr. Und wenn es keine Schuld mehr gibt, dann lasst uns um jeden Preis diejenigen demütigen und ausgrenzen, deren Stimmen der Gesellschaft Schuld einzureden versuchen – und schon ist eine andere Art von ‚Endlösung' auf dem Weg."

Ich war erschrocken, als ich auf einem Treffen in Washington einen jüdischen Journalisten die Bemerkung machen hörte, er glaube, die Christen würden die Juden des einundzwanzigsten Jahrhunderts sein. Warum war er dieser Ansicht? Weil es kaum bezweifelt werden kann, dass keine andere wichtige religiöse Stimme in dieser Welt die Menschen dazu aufruft, sich mit ihrer Sünde auseinander zu setzen, Buße zu tun und zu Gott zu kommen, um Vergebung zu erlangen. Hass und Zorn gegen die Christen werden dramatisch zunehmen, je mehr die Gesellschaft darauf besteht, ohne irgendwelche Zügel zu leben.

Ein Leben, das unmöglich zu leben ist

Doch gerade diese Gesellschaft maßt sich ein moralisches Recht auf Selbstbestimmung an. Auf welcher Grundlage nimmt man eigentlich ein moralisches Recht in Anspruch, wenn jeder Gedanke an eine objektive Moral als bedrückend und verdummend zurückgewiesen wird? Wenn wir auf das Grauen der Hitlerschen Endlösung zurückblicken, schreit jede zivilisierte Stimme gegen eine solche Entheiligung des Lebens empört auf, und die Völker, die zu ihren Opfern wurden, haben die Täter der Gerechtigkeit zugeführt. Doch eine

Ehrfurchtslosigkeit wie die Eichmanns kennt keine Zügel und toleriert keine Verurteilung.

Die Welt ihrerseits war geschockt, als die meisten der Angeklagten ebenso wie Eichmann jede Schuld ableugneten. Kurz, das kollektive Gewissen der Menschheit, auch wenn sie autonom, also nach ihren eigenen Gesetzen leben möchte, bestätigt, dass das Austreiben der Schuld durch Ehrfurchtslosigkeit abscheulich ist und dazu führt, dass das Leben schlicht unmöglich zu leben ist.

Es mag wohl sehr heldenhaft und befreiend erscheinen, das Moralgesetz auszumerzen, aber die Folgen sind katastrophal. Ehrfurchtslosigkeit ist nur ein anderes Wort für Selbstanbetung und die Zerstörung von allem, was dem im Wege steht. Die Ermordung Abels durch Kain war ein Beispiel dafür. Abel stand für die Annahme Gottes, Kain für die Ablehnung. Kains Endlösung bestand darin, denjenigen zum Schweigen zu bringen, dessen Leben Heiligkeit widerspiegelte.

Ebenso stand Josef für die besondere Gunst Gottes. Die Endlösung seiner Brüder bestand darin, ihn aus dem Weg zu schaffen. Johannes der Täufer überbrachte Herodes eine Gerichtsbotschaft, die unausweichlich war. Die Endlösung des Herodes bestand darin, ihn zu enthaupten. Elia warnte Isebel davor, welche Folgen es in der Geschichte immer gehabt hatte, wenn der Anstand verhöhnt wurde. Isebels Endlösung bestand darin, ihn zu verfolgen, bis er selbst sterben wollte. Jesus repräsentierte die Stimme Gottes gegenüber einer korrupten Priesterschaft und einer machthungrigen politischen Obrigkeit. Ihre Endlösung bestand darin, ihn ans Kreuz zu nageln.

Unsere „Endlösung“ besteht immer darin, die Stimme zum Schweigen zu bringen, die uns an unsere Schuld erinnert. Die Vergangenheit ist übersät mit den Trümmern der Ehrfurchtslosigkeit. Letzten Endes war es also nicht so sehr das Jüdische selbst, was Eichmann zu seiner Schlächterei veranlasste. Er selbst stritt das jedenfalls ab. Rassismus und ethnische Feindseligkeiten mögen die vergiftete Spitze des Pfeils sein, der das Dasein der Gesellschaft durchbohrt. Doch was den Pfeil antreibt, ist allgemeiner Hass und die Leidenschaft des Herzens Gott zu spielen und alles auszulöschen, was auf ein Moralgesetz hinweist, das über uns steht. Darum feiern die Profanen den Fall eines bekennenden Moralisten – weil das den Punktestand ausgleicht und dem Herzen der Moral einen Stoß versetzt, indem es in ihren Augen jede Rede von Moral als Heuchelei erscheinen lässt.

Doch selbst die Ehrfurchtslosen finden es unmöglich, ohne Denunziation zu leben. Und jede Denunziation setzt irgendeine Art von moralischer Lehre voraus. Sie wenden sich voll Zorn gegen alle, die nach moralischer Vernunft rufen. Aber noch zorniger werden sie, wenn sie die Leidtragenden des unmoralischen Verhaltens oder der Ungerechtigkeit anderer sind. Diese Logik führt dazu, dass das Leben unmöglich zu leben ist. Die Endlösung kehrt sich schmerzhaft nach innen.

Die Schuld durch Stolz ersticken

Wir haben noch eine zweite Option, nämlich die, jegliche Schuldgefühle unter dem Gewicht unseres eigenen Egos zu erdrücken. Schuld kann durch Stolz erstickt werden. Wie wir in der Öffentlichkeit wahrgenommen oder von unserem Freundeskreis eingeschätzt werden, ist für die meisten Leute von alles verzehrender Wichtigkeit. Sie hat unzählige Männer und Frauen, die mit ihrem eigenen Fehlverhalten konfrontiert waren, dazu geführt, sich hinter einem Dickicht von Ausreden zu verstecken.

Hören Sie sich einmal aufmerksam die Vorwände und Erklärungen an, wenn einer Person vorgeworfen wird, ein Gesetz übertreten zu haben, oder wegen ihres ungehörigen Verhaltens bloßgestellt wird. Beobachten Sie den menschlichen Verstand bei seinen tückischsten Manövern. Bei der Selbstreinwaschung zeigt der Verstand seine ganze Genialität und seine ganze Neigung zur Irrationalität. Es gibt keine Grenze, wie tief sich Menschen herabbeugen, um sich zu verstecken, wenn sie sich rechtfertigen wollen.

Während die Ehrfurchtslosigkeit nur bei manchen Leuten zu finden ist, ist von dieser Neigung, gut dastehen zu wollen, wenn man mit Vorwürfen konfrontiert wird, niemand ausgenommen. Salomo erklärte vor Jahrhunderten, es gäbe nichts Neues unter der Sonne. Als Adam die Schuld auf Eva schob und Eva auf die Schlange, sah es auf den ersten Blick so aus, als bliebe der schwarze Peter an der Schlange hängen. Das Böse hat eine enorme Verführungskraft. Doch die Tragödie fängt erst richtig an, wenn der so Hereingelegte sich weigert, die Schuld auf sich zu nehmen. Wie die meisten Grundlektionen des Lebens zeigt sich auch dies immer wieder aufs Neue; dennoch erkennen viele niemals den Stolperstein des Stolzes in sich selbst, so sehr er ihnen auch bei anderen verhasst ist.

Ein klassisches Beispiel stammt aus dem Leben von König Saul im Alten Testament. Die Geschichte beginnt voller Hoffnung und Verheißung mit einem demütigen Mann, der plötzlich und überraschend zum König von Israel gesalbt wird. Er sollte der erste Monarch des Volkes werden, und Samuel suchte ihn auf, um ihm die gute Nachricht zu überbringen. Sauls Reaktion war bewundernswert. Als Samuel zu ihm sagte: „Außerdem gehört alles Wertvolle in Israel ohnehin dir und deinen Verwandten", da protestierte Saul aus vollem Herzen: „Wie kommst du darauf? Ich bin doch nur ein Benjaminiter, ich gehöre zum kleinsten und unbedeutendsten Stamm Israels, und meine Sippe ist eine der kleinsten von ganz Benjamin" (1. Samuel 9,20-21).

Dieser Mann, an den das Volk und Gott selbst große Erwartungen richtete, sah an sich selbst nichts, was ihn eines solchen Vorrechts würdig machte. Doch der kurze Genuss der Macht hinterließ seinen tödlichen Nachgeschmack und vergiftete seinen Verstand, sodass er glaubte, die Größe und der Ruhm stünden ihm tatsächlich zu. Kurz nach seiner Thronbesteigung fing er an, Gott wissentlich und willentlich ungehorsam zu sein. Samuel blieb keine Wahl als ihm entgegenzutreten. Saul stellte sich nach allen Regeln der Kunst unschuldig, aber die Beweise für seinen Ungehorsam waren unwiderlegbar. Schließlich machten zwei offensichtliche Hinweise deutlich, was mit diesem Mann geschehen war.

Erstens, als Samuel zu ihm ging, sagte man ihm, Saul sei unterwegs, um ein Denkmal zu seiner eigenen Ehre zu errichten. Dieser

Wechsel von aufrichtiger Demut zu schreiender Selbstbeweihräucherung mag zuerst als flüchtige Laune oder auch als Wankelmut erscheinen. Aber die Tiefen dieser Verstrickung sind wie stählerne Dornen im Fleisch des Ehrgeizes.

Es kam die Zeit, als David, Sauls designierter Nachfolger, seinen Sieg über Goliath, den meistgefürchteten Feind Israels, errang. Die Bibel sagt uns, dass die Frauen aus allen Städten Israels König Saul entgegen zogen, um ihn mit Gesang und Tanz zu empfangen. Während sie tanzten, sangen sie: „Saul hat tausend Mann erschlagen, David aber zehntausend!" Dann kommt die folgende viel sagende Schilderung: „Saul hörte dieses Lied nicht gern, er wurde sehr zornig. ... Seitdem war Saul eifersüchtig auf David" (1. Samuel 18,6-9). Kein Traum ist so sehr zum Scheitern verurteilt wie der, unbedingt die Nummer eins sein zu wollen.

Als Samuel ihm entgegen trat, versteckte sich Saul hinter einer Mauer von Vorwänden und berief sich letzten Endes darauf, er habe sich zum Narren gemacht (siehe 1. Samuel 15,24). Doch Saul hatte viel mehr getan als sich zum Narren zu machen. Er weigerte sich, sich zu seinem verzehrenden Stolz zu bekennen, der die Ursache seines Niedergangs war. Benjamin Franklins Worte „Der Stolz frühstückt mit dem Reichtum, diniert mit der Armut und soupiert mit der Schande"[37] wären ein passendes Epitaph für Saul.

Wie viele Millionen Menschen in dieser Welt werden nie die Gemeinschaft mit Gott zu schmecken bekommen, weil ihr individueller Stolz sie unfähig macht, ihre Schuld vor ihm zu bekennen?

Schuldig in einen Gerichtssaal zu stolzieren und sich für unschuldig zu erklären ist nicht Stärke, sondern Schwäche.

Sich zu weigern sein Versagen anzuerkennen ist nicht Erfolg, sondern Selbstbetrug.

Der Buße vor Gott zu widerstehen ist nicht Intelligenz, sondern Torheit.

Wer sich angesichts des eigenen Fehlverhaltens mit Stolz aufbläst, wird nicht größer, sondern hohl.

Der Dichter Alexander Pope fasste es so zusammen:

Von allen Dingen, die des Menschen Urteil blenden
und den Verstand ihm auf die falsche Straße wenden,
lässt nichts so sehr den schwachen Geist erstarren
wie Stolz, das größte Laster aller Narren.[38]

Der Widerwille dagegen gewöhnlich zu sein oder Versagen einzugestehen ist verständlich. Wer von uns bekennt sich schon gern zu seinen Schwächen? Doch aus dem Stolz erwächst jedes andere Laster, und deshalb ist er die Schlimmste aller Übertretungen. C. S. Lewis brachte es auf den Punkt:

> Der Leser mag sich erinnern, dass ich im Kapitel über Sittlichkeit und Sexualität bereits andeutete, der Schwerpunkt der christlichen Moral liege nicht bei diesem Problem. Hier nun haben wir ihn erreicht. Nach Auffassung der großen Kirchenväter ist der Hochmut, der Stolz, die Schlimmste aller Sünden, das Böse an sich. Unkeuschheit, Jähzorn, Habgier, Trunksucht und Ähnliches sind im Vergleich zu ihr nur Mückenstiche. Der Stolz brachte Luzifer zu Fall, der Stolz ist die Quelle aller Sünden. Er ist der Ausdruck völliger Gottferne.[39]

Diese Wahrheit war vielleicht der Grund, warum Satan bei den ersten beiden Versuchungen, die er an Jesus herantrug, im Wesentlichen an seinen Stolz appellierte. Die erste lautete sinngemäß: „Verwandle diese Steine in Brot, und die ganze Welt wird dir folgen." Die zweite: „Spring hinunter und sieh, ob die Engel dich beschützen" (siehe Lukas 4,3; 9-10).

Die subtile Verlagerung der Attacke Satans zeigt, dass es auch beim Stolz Abstufungen gibt. Wer eine unmittelbare Entschuldigung für seinen Stolz sucht oder nach der Anerkennung anderer strebt, offenbart eine Spur von Verlegenheit oder Bedürftigkeit danach, „gut dazustehen". Wenn dies nicht korrigiert wird, degeneriert es weiter zu dem Stadium, wo diese Bedürftigkeit beiseite gefegt wird. Peter Kreeft formulierte treffend: „Stolz im eigentlichen Sinn ist nicht das Vergnügen am Gelobtwerden und der Wunsch anderen zu gefallen. ... Auch darin zeigt sich Demut. Die Paradebeispiele für Stolz sind nicht Filmstars, sondern Diktatoren."[40]

Dieser äußerst wichtige Punkt wird leicht übersehen. Der Tiefpunkt des Stolzes wird erreicht, wenn jemand nicht einmal mehr einen Vorwand für seine Entscheidungen sucht, weil er meint, seine Entscheidung selbst sei Rechtfertigung genug für jede Handlung. „Mein Recht", lesen wir jeden Tag ein Dutzend Mal in großen Lettern. Ein solcher Mensch hat sich außer Reichweite jedes heilsamen Einflusses gebracht. Eben aus diesem Grund macht sich Gott solche Mühe, um uns vor dieser Art Stolz zu bewahren, die uns zu Demagogen macht und uns von der Stimme der Vernunft anderer isoliert. Die meisten von uns haben schon erlebt, wie das mit anderen geschehen ist, aber wir übersehen oft, wie sehr wir selbst anfällig dafür sind. Wenn wir den Punkt erreichen, an dem uns der Rat oder die Warnung einer anderen Person schnurzegal ist, weil wir uns für unbesiegbar halten, ist es vielleicht so weit, dass Gott drastische Maßnahmen ergreifen muss, um uns aus diesem Würgegriff zu befreien.

Vor Jahrhunderten kam Thomas von Aquin zu einer erschreckenden Schlussfolgerung in Bezug auf diese Art von Stolz, und er formulierte sie auf provokative Weise:

> Um den Stolz zu überwinden, straft Gott manche Menschen, indem er sie in Sünden des Fleisches fallen lässt, die zwar weniger schlimm, aber dafür offensichtlich beschämender sind. ... Allein dadurch erweist sich, welch ernste Sache der Stolz ist. Denn ebenso wie ein weiser Arzt, um eine schlimmere Krankheit zu heilen, es zulässt, dass sein Patient sich eine weniger gefährliche Krankheit zuzieht, so erweist sich die Sünde des Stolzes als die Schlimmste dadurch, dass Gott als Heilmittel Menschen in andere Sünden fallen lässt.[41]

Auch wenn das extrem und schwer zu glauben erscheint, hören Sie, was Richard Dortch, der Präsident des christlichen Fernsehsenders PTL, dazu sagte, nachdem ein furchtbarer Skandal dieses christliche

Werk zu Fall gebracht und die Einstellung von Menschen in aller Welt gegenüber Leuten im christlichen Dienst nachhaltig verändert hatte: „Diese Tragödie, dieser Tritt ins Gesicht, war notwendig, um uns zur Besinnung zu bringen.“[42] Dann sprach er von der blendenden Macht der Kamera, die gewöhnliche Menschen in unumschränkte Machthaber verwandelt – innerhalb von Minuten. „Autos warten auf einen. ... Man kann sich überall nach vorne drängen. ... Das alles hat uns zu etwas Geringerem gemacht, als wir eigentlich sein sollten“, sagte er.

Jesus reservierte sich seine kräftigsten Worte für diejenigen, die sich für stark hielten, und seine freundlichsten Worte für diejenigen, die sich als schwach sahen. Beständig erinnerte er seine Zuhörer daran, dass die Herrlichkeit seines Reiches sich nicht in Einfluss und Macht Einzelner zeige, sondern in der Schlichtheit des Glaubens eines kleinen Kindes.

Kurz, so wie die Austreibung der Schuld durch Ehrfurchtslosigkeit das Leben unmöglich zu leben macht, so macht das Ersticken der Schuld durch Stolz das ganze Leben unmöglich zu verantworten.

Schuld durch Furcht verbergen

Eine der quälendsten Arten mit der Schuld umzugehen ist der Versuch, sie zu verbergen und dann mit der Angst vor Bloßstellung zu leben. Neid, sagt man, ist die Einzige der sieben Todsünden, die nicht zunächst einmal zu einer unmittelbaren Befriedigung führt. Wir können hinzufügen, dass Furcht angesichts von Schuld auch keine Befriedigung mit sich bringt, denn sie fügt der Reue die Angst hinzu. Wie man einem Erpresser niemals so viel bezahlen kann, dass er zufrieden ist, so werden Leute, die in Furcht leben, weil sie ihre Schuld verbergen, am Ende ihr eigenes Herz erpressen, um den Verstand auszubezahlen. Und das Herz ist niemals zufrieden, denn man kann dem Verstand gar nicht genug bezahlen.

Ein Unrecht, das verborgen wird, bleibt selten auf denjenigen beschränkt, der diese Verletzung in sich trägt. Früher oder später wirkt sich der Schmerz auch auf andere aus, besonders auf diejenigen, die uns am nächsten stehen. Verbrechen ohne Opfer sind eine Illusion. Die Geschichte von Jakobs Betrug an seinem Vater zeigt uns, wie einer Vielzahl von Menschen, ja einem ganzen Volk dadurch Unrecht geschah. Betrug ist ein Monster, das ständig gefüttert werden muss. Jakob glaubte, durch seinen Versuch, den Segen zu stehlen, würde er nur seinen Vater täuschen und sich dann irgendwohin flüchten, bis der Zorn seines Vaters verraucht wäre. Doch seine Unaufrichtigkeit fügte der ganzen Familie eine schwere Wunde zu. Durch seine Sünde konnte er nicht am Sterbebett seiner Mutter sein. Esau verbrachte Jahre damit, ihm nachzuspüren, und als der Moment der Konfrontation zwischen den beiden Brüdern endlich kam, rang Jakob eine ganze Nacht im Gebet, weil er fürchtete, das Unrecht, das er Jahre zuvor begangen hatte, würde nun an seinen Kindern gerächt werden. Er konnte nicht länger davonlaufen. Die harte Realität ist, dass seit Jahrtausenden im Nahen Osten Blut vergossen wird aufgrund von Unrecht, das über Generationen weitergetragen wurde. Wer glaubt, Lug und Trug ließe sich ungestraft verbergen, der macht sich selbst etwas vor.

Die verheerenden Auswirkungen von Schuld, die durch Furcht verborgen wird, sind leicht zu demonstrieren. Die Schwierigkeit liegt darin herauszufinden, wie man die betreffende Person am besten anspricht, ohne ihr noch mehr Schmerzen zuzufügen, als sie ohnehin schon leidet. Die Erfahrung diktiert, dass viel Einfühlungsvermögen notwendig ist im Umgang mit jemandem, der in Angst lebt. Gleichzeitig verlangt die Wahrheit, dass man einen solchen Menschen offen anspricht, damit man ihn nicht aus dem Wunsch heraus ihn zu schonen um die Möglichkeit der Heilung bringt. Manchmal ist diese Furcht ja auch nicht durch ein persönliches Fehlverhalten ausgelöst, sondern dadurch, dass man sich hinter einer Maske versteckt oder vor der Wirklichkeit davonläuft.

Vor vielen Jahren sprach ich einmal vor einer Gruppe Gymnasiasten. Das war nicht leicht für mich, da ich genau wusste, dass die Art, wie ich etwas sagte, genauso wichtig war wie das, was ich sagte. Kein Publikum ist so erpicht darauf, den Schwachpunkt eines Redners bloßzustellen wie eine Truppe rastloser Teenager. Gleichzeitig gesteht kein Publikum offener seine Bedürfnisse ein, als eine junge Zuhörerschaft, die Vertrauen zu einem Redner gefasst hat.

Am Ende des Vortrags gab ich bekannt, dass ich jedem, der über ein persönliches Problem reden wolle, gerne ein paar Minuten widmen würde. Die Anmeldeliste war innerhalb von Minuten voll.

Die erste Schülerin, die zu mir kam, bemühte sich zwar tapfer, ruhig und gelassen zu wirken, aber sie saß sehr nervös da und schaffte es nicht sehr gut, ihr beunruhigtes Herz zu verbergen. Alles, was sie mir sagte, drehte sich um eine Freundin, die ich Karen nennen möchte. Karen trug sich mit Selbstmordgedanken, erfuhr ich, und sie brauchte dringend Hilfe. Diese junge Frau wollte wissen, wie sie Karen am besten helfen und sie davon abhalten könne, sich das Leben zu nehmen. Als die Minuten verrannen, unterbrach ich sie schließlich und fragte: „Sind Sie sicher, dass Sie nur gekommen sind, um über Karen zu reden, oder haben Sie noch etwas Wichtigeres auf dem Herzen?“

Sie machte ein verärgertes und überraschtes Gesicht und schluckte schwer, und dann konnte sie ihren inneren Kampf nicht mehr verbergen. Ihre Tränen flossen, wie ich es selten gesehen habe, und ich hatte das Gefühl, dass tief in ihr so viele Dinge unter Verschluss lagen, dass ich mehr Zeit und Hilfe brauchen würde, um ihr wirklich helfen zu können. Doch selbst da ahnte ich noch nicht, wie wenig ich dieser Situation gewachsen sein würde.

Während sie unaufhörlich weinte, erzählte sie mir von sexuellen Belästigungen durch ihren eigenen Vater. Sie hatten begonnen, als sie sieben Jahre alt war. Seit fast zehn Jahren war diese elende Hölle in unregelmäßigen Abständen immer wieder über sie hereingebrochen. „Ich hatte immer so schreckliche Angst jemandem davon zu erzählen, weil ich nicht weiß, was sie dann mit meiner Familie machen werden, und mit meinem Vater. Wird er ins Gefängnis kommen? Wie soll denn meine Mutter mit dem Schock und dem Schmerz fertig werden?“

Ich begriff sofort, dass ihre Not größer war als meine Fähigkeit. Alles, was ich tun konnte, um meinen eigenen Schrecken zu verbergen, war, einige Momente zu schweigen. Ich werde diese Geschichte nicht weiter ausführen, sondern nur sagen, dass es uns irgendwie gelang, durch Hinzuziehen professioneller Hilfe ihre Situation einer Lösung näher zu bringen. Was ich aber nicht wieder aus dem Kopf bekam, war die Tatsache, dass sie nach zehn Jahren Vergewaltigung, die sie für sich behalten hatte, auch an diesem Tag um ein Haar wieder aus Furcht vor den Folgen die Wahrheit verborgen hätte. „Karen" wurde zu einem Ablenkungsmanöver, um zu vertuschen, dass ihr Leben systematisch auseinander genommen wurde.

Viele Menschen, die mit Jesus sprachen, wendeten dasselbe Manöver an. Sie warfen ihm eine Frage nach der anderen an den Kopf, um ihre eigentliche Not zu verbergen. Auf einer ganz anderen Ebene steckt dieselbe Tendenz dahinter, wenn wir als Nation von einer sozialen oder ökonomischen Krise nach der anderen betroffen sind. Niemand möchte gerne zugeben, dass der Kern unserer Probleme eine verkümmerte Spiritualität ist. Die Geschichte von den sexuellen Eskapaden Aphrodites aus der griechischen Mythologie hat uns vielleicht immer noch etwas zu sagen. In ihrer Untreue brachte sie unter anderem zwei Söhne zur Welt; den einen nannte sie Eros (erotische Liebe), den anderen Phobos (Furcht). Ausschweifung führt zu Erotizismus und Furcht. Unsere Generation hat diese Monsterzwillinge ebenfalls zur Welt gebracht.

Doch unser Leben wird unlebbar, wenn voller Furcht Schuld verborgen oder durch Stolz überdeckt wird.

Die Schuld als kulturell bedingt ignorieren

Das nahe liegendste Ausweichmanöver in einer verwirrten Gesellschaft besteht darin, die Schuld kurzerhand als kulturelles Anhängsel beiseite zu wischen. Solch eine akademische Verwerfung der moralischen Realität übersieht, dass selbst dann, wenn wir uns in unserem Verhalten kulturell voneinander unterscheiden, die Gründe, mit denen wir dieses Verhalten rechtfertigen, oft dieselben sind. Mit anderen Worten, es gibt gewisse „meta-ethische" Gemeinsamkeiten.

Nehmen Sie das klassische Beispiel der Kindstötung. Selbst das gnadenlose Umbringen von Kindern aus Rache für irgendein Unrecht geschieht deshalb, weil die Rache nehmende Person ihren Feind an der Stelle treffen will, wo es ihn am meisten verletzt, indem sie ihm das nimmt, was ihm am kostbarsten ist. Mit anderen Worten, das Kind wird umgebracht, nicht weil sein Leben wertlos wäre, sondern gerade weil das Leben des Kindes als höchster Wert eingeschätzt wird. (Die Einrichtung von Gesetz und Ordnung in einem Gemeinwesen geschieht ja gerade wegen der Erkenntnis, dass ohne Gesetz und Ordnung Plünderei und Verwilderung um sich greifen würden.)

Die Methode, alle Schuld als kulturell bedingt zu ignorieren, wirft das Problem auf, dass auf diese Weise jede Moral unhaltbar wird. Niemand kann ernsthaft dazu bereit sein, sich auf diese Position zurückzuziehen, denn das wäre ein selbstzerstörerischer Akt.

Eine universelle Geschichte

Vor vielen Jahren wurde ich in Kambodscha Zeuge dessen, was die Historiker den „Mord an einem freundlichen Land“ nennen. Jahrelang litt die Bevölkerung unter mörderischen Demagogen. Millionen von Menschen hat die kleine Nation für die Sache dieser oder jener politischen Theorie opfern müssen.

Eines Abends fragten mich einige Missionare und mein Dolmetscher, ob ich mir ein Theaterstück ansehen wolle. Dankbar für die Abwechslung zu meiner Vortragstätigkeit nahm ich das Angebot an. Jenes Theaterstück gerade in einem Land zu sehen, in dem der Kampf ums Überleben an der Tagesordnung ist, war ausgesprochen bewegend. Schon die spartanische Einrichtung des schlecht gepflegten Theaters spiegelte eine seltsame Mischung aus Eskapismus und Realismus wider. Ebenso war auch die Handlung des Stückes eine Kreuzung aus Fakten und Fantasie. Es war die Geschichte eines jungen Landmannes, der eine hübsche junge Frau aus dem Dorf heiratete. Während das Paar glücklich auf seinem Weg in jenes Dorf war, wo sie sich niederlassen wollten, verfiel der Prinz des Landes, der gerade mit seinen Soldaten durchs Land zog, der Schönheit der jungen Frau. Er verlangte von ihrem Gatten, sie ihm als Palastkonkubine zu überlassen. Der Landmann weigerte sich standhaft, und so nahm der Prinz die Frau mit Gewalt zu sich und zog mit ihr davon.

Bestürzt und traurig eilte der Landmann zum Palast, um den König um sein Eingreifen zu bitten und ihm seine Frau zurückzugeben. Der König aber war empört über die Vorwürfe des Landmannes und behauptete, die Frau wäre aus freiem Willen zu dem Prinzen gekommen, um mit ihm zu leben. Um seine Aussage zu beweisen, befahl der König, die Frau zu einer Anhörung in den Palast zu bringen. Als sie vor ihn geführt wurde, verlangte er, sie solle sagen, wer ihr wirklicher Mann sei. Nun kam der Moment der Wahrheit, und alle im Palast waren auf ihre Aussage gespannt.

Hinter den Kulissen freilich hatte der König der Frau gedroht, wenn sie sich für den Ehemann entscheide, würde man ihn fortbringen und töten. Darum deutete die Frau auf die Aufforderung des Richters voller Furcht und mit zitternder Hand auf den Prinzen als von ihr gewollten Lebenspartner. Der ganze Hof brach in Jubel aus und feierte den König, während der Landmann unter dem Gewicht dieser Ablehnung schier zusammenbrach.

Doch der Priester, der dieses Vorgehen beobachtete, griff ein und verkündete den Anwesenden, dass an diesem Szenario etwas nicht zu stimmen scheine und verlangte eine Untersuchung. „Warum sollte sich ein ganz gewöhnlicher Mann dem Zorn des Königs aussetzen, indem er die Frau des Prinzen für sich beansprucht? Ich habe die perfekte Lösung, um die Wahrheit herauszufinden“, sagte er.

Sodann legte er seinen einfachen Plan dar, bei dem ein, wie er behauptete, sicher wirkendes Wahrheitsserum die entscheidende Rolle spiele. „Ich werde sowohl dem Prinzen als auch dem Landmann die gleiche Dosis dieses Serums verabreichen, und binnen zehn Minuten wird die Wirkung eintreten. Da ja gewiss ist, dass einer von ihnen lügt und für dieses Verbrechen mit dem Tod bestraft werden wird, schlage ich vor, dass jeder der beiden Männer fünf Minuten allein mit der Frau verbringen darf, ohne dass sie sich berühren.“

Ein riesiges Fass, das in der Mitte einer Stange aufgehängt war, wurde auf die Bühne getragen. Es war so groß, dass zwei Personen nötig waren, von denen jeder ein Ende der Stange schulterte. Dann wurden die Anweisungen gegeben. Die Frau sollte das eine Ende der Stange nehmen, und jeder der Männer sollte abwechselnd das andere Ende tragen, sodass das Fass zwischen ihnen wäre. So mussten sie zu einem abgeschiedenen Ort gehen, bevor sie zum Urteil zurückkehrten. Jedem wurden fünf Minuten mit der Frau gewährt.

Als der Prinz mit der Frau zusammen war, beeinflusste er sie die ganze Zeit und drohte erneut mit dem Tod ihres Mannes, falls sie je die Wahrheit sagen würde. Doch als dann die Zeit kam, die sie allein mit ihrem Mann verbringen durfte, war es faszinierend, allein schon die subtilen Andeutungen seiner Liebe zu ihr zu sehen. Er tat sein Bestes, um sich so zu positionieren, dass er den größten Teil des Gewichtes trug und sie vor der Belastung schützte. Während der Zeit, in der sie allein waren, weinte sie, sprach von ihrer unsterblichen Liebe zu ihm und erklärte, sie habe nur gelogen, um sein Leben zu schützen.

„Hätten sie mein Leben bedroht, so hätte ich es hinnehmen können, aber dich sterben zu sehen, das könnte ich nicht ertragen", sagte sie. Er verstand ihre Zwangslage und sagte, er werde aber bei der Wahrheit bleiben.

Bei ihrer Rückkehr wurden sie im Gerichtssaal mit Spannung erwartet, nicht nur von den Höflingen, sondern auch vom Theaterpublikum – gebannt saßen wir alle auf der vordersten Sitzkante. Als alles bereit war, damit das Serum seine Wirkung tun konnte, verkündete der Priester, nun werde die Wahrheit über die Lüge triumphieren. In diesem Moment barst das Fass auf, und heraus sprang ein kleiner Junge, der sich darin versteckt hatte. In der Hand trug er eine Feder und ein Blatt, auf dem er alles notiert hatte, was er während der privaten Gespräche der beiden Männer mit der Frau mit angehört hatte.

Der Junge übergab dem Priester seine Notizen. Der Priester las sie, und während er zusah, wie der Prinz seinen Kopf senkte und auf dem Gesicht des Landmannes das Glück über die wiedergewonnene

Liebe aufstrahlte, verkündete er die Wahrheit. Das Publikum im Theater spendete spontan und jubelnd Beifall, doch im nächsten Moment schon brach die Tragödie herein, als der König seinen Soldaten befahl, jeden zu töten, der der Schilderung des Jungen glaubte.

Jeder im Theater wusste um die Doppeldeutigkeit dieses Stückes. Die Stimme der Wahrheit war in Kambodscha zum Schweigen gebracht worden, und grausame Menschen herrschten über das Land und hielten das Volk in Furcht und Schrecken. Noch lange nachdem das Stück vorüber war, blieb ich schweigend sitzen und dachte über die gemeinsamen Werte hinter diesem Drama nach, die die ganze Menschheit verbinden: die Reinheit der ehelichen Liebe. Der Wert der Wahrheit. Der Ruf, die Unschuldigen zu schützen. Die Bosheit der ungezügelten Macht und die unsterbliche Sehnsucht der Menschen, die Gerechtigkeit dahinströmen zu sehen wie einen Fluss. Diese Dinge sind nicht kulturabhängig. Diese Wahrheiten waren selbst in einem marxistisch dominierten Land für jeden selbstverständlich.

Ich war sehr bewegt von der Geschichte und überwältigt von der fast kindlichen Unschuld, mit der die Leute über die Handlung debattierten, während sie das Theater verließen. Familien dachten über die tieferen Wahrheiten nach. Paare tauschten ihre Meinungen aus, was ihnen an dem Stück mehr oder weniger gefallen hatte. Unüberhörbar war der Posaunenstoß für Ehre und Moral, der hinter der ganzen Handlung steckte. Wer also Schuld lediglich als Kulturmerkmal abtun will, das für manche einen Wert hat, für andere nicht, der übersieht die Realität unserer gemeinsamen Erfahrung.

Bisher haben wir vier Möglichkeiten betrachtet, mit der Schuld umzugehen: Alle Schuld durch Ehrfurchtslosigkeit auszutreiben führt zu einem Leben, das unmöglich zu leben ist. Sie durch Stolz zu ersticken führt uns zu einer verantwortungslosen Haltung. Die Schuld durch Furcht zu verbergen macht das Leben unmöglich zu ertragen. Und die Schuld als kulturell bedingt abzutun macht jede Moral unmöglich zu begründen.

Die Schuld durch die Illusion der Unschuld leugnen

Damit kommen wir zu der fünften und vielleicht heimtückischsten Option. Sie besteht darin, dass man *überhaupt* keine Schuld empfindet, weil man sein Leben so gut wie möglich gelebt hat. Wenn man so anständig lebt, warum sollte man dann Schuld empfinden? Eine Vielzahl von Menschen lebt in einer solchen Illusion der Unschuld. Buße ist in diesem Rahmen ein völlig fremder Gedanke.

In manchen Kulturen, in denen Helden fast wie Götter verehrt werden, ist mir unzählige Male eine Frage gestellt worden, die darauf abzielt, den christlichen Glauben als unfair erscheinen zu lassen: „Wollen Sie etwa behaupten, der Soundso, der doch so ein gutes Leben geführt hat, kommt in die Hölle?"

Die unausgesprochene Frage hinter diesem Rätsel wird oft nicht eingestanden. Denn manche Fragesteller versuchen damit anzudeuten, dass es so etwas wie die Hölle gar nicht gäbe. Ich bin oft versucht zurückzufragen, ob denn der Fragesteller selbst auch so ein gutes Leben geführt hat wie derjenige, dessen Namen er als Inbegriff der Heiligkeit angeführt hat. Wenn die „guten" Menschen von der Hölle befreit sind, was ist dann mit den „bösen"? Wäre der Fragesteller wenigstens damit zufrieden, dass den „Bösen" tatsächlich ein Schicksal in der Gottesferne blüht? Wie viele „Gute" gibt es überhaupt?

Malcolm Muggeridge sagte einmal, die Verderbtheit des Menschen sei die am besten verifizierbare Tatsache schlechthin, aber auch diejenige, der der menschliche Verstand sich am meisten widersetzt. Wenn sich jemand darüber beschwert, dass im Christentum der Himmel denen vorbehalten ist, die auf Christus vertrauen, und somit begrenzt ist, dann schaudert mir bei dem Gedanken, wie wenige Menschen in den Himmel kämen, wenn ihr „Gutsein" das entscheidende Kriterium wäre. Darum frage ich noch einmal: Steckt hinter dieser Anfrage eine verschleierte Leugnung jedes Gerichts? Selbst wo diese Absicht nicht dahinter steht, ist die Antwort darauf aus christlicher Sicht ganz klar. Jesus kam nicht in diese Welt, um aus schlechten gute Menschen zu machen. Er kam in diese Welt, um tote

Menschen lebendig zu machen. Diejenigen, die für Gott tot waren, wurden durch das Wirken des Heiligen Geistes für ihn lebendig gemacht.

Aber es geht noch weiter. Lassen Sie uns noch einmal fragen: Was meinen wir eigentlich mit *gut*? Nur einer hat das Recht zu definieren, was gut ist, und das ist Gott. Die Bibel sagt uns, dass unser Zustand nicht daran gemessen wird, wie wir im Vergleich zueinander dastehen, sondern daran, dass wir dem Maßstab Gottes nicht entsprechen (siehe Römer 3,23). Millionen von Mikroben existieren in unserer Welt, die wir nicht sehen können. Betrachten wir ein Objekt mit einem Mikroskop, so erschrecken wir über die sich uns eröffnende unsichtbare Welt. Welche Sünden und Krankheiten der Seele werden wohl unter Gottes Augen sichtbar, von denen wir selbst keine Ahnung haben?

Eben darum ist das Evangelium keine Botschaft, mit deren Hilfe wir uns unser Heil und unseren Weg zum Himmel verdienen können. Dieser Gedanke ist dem, was Gott uns anbietet, völlig fremd. Wir begehen einen kapitalen Irrtum, wenn wir unsere Verdienste vor Gott nach ihrer Zahl bemessen statt nach unserem Zustand in seinen Augen. Unsere „Verlorenheit“ ist dann am größten, wenn wir glauben, wir hätten Gottes Gnade nicht nötig, nicht dann, wenn wir an irgendeinem teuflischen Plan zur Ausrottung der Menschheit beteiligt sind. Jesus behielt sich seine ernsteste Ermahnung für denjenigen vor, der vor Gott beanspruchte gut zu sein, nicht für den, der über seine Sünde weinte.

Fjodor Dostojewski erzählte die Geschichte einer Frau, die starb und in die Hölle kam. Aufgebracht darüber, dass dies ihre Endstation sein sollte, forderte sie den Himmel heraus, ihr einen Grund zu nennen, wieso sie nicht dort oben sei. Als Petrus ihr Geschrei über diese vermeintliche Ungerechtigkeit hörte, sprach er sie an und sagte: „Nenn du mir einen Grund, warum du im Himmel sein solltest.“

Sie hielt inne, überlegte gründlich und sagte dann: „Einmal habe ich einem Bettler eine Karotte gegeben.“

Petrus sah in seinem Buch nach und stellte fest, dass das tatsächlich stimmte. Es war eine ziemlich magere alte Karotte, aber sie hatte sie tatsächlich dem Bettler gegeben. Petrus sagte ihr, sie solle einen Moment warten, sie würden ihr hinaufhelfen. Er nahm eine lange Schnur, band eine Karotte ans Ende und ließ sie in die Hölle hinab, damit sie sich daran festhalten könnte. Sie klammerte sich daran, und er fing an, sie hochzuziehen. Andere in der Hölle sahen, wie sie allmählich aus ihrer Mitte verschwand, und hielten sich an ihren Knöcheln fest, um auch mitzukommen. Als immer mehr von ihnen sich anklammerten, fing die Schnur an nachzugeben, und sie schrie aus Leibeskräften: „Lasst mich los! Das ist meine Karotte, nicht eure!"

Kaum hatte sie das gesagt, da brach die Karotte.

Selbst die besten Taten können eigennützig sein, und wir alle brauchen die Gnade Gottes, um in seine Gegenwart einzutreten. Die tugendhaftesten Menschen der Welt sind nicht zu tugendhaft, um Gottes Gnade zu brauchen, und niemand ist so tugendhaft, dass er sich das Recht herausnehmen könnte, alleine zu definieren, was das Gute ist. Das ist Gottes Vorrecht. Niemand kann sich vor Gott auf völlige Unschuld berufen.

Damit bleibt uns nur ein Weg, um legitim und vernünftig mit dem Problem der Schuld umzugehen.

Die Schuld der Gnade Gottes anbefehlen

Wie der Hass Eichmanns den Zustand des menschlichen Herzens nachdrücklicher deutlich machte als die erdachte Geschichte von George Steiner – ohne den Realismus beider Geschichten herabsetzen zu wollen –, so bringt auch der wirkliche Vorfall aus dem Leben König Davids zusammen mit der Fiktion des kambodschanischen Theaterstückes die Wahrheit mit doppelter Wucht zur Geltung. Ich spreche von der Geschichte, wie David von dem Propheten Nathan wegen seiner ehebrecherischen Beziehung zu Bathseba zur Rede gestellt wurde.

Nachdem Nathan ihm die Geschichte von dem Mann erzählt hatte, der viele Schafe besaß und dennoch einem anderen sein einziges Lamm raubte, konnte es sich David nicht verkneifen, ein Urteil über diesen herzlosen Dieb zu sprechen. „Dieser Mann hat den Tod verdient!“, sagte er. Das war ein wenig voreilig. David muss unter Nathans Blick vergangen sein, als der Prophet hinzufügte: „Du bist dieser Mann!“ (2. Samuel 12,7).

Denken Sie an die vielen Möglichkeiten, wie David mit seiner Schuld hätte umgehen können. Er hätte Nathan festnehmen und töten lassen können. Er hätte die Schuld Bathseba geben können. Er hätte sich auf das göttliche Recht eines Königs berufen können. Er hätte das siebte Gebot kurzerhand abschaffen können. In der Geschichte haben Könige immer wieder solche Entscheidungen getroffen. Ehrfurchtslosigkeit, Stolz und andere Machenschaften hätten hier ihre Rolle spielen können. Stattdessen fiel er vor Gott auf sein Angesicht nieder und rief aus:

> Du großer, barmherziger Gott, sei mir gnädig,
> hab Erbarmen mit mir! Lösche meine Vergehen aus!
> Meine schwere Schuld – wasche sie ab
> und reinige mich von meiner Sünde!
> Denn ich erkenne mein Unrecht, meine Schuld
> steht mir ständig vor Augen.
> Gegen dich habe ich gesündigt – gegen dich allein!
> Was du als böse ansiehst, das habe ich getan.
> Darum bist du im Recht, wenn du mich verurteilst,
> dein Urteil wird sich als wahr erweisen.
> Seit mein Leben im Leib meiner Mutter begann, liegt Schuld
> auf mir; von Geburt an bestimmt die Sünde mein Leben.
> Du freust dich, wenn ein Mensch von Herzen aufrichtig und
> ehrlich ist; verhilf mir dazu und lass mich weise handeln!
> Reinige mich von meiner Schuld, dann bin ich wirklich rein;
> wasche meine Sünde ab, und mein Gewissen
> ist wieder weiß wie Schnee!
> Du hast mich hart bestraft; nun lass mich wieder
> Freude erfahren, damit ich befreit aufatmen kann! ...
> Du willst kein Schlachtopfer, sonst hätte ich es dir gebracht.
> Dir gefällt nicht, dass man Tiere schlachtet und für dich

verbrennt, um von der Sünde freizukommen.
Ich bin zerknirscht und verzweifelt über meine schwere
Schuld. Solch ein Opfer gefällt dir, du wirst es nicht ablehnen.
Psalm 51,3-10; 18-19

Dies ist wohl der bekannteste Bußpsalm. Hier fand ein Mensch Vergebung und Frieden, nachdem er entsetzliche Schuld auf sich geladen hatte. Das ist kein billiges Gebet der Selbstrechtfertigung. David würde durch die Wunden, die er seinem Volk und sich selbst zugefügt hatte, noch teuer für seine Sünde bezahlen. Er würde jenes Kind verlieren, von dem er sich so sehnlich wünschte, dass es leben würde. Doch Davids Herz wurde wiederhergestellt, indem er die Schwere seiner Sünde erkannte und indem die reinigende Hand Gottes ihn anrührte.

Kommen wir noch einmal zu der tragischen Geschichte von Jim Bakker und der Tragödie des christlichen Fernsehsenders PTL. Ich wüsste keine eindrücklichere und bessere Illustration aus unserer Zeit. Die meisten erinnern sich noch an die Bestürzung, manchmal auch Empörung, die sie empfanden, als die Geschichte bekannt wurde und das Imperium zusammenbrach. Kurz nachdem die unappetitlichen Fakten über unmoralisches Verhalten einiger Leute in der Leitung von PTL und die Art und Weise, wie es gedeckt wurde, an die Öffentlichkeit kamen, brachte der Journalist, der die entscheidende Rolle bei der Enthüllung gespielt hatte, ein Buch heraus, das er voll Ironie und Sarkasmus *Forgiven* (Vergeben) nannte. Der Abscheu, den viele empfanden, blieb nicht verborgen. Wie konnte ein Mensch Vergebung beanspruchen, indem er einfach nur ein paar Worte aussprach, von denen die meisten auf eine Selbstrechtfertigung hinausliefen? Niemand außer den Schuldigen selbst konnte das als fair hinnehmen.

Aber vor einiger Zeit stand ich nur wenige Meter von Mr. Bakker entfernt. Kurz nach seiner Entlassung aus dem Gefängnis sah er nur noch wie ein Schatten seiner selbst aus, als er meist allein dort stand und nur wenige stehen blieben, um ihn zu begrüßen. Es war kaum möglich, nicht etwas von seinem Schmerz zu empfinden, als ich in seine Richtung sah. An jenem Abend sprach er vor der Vereinigung christlicher Buchhändler. Er berichtete von seinem tiefen Fall und von seiner Untreue, die dazu führte, dass er alles verlor – seine Frau, seinen Dienst, seinen Ruf. Er erzählte von einem trostlosen Tag im Gefängnis, als er nur noch schwarz sah. Er war gerade dabei, die Toiletten zu putzen, als man ihm sagte, es sei ein Besucher für ihn da. Als er an sich herabblickte, fragte er sich, ob er in dieser Kleidung und in diesem Zustand wirklich hingehen und jemandem begegnen konnte. Doch als er begriff, dass dies sein wahrer Zustand war – dass sich darin zutreffend widerspiegelte, wie tief er gesunken war –, ging er in den Besuchsraum, ohne zu ahnen, wer sein Gast wohl sein mochte. Wie hätte er auch ahnen können, was ihn erwartete. Er wurde in den Raum geführt und blieb wie vom Hammer getroffen stehen, als Billy Graham auf ihn zukam und ihn umarmte.

Was für eine eindrückliche Illustration der Gnade! Ein Mann, der sich sein Leben lang die Bewunderung von Millionen erworben hat, weil er nie der Verführung des Geldes und der Unmoral erlegen ist, umarmte einen Mann, der sich den Zorn der Massen zugezogen hatte, weil er eben in diesen Bereichen das öffentliche Vertrauen so sehr enttäuscht hatte. Aber wer dabei stehen bleibt, übersieht einen noch wichtigeren Punkt.

Die Gnade der Vergebung Billy Grahams war nur eine Auswirkung der Gnade, die er selbst empfangen hat und die jeder von uns empfängt, wenn wir zu Christus kommen und um Vergebung bitten. Dieselbe Gnade wurde auch Jim Bakker angeboten, noch vor dem Erscheinen des Buches mit dem passenden Titel *I Was Wrong* (Ich war im Unrecht). Dieses Buch hätte zuerst geschrieben werden sollen, und dann erst *Forgiven* – nicht als Ironie, sondern als Lobgesang. Es ist der Gesang einer befreiten Seele.

Die Sünde beschämt uns am meisten, nachdem wir die Gnade der Vergebung empfangen haben, nicht vorher. Wem vergeben wurde, der erkennt die Schwere seiner Sünde umso klarer, nachdem er aufrichtig Buße getan und Vergebung empfangen hat. Gott lädt unsere schreienden Herzen ein, in Buße zu ihm zu kommen. Dadurch wird es möglich, dass unsere Sünde vergeben wird.

Wenn sie durch Ehrfurchtslosigkeit ausgetrieben wird, macht die Schuld das Leben in gegenseitiger Harmonie unmöglich zu leben. Wenn sie vom Stolz erstickt wird, macht sie unser Leben unmöglich zu verantworten. Wenn sie durch Furcht verborgen wird, macht sie den Schmerz unmöglich zu ertragen. Wenn sie als kulturbedingt zurückgewiesen wird, macht sie jede Moral unmöglich zu begründen. Wenn jemand vor Gott absolute Unschuld beansprucht, ist dieser Anspruch unmöglich zu rechtfertigen. *Doch wenn Schuld sich der Gnade Gottes ausliefert, wird es möglich, dass die Sünde vergeben wird.* John Newton wusste, wovon er sprach, als er das Lied *Amazing Grace* schrieb: „Erstaunliche Gnade, wie süß ist der Klang, der einen Bösewicht wie mich errettet hat!"

Simon Wiesenthal steckte in einem echten Dilemma, aber das war auch bei dem Nazi-Soldaten der Fall, der sich verzweifelt nach Vergebung ausstreckte. Man kann nur volles Verständnis für Wiesenthals Zurückhaltung haben, auf so einfache Weise mit einem so großen Verbrechen umzugehen. Doch Gottes Vergebung ist alles andere als eine einfache Sache. Bei all seiner Pracht und Herrlichkeit hatte der Tempel auch seine blutige Seite – das Opfer von Stieren und Böcken in dem Bemühen, Reinigung und Vergebung zu finden.

Ich erinnere mich, wie ich in der indischen Großstadt Kalkutta am Altar im Tempel der Göttin Kali stand. Dort sah ich einen Mann in makellos weißer Kleidung an einem Seil eine kleine Ziege hereinführen. Am Altar wurde die Ziege auf eine Vorrichtung gelegt, die ihren Kopf umfasste. Dann, schneller, als man hinschauen konnte, hatte das Messer des Priesters seine Arbeit getan, und das Tier war geopfert. Aber dann passierte etwas Seltsames. Der Mann legte seinen eigenen Kopf auf dieselbe Stelle, beugte sich herab, berührte etwas von dem frisch vergossenen Blut und wischte sich damit einen Fleck an sein weißes Hemd, bevor er ging.

Ich wandte mich an den hinduistischen Philosophen, der uns dort herumführte, und fragte ihn, was diese symbolische Geste bedeute. Doch er schüttelte die Frage peinlich berührt ab und sagte: „Das bedeutet gar nichts." Ein ziemlich bizarrer Akt, dachte ich, wenn er gar nichts bedeutet.

Darum ging es immer in der Religion. Der Hindu zahlt durch Millionen von Reinkarnationen hindurch sein Karma ab. Der Muslim intoniert hoffnungsvoll: „Insch Allah" – wenn Gott will – und kennt selbst auf dem Sterbebett niemals eine Gewissheit der Vergebung. Doch wer zum Kreuz Christi kommt, der weiß mit Sicherheit, dass seine Schuld beglichen ist. Das ist die Gnade Gottes, die dem Schuldigen gerade ins Gesicht sieht und groß genug ist, ihm zu vergeben. Die Schuld wird vollkommen ausgelöscht.

Die Lösung des Erlösers

Vielleicht ist Ihnen aufgefallen, dass wir auf dem Weg zu einer Lösung, wie wir mit der Schuld umgehen können, einen gewaltigen Abgrund durchschritten haben, bevor wir zur Vergebung durchgedrungen sind. Das Augenmerk hat sich weg von der Schuld verlagert.

Ingmar Bergman hat diesen Abgrund in seinem Film *Wilde Erdbeeren* vielleicht besser eingefangen, als ihm selbst klar war. Es ist die Geschichte eines Professors, der vor einen Richter tritt, um sein Urteil zu empfangen. Der Richter schaut den Angeklagten an und erklärt: „Ich befinde Sie für schuldig."

„Schuldig welchen Vergehens?", fragt der Professor.

„Sie sind der Schuld schuldig", sagt der Richter.

„Ist das etwas Ernstes?", fragt der Angeklagte.

„Sehr ernst", antwortet der Richter.

Denken Sie einen Augenblick darüber nach. Wenn die Schuld alles ist, wo mit wir fertig werden müssen, wohin sollen wir uns wenden? Wie wird man Schuld los?

„Alle Wohlgerüche Arabiens", sagt Lady Macbeth, „würden diese kleine Hand nicht wohlriechend machen."

„Diese Krankheit liegt außer dem Gebiete meiner Kunst", sagt der Arzt.

Religiöse Menschen werden von Reinkarnationen und Ungewissheit geplagt. Wen werden wir an unser Sterbebett rufen? Kann

Schuld einfach mit einem Wort ausgelöscht werden? Wenn man nur den nächsten Schritt gehen und sagen kann: „Ich bin der *Sünde* schuldig", dann kommt die triumphierende Antwort – „Ah! Ich habe einen Erlöser für dich." Er ging ans Kreuz, um diese Strafe zu tragen und den Preis für uns zu bezahlen. Das war nicht billig; es war Gottes unendlich kostbares Geschenk, dass er uns seinen Sohn gab, um die Schuld der Sünde der Welt zu tragen.

Ein Freund erzählte mir vor Jahren davon, was für eine schwierige Lektion es für ihn war, als er den Preis der Vergebung kennen lernte. Er hatte seine Frau und seine Familie betrogen und eine schmerzliche Zeit durchlebt, in der er um Vergebung bat und sich neu ihr Vertrauen erwarb. Irgendwie ging er nach einiger Zeit davon aus, dass auch für sie die Wunden geheilt und die Vergangenheit aus dem Gedächtnis gelöscht war. Eines Tages kehrte er am frühen Nachmittag von der Arbeit nach Hause zurück, um eine Pause zu machen. Er betrat das Haus, und als er hereinkam, hörte er seine Frau, die ihn nicht bemerkt hatte, weinend auf den Knien liegen und Gott bitten, er möge ihr helfen, alles zu vergessen, was ihr dieses Leid zugefügt hatte.

So wurde er grob wachgerüttelt für die Erkenntnis, was Vergebung kostet. Multiplizieren Sie dieses Unrecht mit unendlich, und Sie bekommen eine Ahnung davon, was Christus für Sie und mich am Kreuz getragen hat.

Als das Theaterstück in Kambodscha zu Ende war, fragte ich meinen Dolmetscher: „Da ist so viel schief gegangen. Was fehlte in dieser Geschichte?"

Obwohl er kein Christ war, gab er mir eine Antwort, mit der ich nicht rechnete. Ohne zu zögern sagte er: „Ein Erlöser."

Schuld ist eine reale Lebenserfahrung. Aber solange wir sie nur Schuld nennen, sind wir versucht, sie durch Ehrfurchtslosigkeit, Stolz, Furcht, Ablehnung der Moral oder den Anspruch der Unschuld von uns zu weisen. Erst dadurch, dass wir sie als Sünde eingestehen, kann es zu einer wirklichen Wiederherstellung kommen, denn Schuld ist zuerst ein vertikales und dann erst ein horizontales Problem. Gott ist es, dem wir Leid zugefügt haben, noch bevor wir anderen Menschen Unrecht getan haben. Darum kommt letzten Endes nur Gott das Recht zu Vergebung zu üben. Erst dann wird Schuld vollkommen ausgelöscht. Erst dann kann jemand, dem vergeben wurde, erfahren, was es heißt, Vergebung zu empfangen und seinerseits Vergebung zu üben, wenn ihm Unrecht geschieht. Wir sind es doch alle leid, in einer Welt zu leben, in der die Logik der Unversöhnlichkeit herrscht. Wie großartig ist stattdessen die Vergebung Gottes, die wir persönlich empfangen können.

John Donne hat das in einem Gedicht ausgedrückt:

Vergibst du Sünde, die mit mir begann,
Die meine ist, geschah sie auch vorher?
Vergibst du Sünde auch, die ich getan
Und weiter tu, beklag ich sie auch sehr?
Hast Du's getan, getan ist's nicht sodann,
Denn ich tat mehr.

Vergibst du Sünd, mit der ich manchen Mann
Geworben hab dem Sünder-Söldnerheer?
Vergibst du Sünd, der ich ein Jahr entrann,
Doch nachher in ihr schwelgte umso mehr?
Hast du's getan, getan ist's nicht sodann,
Denn ich tat mehr.

Ich habe die Sündenangst: Wenn ich's verspann,
Mein Lebensgarn, sink ich, Land sehnd, ins Meer.
Sag, dass dein Sohn als Sonne scheine dann
Bei meinem Tod wie jetzt und auch bisher.
Hast du's getan, getan ist's auch so Donne:
Ich fürcht nichts mehr.[43]

5 Freiheit im Vergnügen

MANCHEN MEINER LESER wird die folgende Geschichte bekannt vorkommen. Doch sie hilft mir, die Natur des Themas, um das es jetzt gehen soll, und seine Wichtigkeit deutlicher zu machen. Vor einigen Jahren befand sich unsere Familie auf der Heimreise von Toronto, Kanada. Unsere Tochter Sarah hatte gerade eine sehr kritische und komplizierte Operation in ihrem Innenohr hinter sich. Ihr Kopf war noch völlig in einen Verband eingehüllt. Doch sie machte sehr gute Heilungsfortschritte.

Unterwegs legten wir bei Verwandten eine Pause ein und verbrachten den Nachmittag auf einem Minigolf-Platz, um den Kindern ein bisschen Spaß zu gönnen. Plötzlich kam unser Sohn zu uns gerannt und rief: „Mama! Mama! Komm schnell! Sarah hat sich wehgetan!“

Natürlich befürchteten wir, dass sie sich irgendwie erneut am Ohr verletzt hatte. Doch als wir hinliefen, erwartete uns ein viel erschreckenderer Anblick, den wir bis heute nicht vergessen haben. Sarah kniete auf dem Boden, zwischen den ans Gesicht gepressten Händen rann Blut hervor. Mit schmerzverzerrter Stimme stöhnte sie immer wieder: „Helft mir! Helft mir!“

Jemand hatte mit einem Minigolfschläger ausgeholt und ihr direkt am Auge den Wangenknochen eingeschlagen. Mit dem Krankenwagen brachten wir sie in die Klinik, und tausend Fragen gingen uns durch den Kopf, während wir uns mit der grausigen Möglichkeit konfrontiert sahen, dass sie ein Auge verlieren würde. In seiner unerschöpflichen Gnade ersparte Gott ihr das. Die Notoperation verlief außerordentlich erfolgreich, und es blieb nicht einmal eine Narbe zurück, sodass niemand heute erraten würde, wie kritisch es für einige Zeit um sie stand.

Solche Schreckmomente verändern das Leben.

Erlebnisse, die uns verwunden oder verletzen, kommen im menschlichen Leben millionenfach vor. Aus diesem Grund werden wir immer wieder auf die Frage nach Schmerz und Leid gestoßen. Doch ich zerbreche mir schon lange den Kopf darüber, warum wir zwar hartnäckig nach Gottes Antworten fragen, wenn wir von Leiden befallen sind, aber offenbar nie auf den Gedanken kommen, ebenso eindringlich nach seiner Leitung und Weisheit zu fragen, wenn es um das Vergnügen geht. Es scheint, als wären wir sehr unsicher, ob Gott in unseren Freuden und Vergnügungen überhaupt gegenwärtig ist.

Ist es nicht ebenso bezeichnend für unsere Schieflage, dass die Gesellschaft gemeinhin alle Tragödien als „Taten Gottes“ bezeichnet, es aber versäumt, Gott ebenso die Ehre zu geben, wenn uns etwas Gutes passiert? Das ist die Umkehrung des Dilemmas, in dem Hiob steckte. Er wusste, dass alles Gute von Gott kam. Was ihm Rätsel aufgab, war die Frage nach der Quelle des Schlechten. Wir postmodernen Skeptiker geben Gott die Schuld für alles Schlechte, während wir das Gute auf unser eigenes Konto buchen. Sind wir etwa alle zu der Überzeugung gelangt, Gott habe kein Interesse daran, das Leben angenehm zu machen? Ist der christliche Glaube irgendwie verbogen und umgeformt worden, sodass er jetzt als Freudentöter oder Spaßhemmnis erscheint? Haben wir Freude und Vergnügen jetzt ganz an „die Welt“ abgetreten, sodass uns schon die Vorstellung des Vergnügens als ungeistlich erscheint? Kann Gott uns noch eine breite Palette von Vergnügungen schenken, einschließlich der körperlichen und ästhetischen Freuden, die wir genießen können, ohne das Gefühl zu haben, damit von unserem Weg als Christen abzuweichen?

Wenige Themen haben es nötig, so dringend durchdacht und sorgfältig behandelt zu werden wie dieses. Niemand bestreitet, dass die Vielzahl der Vergnügungen, die unsere Konsumgesellschaft bereithält, in überwältigendem Maß Möglichkeiten eröffnet hat, die früher undenkbar waren. Milliarden werden für die Vergnügungsindustrie ausgegeben, für alles Mögliche vom Schönen bis zum Anstößigen, vom Intellektuellen bis zum Sinnlichen, vom Informativen bis zum Abscheulichen. Klänge, Bilder, Geschmacksrichtungen, Dinge, Leidenschaften und Erlebnisse sind jederzeit zu haben und werden uns in einer glitzernden und verlockenden Palette angeboten. Uns steht die beste Technik zur Verfügung, und es lohnt sich, einmal darüber nachzudenken, was ein kreatives Genie daraus alles machen könnte. Denn schließlich haben wir ja wirklich ein Bedürfnis nach Unterhaltung und Spaß. Das erklärt, warum alles, was die Vorstellungskraft fesselt und anreizt, seit Beginn der Menschheitsgeschichte ein so durchschlagender Erfolg ist.

Nicht alles ist Gold

Da dieses Bedürfnis nach Vergnügen zweifellos vorhanden ist, ergibt sich eine Fülle von Fragen. Wie finden wir echte Freiheit, um das Beste, was das Leben zu bieten hat, zu genießen? Konkreter, wie können wir lernen, über diese Dinge konstruktiv nachzudenken, anstatt pragmatisch zu leben und aus dem Augenblick heraus unsere Entscheidungen zu fällen, ohne sie auf irgendwelche leitenden Prinzipien zu gründen?

Eine besondere Sorge für viele Menschen ist die Ratlosigkeit darüber, wie wir unseren Kindern und Jugendlichen Wegweisung geben können, denn sie leben in einer Welt schier unbegrenzter Möglichkeiten. Welche tiefen inneren Auseinandersetzungen und Fragen müssen sie überschwemmen angesichts des stetigen Stroms aller Dinge, die das Auge und die Vorstellungskraft reizen, während dem Gewissen kaum Nahrung gegeben wird. So werden sie zu dem Glauben manipuliert, dass Appetit jederzeit ein ausreichender Grund ist zu essen, was immer sie wollen. Und schlimmer noch, es werden ständig neue Hungergefühle geschaffen, durch die sie immer mehr Appetit bekommen, und es wird die Illusion erzeugt, all dieser Hunger könnte gestillt werden, wenn man nur alle Zügel abwerfen könnte.

Es schaudert einen, wenn man an den Schaden denkt, der ihnen zugefügt wird, lange bevor sie die Reife und innere Stärke besitzen, um das Gute anzunehmen und die Lügen zurückzuweisen. Die vielfältigen Möglichkeiten des Cyberspace haben selbst Kindern neue

Welten eröffnet. Was für Bilder, Gedanken, Sprachen werden in diese so schutzlosen Köpfe eindringen? Nicht jedes Vergnügen wird mit einer Risikenwarnung geliefert. Weder das Oberste Gericht noch das Gesetz kann den Willen derer ändern, die entschlossen sind, ihre Produkte zu vermarkten, die zügelloses Vergnügen bieten und rücksichtslos Menschenleben zerstören

Aber lassen Sie uns nicht vorgreifen. Ich glaube, wir erweisen uns selbst einen Bärendienst, wenn wir uns allzu leicht auf das nahe liegende Ziel der Unterhaltungsmedien einschießen. Sicher, sie tragen auch ihr Teil bei, aber bei weitem nicht alles. Sie zum Sündenbock zu machen kann ein emotionaler Ausweg aus einem Netz sein, das uns viel zu kompliziert ist und an dem wir alle mitgewoben haben. Außerdem ist das Vergnügen ja nicht nur die Domäne der Unterhaltungsmedien. Die Quellen sind vielfältig, und die Möglichkeiten sind eine Mischung aus schönen und fragwürdigen Dingen.

Eine große Herausforderung

Welche Rolle haben zum Beispiel die Intellektuellen bei diesem Tanz mit einem schrankenlosen Lebensstil gespielt? Waren sie weniger dafür verantwortlich, dass junge Leute ins Straucheln gerieten? Die Wahrheit ist, dass es in der menschlichen Erfahrung nichts mehr gibt, das so vulgär wäre, dass man nicht von irgendwoher einen Pädagogen einfliegen könnte, der es auch noch rechtfertigt. Im Namen der literarischen Freiheit und getrieben von einem gefeierten Relativismus geht alles für normal durch – nennen Sie es einfach „kulturelle Vielfalt“, und schon ist alles entschuldigt.

Als Malcolm Muggeridge vor fast dreißig Jahren von seinem Posten als Universitätskaplan der Universität Edinburgh zurücktrat, war der Anlass eine moralische Auseinandersetzung, ausgelöst vor allem durch die Forderung der Studenten, die Universität möge ihre Versorgung mit Verhütungsmitteln bezuschussen. In seiner Abschiedsrede sagte Muggeridge Folgendes:

> Und so, meine lieben Edinburgher Studenten, dürfte dies wohl das letzte Mal sein, dass ich zu Ihnen spreche, und was ich Ihnen sagen möchte, ist dies – und es ist mir eigentlich egal, ob es Ihnen etwas bedeutet oder nicht, ob Sie denken, es ist etwas Wahres daran, oder nicht. Ich bitte Sie mir zu glauben, dass diese Auseinandersetzung, die ich mit Ihren gewählten Vertretern gehabt habe, nicht das Geringste mit irgendwelchen puritanischen Einstellungen meinerseits zu tun hat. Ich glaube nicht an die Abstinenz um der Abstinenz willen, und ich habe nicht den leisesten Wunsch zu überprüfen, ob Sie etwa in Ihrem Leben und Dasein Erfüllung finden. Aber eines muss ich Ihnen sagen: Worum immer es im Leben gehen oder nicht gehen mag, Betäubung durch Drogen und beiläufige sexuelle Kontakte sind jedenfalls nicht der Weg, es herauszufinden. Wie auch immer wir versuchen ins Unbekannte vorzudringen, ich versichere Ihnen, die Plastikflügel des *Playboy*-Magazins oder der psychedelischen Fantasien werden uns dabei keine Hilfe sein.[44]

Er hätte sich wohl nicht träumen lassen, was die moderne Gelehrsamkeit sogar mit jungen Menschen unterhalb des Studentenalters noch alles anstellen würde. Doch zum Glück schweigt die Pädagogik nicht vollkommen zu diesem Abrutschen. Aus ihren Reihen kommen auch Stimmen die uns warnen und uns aufrufen, sorgfältig zu durchdenken, was uns bevorsteht. Das verdient Beifall und Wertschätzung.

Eine dieser Stimmen, Neil Postman, hatte 1985 im Vorwort seines Buches *Wir amüsieren uns zu Tode*, in dem er George Orwells *1984* und Aldous Huxleys *Schöne neue Welt* gegenüberstellte, Folgendes zu sagen:

> Was Orwell fürchtete, waren Leute, die Bücher verbrennen würden. Was Huxley fürchtete, war, dass es keinen Grund geben würde Bücher zu verbrennen, weil es niemanden mehr geben würde, der welche lesen will. Orwell fürchtete diejenigen, die uns von den Informationsquellen abschneiden würden.

> Huxley fürchtete diejenigen, die uns so viel davon geben würden, dass wir in Passivität und Egoismus fallen. Orwell fürchtete, dass uns die Wahrheit vorenthalten würde. Huxley fürchtete, wir würden zu einer Trivialkultur werden, völlig beschäftigt mit irgendeiner zukünftigen Variante seichter Wohlfühl-Unterhaltung. Wie Huxley in *Wiedersehen mit der Schönen neuen Welt* bemerkte, haben die Bürgerrechtler und Rationalisten, die stets auf der Hut sind, um sich der Tyrannei entgegenzustemmen, „es versäumt, den schier unersättlichen Appetit des Menschen auf Ablenkung zu berücksichtigen". In *1984*, fügte Huxley hinzu, werden die Menschen kontrolliert, indem ihnen Schmerzen zugefügt werden. In *Schöne neue Welt* werden sie kontrolliert, indem man ihnen Vergnügen zufügt. Kurz, Orwell fürchtete, dass das, was wir hassen, uns ruinieren werde. Huxley fürchtete, dass das, was wir lieben, uns ruinieren werde. Dieses Buch handelt von der Möglichkeit, dass Huxley Recht hatte, nicht Orwell.[45]

Ein ungewisser Klang

Postman hat Recht. Aber auch hier müssen wir innehalten und Bilanz ziehen. Die Medien geben ein leichtes Ziel ab. Doch die Wirkung unseres Bildungssystems ist viel beunruhigender. Aber auch das wäre ein allzu leicht verfügbarer Sündenbock für streitbare Moralisten. Angesichts ihrer Ausgangspunkte ist es nicht überraschend, dass diese beiden Institutionen mit solchen Gefahren flirten. In Wahrheit müssen wir uns, statt einfach nur die Medien oder das Bildungssystem zu kritisieren, einer schmerzlichen Erkenntnis stellen: Die Gemeinde Jesu als Ganzes trägt einen Teil der Schuld, weil wir es sträflich versäumt haben, uns fundiert und tief greifend zu diesem Problem zu äußern.

Bestimmte Vergnügungen, ja. Auf die haben wir alle immer wieder eingeschlagen. Aber es herrscht ein offensichtlicher Mangel an Unterweisung, die uns grundlegende Prinzipien an die Hand gibt, mit deren Hilfe wir durch dieses unwegsame Gelände navigieren können.

Fügt man zu diesem Mangel die beunruhigende Wahrheit hinzu, dass eine Umfrage nach der anderen zeigt, dass sich das Privatleben derer, die sich als Nachfolger Christi bezeichnen, und das derer, die das nicht tun, herzlich wenig voneinander unterscheiden, dann wird die Ursache für unsere verfahrene Situation erschreckend deutlich.

Es war ausgerechnet ein desillusionierter Freud, der zu Beginn des zwanzigsten Jahrhunderts sagte: „Im Ganzen habe ich wenig Gutes an den Menschen gefunden. Meiner Erfahrung nach sind die meisten von ihnen Abschaum, egal, ob sie sich öffentlich zu dieser oder jener ethischen Lehre oder zu überhaupt keiner bekennen."[46]

Das ist vielleicht etwas hart und übertrieben, aber es ist nicht ganz abwegig. Wir alle sind, wenn wir ehrlich sind, durch unseren Mangel an klarer Richtung und innerer Stärke in einer Welt voller ständig neuer und vielfältiger Möglichkeiten gestrandet.

Aber wenn Vergnügen legitim sein soll und Gott selbst zu uns über die Weisheit spricht, die wir brauchen, um uns vor Gesetzlichkeit auf der einen Seite zu bewahren und uns dazu frei zu machen, das Leben im besten Sinne zu genießen, dann ergibt sich die Frage: Wie finden wir die Freuden, nach denen sich unsere Herzen sehnen, ohne uns dabei selbst zu Opfern zu machen? Wie können wir das Leben genießen, ohne es dabei zu entheiligen?

Wenn wir erst einmal erahnen, wozu Gott uns einlädt, werden wir feststellen, dass eine Vorstellungskraft, die von Gott in Zaum genommen wird, eine Quelle der Faszination sein kann. Es gibt das Vergnügen des Hörens. Das Vergnügen des Sehens. Das Vergnügen des Schmeckens und Berührens. Das Vergnügen des Fühlens und Wissens, und letzten Endes natürlich auch das Vergnügen des Seins.

Nehmen Sie das schlichte, aber großartige Erlebnis der menschlichen Sexualität in ihrem höchsten Ausdruck zwischen Ehemann und Ehefrau. Eine ziellose Evolution hätte die Seele und den Körper des Menschen niemals mit solchem Entzücken erfüllen können. In seiner Allmacht hätte Gott es einfach bei einem Fortpflanzungsakt bewenden lassen können. Das Wunder eines neuen Lebens wäre

Wunder genug gewesen. Doch stattdessen hat er den Geschlechtsakt mit dem höchsten Genuss der Liebe und der Zärtlichkeit gesegnet. Würde der Gott, der eine solche Ekstase in Reinheit ermöglicht hat, uns seine Wegweisung im Vergnügen vorenthalten? Ihm sei Dank, dass es nicht so ist. Lassen Sie uns die Tiefen ausloten, so gut wir können. Ich glaube, die Antworten, die wir finden werden, wenn wir nun dieser Frage nachgehen, werden sowohl aufregend als auch praktisch sein.

Das Problem eingrenzen

Ein Autor, der sich schon lange vor unserer Zeit mit diesem Thema befasste, war der britische Essayist F. W. Boreham. Schon vor einem halben Jahrhundert brachte er erstaunliche Einsichten zu Papier. Er schildert treffend die Qual, zwischen den gesetzlichen Kasteiungen jener, die alles Vergnügen für einen Fluch des Fleisches zu erklären versuchen, und der undisziplinierten Zügellosigkeit jener, die nur auf Vergnügen und Spaß um ihrer selbst willen aus sind, hin- und hergerissen zu sein. Unser Dilemma formulierte er so:

> Gelächter, Frohsinn und Spaß sollten ganz offensichtlich in dieser Welt eine große Rolle spielen. Dennoch hat die Kirche bei keinem Thema unter der Sonne eine solche Verlegenheit und Verwirrung gezeigt wie bei diesem. Man könnte fast meinen, wir hätten hier einen wichtigen Aspekt der menschlichen Erfahrung entdeckt, über den das Christentum ein sträfliches Schweigen gewahrt hat; eine „terra incognita“, die noch kein furchtloser Prophet erkundet hat; eine stille See, über die kein frommer Abenteurer je gesegelt ist; ein düsteres und unheimliches Land, auf das noch nie eine Sonne schien. Dr. Jowett erzählt uns von dem frommen alten Schotten, der am Samstagabend das Klavier abschloss und die Orgel aufschloss, um dann als letzte Tat am Abend des Sabbats denselben Prozess umzukehren. Das Klavier ist der Sünder; die Orgel die

> Heilige! Dr. Parker machte sich über den Mann lustig, der das Bagatelle-Spiel als Geschenk des Himmels bezeichnete, während er Billard für die erste Stufe zur Verdammnis hielt. Das eine Spiel verdammen wir; es ist „Anathema“ für uns. Das selbe Spiel – oder eine minderwertige Tischversion davon, bewundern wir voll Entzücken. Der eine Christ stürzt sich mit den ausgelassensten Spaßvögeln ins Vergnügen; ein anderer trägt ein Haarhemd und fastet, bis er zum Skelett abgemagert ist. Der eine lebt, als wäre das Leben ein einziger Jahrmarkt; der andere, als wäre es ein einziges Begräbnis. Wir schwenken zwischen der Scylla des Ästhetizismus und der Charybdis der Askese hin und her. Wir schwingen wie ein Pendel von der Zügellosigkeit des Epikuräers zur Strenge des Stoikers, ohne mit dem Verfasser von *Ecce Homo* zu erkennen, dass die Herrlichkeit des Christentums gerade darin besteht, dass es die Absurditäten beider Extreme verneint und die herausragenden Eigenschaften beider miteinander verbindet. Wir erlauben, ohne zu wissen, warum wir erlauben; wir verbieten, ohne zu wissen, warum wir verbieten. Wir verschlimmern Sünden, die uns selbst versuchen, indem wir solche ohne Reiz verfluchen. Wir treiben ohne Karte oder Kompass auf hoher See. Unsere Theorien über das Vergnügen sind hoffnungslos verwirrt. Gibt es denn keine verbindliche Lehre über das Vergnügen? Gibt es keine Philosophie des Spaßes? Es muss sie geben! Und es gibt sie auch![47]

Gibt es keine Lehre über das Vergnügen? Gibt es keine Philosophie des Spaßes? So fragt Boreham. Hört sich das nicht an wie eine Aneinanderreihung von Widersinnigkeiten? Lehre und Vergnügen. Philosophie und Spaß. Doch zum Glück gibt es tatsächlich eine Lehre des Vergnügens, denn Vergnügen ist nicht nur ein Resultat – es hat auch seine Grenzen. Sie dienen nicht so sehr dazu uns einzuschränken als vielmehr uns vor Versklavung zu schützen. Es gibt eine Philosophie des Spaßes, denn Spaß ist nicht nur eine körperliche Aktivität, sondern basiert auf Dingen, die man durchdacht hat. Und im Gegensatz zu vielen Vorurteilen kann auch Denken Spaß machen. Die Bibel spricht möglicherweise viel mehr über das Vergnügen als über das Leid, denn die Wahrheit ist, dass das Gefühl der Sinnlosigkeit letzten Endes nicht daher kommt, dass man des Leides überdrüssig ist, sondern des Vergnügens. Salomo setzte sich mit diesem Problem vielleicht mehr auseinander als irgendjemand sonst. Er war ein Experte für Vergnügen. Doch er kam zu einigen festen und sicheren Schlussfolgerungen:

> Also sagte ich mir: „Versuch fröhlich zu sein und das Leben zu genießen!“ Doch ich merkte, dass auch dies sinnlos ist. Mein Lachen erschien mir töricht, und das Vergnügen – was hilft es schon?
> Da nahm ich mir vor, mich mit Wein zu berauschen und so zu leben wie die Unverständigen – doch bei allem sollte die Weisheit mich führen. Ich wollte herausfinden, was für die Menschen gut ist und ob sie in der kurzen Zeit ihres Lebens irgendwo Glück finden können.
> Ich schuf große Dinge: Ich baute mir Häuser und pflanzte Weinberge. Ich legte Ziergärten und riesige Parks für mich an und bepflanzte sie mit Fruchtbäumen aller Art.
> Ich baute große Teiche, um den Wald mit seinen jungen Bäumen zu bewässern. Ich erwarb Knechte und Mägde zu denen hinzu, die schon lange bei uns lebten und zu Zeiten meines Vaters in unserem Haus geboren wurden. Ich besaß größere Rinder- und Schafherden als alle, die vor mir in Jerusalem regiert hatten. Meine Schatzkammern füllte ich mit Silber und Gold, mit Schätzen aus anderen Königreichen. Ich ließ Sänger und Sängerinnen an meinen Hof kommen und hatte alle Frauen, die ein Mann sich nur wünschen kann.
> So wurde ich berühmter und reicher als jeder, der vor mir in Jerusalem regiert hatte, und meine Weisheit verlor ich dabei nicht. Ich gönnte mir alles, was meine Augen begehrten, und erfüllte mir jeden Herzenswunsch. Meine Mühe hatte sich gelohnt: Ich war glücklich und zufrieden.

> Doch dann dachte ich nach über das, was ich erreicht hatte,
> und wie hart ich dafür arbeiten musste, und ich erkannte:
> Alles war letztendlich sinnlos – als hätte ich versucht,
> den Wind einzufangen! Es gibt auf dieser Welt keinen
> bleibenden Gewinn.
> Der Prediger Salomo 2,1-11

Als der Romanautor Jack Higgins gefragt wurde, was er von seinem heutigen Wissen und seinen Erfahrungen gern schon als junger Mensch gewusst hätte, sagte er: „Ich wünschte, jemand hätte mir damals gesagt, das oben an der Spitze nichts ist."

Salomo hat das auf viel radikalere Weise schon vor langer Zeit bewiesen.

Hier sehen wir unser erstes Warnsignal. Ist es nicht überraschend, dass Salomo nach Jahren des Experimentierens, in denen er sich alles gönnte, worauf sein Auge fiel, zum dem Schluss kam, dass sein Leben des schrankenlosen Vergnügens ihn leer und zynisch werden ließ? War er denn nicht das Vorbild aller Vergnügungssüchtigen? Er führte den Hedonismus auf neue Höhen.

Das siebte Kapitel des Buches der Sprüche ist ein dramatisches Mahnmal seiner eigenen Verstrickungen. Doch lassen Sie uns eines beachten: Salomo lebte nicht in einem Harem der Sinnlichkeit; er war ein künstlerisches Genie. Er war ein produktiver Schriftsteller und schwang sich zu großen literarischen, architektonischen, musikalischen und philosophischen Höhen auf. Tausende von Sprichwörtern und Liedern flossen aus seiner Feder. Wir schätzen ihn falsch ein, wenn wir vergessen, dass er ein ungeheuer kreatives Potenzial hatte. Noch Jahrtausende später sehen wir die Überreste seiner Werke.

Doch in diesen Worten nahm Salomo alle diejenigen vorweg, die seiner Lebensweise folgen würden. Seine Erfahrung hat sich in Tausenden von Menschenleben wiederholt. Schrankenloses Vergnügen plündert seine Liebhaber aus wie ein Pornoverleger, der impotent geworden ist, oder ein Spieler, der aus seiner eigenen Tasche stiehlt.

Genau diesen Gedanken unterstreichen die Psychologen Frank Minirth und Paul Maier in ihrem Buch *Wieder Freude am Leben*:

> Außerdem ist klarzustellen, dass nach unserer Überzeugung viele Menschen das Glück wählen und es dennoch nicht erlangen. Der Grund ist, dass sie zwar glücklich sein wollen, aber den inneren Frieden und die innere Freude an den falschen Stellen suchen. Sie suchen das Glück in materiellen Gütern und finden es nicht. Sie suchen die Freude in sexuellen Höchstleistungen und finden nichts als flüchtige Vergnügungen und bittere, lange währende Enttäuschungen. Sie suchen innere Erfüllung, indem sie sich Machtpositionen in ihrer Firma, in der Regierung oder auch in ihren Familien erkämpfen (durch übertriebene Machtausübung), doch sie bleiben unausgefüllt. In meine Praxis kommen millionenschwere Geschäftsleute und erzählen mir, sie hätten große Häuser, Jachten, Anteile an Feriensiedlungen in Colorado, nette Kinder, eine schöne Geliebte, eine ahnungslose Ehefrau, eine gesicherte Position in der Firma – und Selbstmordgedanken. Sie haben alles, was diese Welt zu bieten hat – außer innerem Frieden und innerer Freude. In meine Praxis kommen sie als letzter Ausweg und bitten mich, ihnen dabei zu helfen, den Drang zum Selbstmord zu überwinden. Warum? Die Antworten sind nicht einfach. Der Verstand und die Gefühle des Menschen sind ein sehr kompliziertes, dynamisches System.[48]

Diese Ironie ist eine Realität, die für gewöhnliche Sterbliche sehr schwer zu erfassen und zu glauben ist. Schon dies allein sollte uns veranlassen innezuhalten und uns bewusst zu machen, dass es da, wo ungezügeltes Vergnügen herrscht, umso notwendiger ist Antworten zu finden, damit unser Leben nicht in der inneren Leere versickert.

Die Weisheit, die wir suchen

Doch Salomo gibt uns einen sehr wertvollen Hinweis, der uns in die richtige Richtung führen kann. „Unter der Sonne", sagt er, war alles „ein Haschen nach Wind." „Unter der Sonne" kann man verstehen als eine Existenz unabhängig von Gott, in der es keinen Input von außen gibt – ein geschlossenes System. Was bleibt den säkularen Medien anderes übrig, als immer schrillere Cocktails für die Sinne anzurühren, wenn nun einmal ihre Philosophie unter der Sonne geboren ist? Was bleibt dem säkularen Bildungssystem anderes übrig, wenn ihre ganze Intelligenz in einem geschlossenen System gefangen sitzt?

Doch für den Christen hat Gott gesprochen. Unsere Theorie des Vergnügens ist nicht unter der Sonne geboren, sondern sie kommt von ihm, von dem der Psalmist sagt: „Himmel und Erde sind Zeichen deiner Macht" (Psalm 8,2) und der uns seinen Sohn gesandt hat, dessen Leben der Maßstab für alles ist, was gut ist. Und er sprach von einer Freude, die alles übersteigt, was diese Welt unter der Sonne zu bieten hat.

Bei seinem Versuch seine eigenen Fragen – „Gibt es denn keine verbindliche Lehre über das Vergnügen? Gibt es keine Philosophie des Spaßes?" – zu beantworten, nannte F. W. Boreham drei grundlegende Prinzipien, die uns aus seiner Sicht die Weisheit vermitteln können, die wir in all unseren Wahlmöglichkeiten brauchen. Natürlich bezieht er sie aus der Heiligen Schrift. Ich werde sie vorstellen, ausführen und dann erweitern.

Legitimes Vergnügen

Sein erstes Prinzip bezieht Boreham aus einem sehr entlegenen Bibelabschnitt. Der spricht zwar nicht direkt von dieser Frage, aber das Prinzip darin ist klar erkennbar. Der Hintergrund ist die Geschichte von Gideon, der sich anschickt, gegen die Midianiter zu kämpfen. In Richter 7 wird uns von der bevorstehenden Schlacht berichtet. Die Israeliten hatten eine Armee von beeindruckender Größe versammelt, denn sie wollten sich ihres Sieges sicher sein; doch Gott trat ihnen mit einer überraschenden Aussage in den Weg. Er sagte Gideon, seine Armee von zweiunddreißigtausend Mann sei einfach zu groß, und er müsse die Zahl drastisch reduzieren. Als Gideon allen Männern, die sich vor dem Kampf fürchteten, die Erlaubnis gab sich zu entfernen, nahmen zweiundzwanzigtausend das Angebot an und gingen.

Aber Gott sagte: „Du hast immer noch zu viele.“

Und dann kam der überraschende Moment, in dessen Folge Gideon nur noch dreihundert Soldaten blieben: Er legte eine Marschpause ein, um sie aus einem nahe gelegenen Fluss trinken zu lassen. Die Art und Weise, wie sie tranken wurde, ohne dass sie etwas davon ahnten, zum Auswahlkriterium. Wir werden auf die Unterschiede in der Methode der Wasseraufnahme nicht eingehen, sondern uns auf die subtile, aber konkrete Wahrheit konzentrieren, die sich daraus ergibt.

Dies ist das Prinzip: Es war völlig in Ordnung, eine Pause einzulegen, um einen Schluck Wasser zu trinken. Das war eine Erfrischung, die sie nicht von dem Grund, aus dem sie unterwegs waren, oder von ihrem Ziel ablenkte. *Jedes Vergnügen, das uns erfrischt, ohne uns zu schwächen, uns abzulenken oder uns von unserem Ziel abzubringen, ist ein legitimes Vergnügen.*

Die offensichtliche Bedeutung ist, dass es eine fundamentale Voraussetzung für die Definition jedes legitimen Vergnügens im Leben gibt, jeder Freiheit, die wir genießen: zuerst einen Sinn und ein Ziel für unser Leben finden. Alles Vergnügen beruht auf dem Grund, aus dem Sie oder ich überhaupt existieren. Wenn wir nur diese Wahrheit begreifen könnten, wie viele Stunden des Kummers könnte uns das ersparen. Gottes Absicht war es nie, dass wir das Leben auf einer *Ad-hoc*-Basis leben und jede Gelegenheit als isolierte Entscheidung nutzen. Das Leben soll kein Partytablett mit Appetithäppchen sein, das uns vorgesetzt wird und von dem wir uns bedenkenlos aussuchen können, was uns gerade am besten schmeckt; es muss zuerst definiert werden. Und auf der Grundlage dieser Definition sollen wir die richtigen Entscheidungen treffen, die uns wirklich Freude bereiten und uns nicht zerstören. Unsere grundlegende Lebensphilosophie muss der Bezugsrahmen für all unsere Entscheidungen sein. Das ist es, was uns hilft, zwischen Erfüllung und Enttäuschung, zwischen Spaß und Zerstörung zu unterscheiden.

Jede Firma definiert als Erstes ihren Firmenzweck, dann errichtet sie ihre Struktur und die Mittel, mit denen diese Mission am besten zu erfüllen ist. Auch im Leben muss der Zweck und das Ziel zuerst klar sein, bevor wir herausfinden können, wie wir am besten leben.

Das war die Überlegung hinter der Aussage des dänischen Philosophen Sören Kierkegaard, er habe gelernt, das Leben rückwärts zu definieren und vorwärts zu leben. Damit meinte er, dass das Ziel, das er anstrebte, ihm die Richtung vorgab, die er wählte. Er ging von einem endgültigen Zustand des Lebens aus und entschied von dort ausgehend, welchen Weg er in der Gegenwart wählen sollte. Das ist die legitime Art, eine Reise zu beginnen.

Ich erinnere mich, wie ich, als ich in Indien aufwuchs, einmal an einer seltsamen Veranstaltung während eines Sportfestes teilnahm, die sich „das langsame Fahrradrennen“ nannte. Ziel des Rennens war nicht der schnelle Antritt, sobald der Startschuss ertönte, sondern so langsam zu fahren wie möglich. Am besten war es sogar, wenn man einfach mit dem Fahrrad stehen bleiben konnte, ohne mit den Füßen den Boden zu berühren. Mit anderen Worten, bei diesem Rennen ging es darum als Letzter ins Ziel zu kommen. Manche waren so geschickt darin auf der Stelle zu bleiben, dass die Distanz des Rennens nur wenige Meter betrug.

Ich stelle mir vor, wie ein Besucher, im eigenen Land ein erfolgreicher Radrennfahrer, vorbeikommt, die Fahrer am Start Aufstellung nehmen sieht und denkt: „Ich wünschte, ich könnte an diesem Rennen teilnehmen und diesen Anfängern mal zeigen, wie man Radrennen fährt!“ Angenommen, man böte ihm aus Höflichkeit die Gelegenheit dazu, stellen Sie sich nur seine völlige Verblüffung vor, wenn er beim Startschuss davonrast, Sekunden später das Zielband durchreißt und sich dann umdreht und den Rest des Feldes immer noch auf der Startlinie bewegungslos auf den Rädern balancieren sieht. Und stellen Sie sich dann seinen Schock vor, wenn er entdeckt, dass er der *Letzte* ist, weil er als *Erster* durch die Ziellinie geschossen ist.

Es lohnt sich, das Ziel eines Rennens oder auch des Lebens zu kennen, damit man nach den Regeln spielen und gewinnen kann.

Susannah Wesley hatte genau dieses Ziel im Sinn, als sie die Frage ihres Sohnes John beantwortete, was Sünde sei. Bedenken Sie, dass sie neunzehn Kinder hatte; deshalb wählte sie ihre Worte mit Bedacht, denn ihr war bewusst, dass sie in ihrem Haus eine richtige kleine Gemeinde heranzog. Sie sagte:

> Was immer deine Vernunft schwächt, die Empfindsamkeit deines Gewissens beeinträchtigt, dein Bewusstsein für Gott verdunkelt oder dir die Freude an geistlichen Dingen nimmt; kurz, wenn irgendetwas die Macht des Fleisches über den Geist steigert, dann wird es für dich zur Sünde, wie gut es an und für sich auch sein mag.[49]

Wenn es das Hauptziel des Lebens ist näher zu Gott zu kommen, dann muss man manchmal sogar auf das Gute zugunsten des Besten verzichten.

Das Ziel aus dem Blick verlieren

Nur wenige Gestalten der Bibel lösen so viel Bestürzung aus wie Simson. Sein wiederholtes Scheitern lag in seiner Unfähigkeit, sein Leben in Einklang mit dem Zweck zu bringen, für den Gott ihn gemacht hatte. Wir lesen in Richter 13, dass seine Eltern Besuch von einem Engelsboten bekamen, der sie über die einzigartige Rolle informierte, die Gott Simson zugedacht hatte. Kindererziehung ist eine herausfordernde und das ganze Leben in Anspruch nehmende Aufgabe. Wie viel größer ist der Druck, wenn man einen Menschen prägen muss, von dem man weiß, dass er seinerseits die Geschichte prägen wird. Mit dieser ernsten Aufgabe vor Augen lehrten sie ihn den unschätzbaren Wert verantwortungsvoller Entscheidungen zu würdigen.

Doch Simson schaffte es nie seine Leidenschaften zu zähmen und unter die Kontrolle seiner Lebensberufung zu bringen. Er kam vom Weg ab, als er sich in eine Philisterfrau verliebte, und forderte von seinen Eltern: „Sorgt dafür, dass ich sie heiraten kann!“

Der Tonfall und die willkürliche Forderung Simsons sprachen Bände. Sein Vater beschwor ihn daran zu denken, dass Gott ihn zu dem konkreten Auftrag berufen habe, sein Volk vor der Bedrohung durch die Philister zu schützen. Wie konnte er einen Interessenkonflikt vermeiden, wenn er eine Frau heiratete, die ausgerechnet zu ihren eingeschworenen Feinden gehörte, vor denen er sein Volk schützen sollte? Simson missachtete die Warnung und überschritt die Grenze.

Einige Zeit später kam er ins Straucheln, als er sich ins Bett einer Prostituierten locken ließ. Er stürzte und ruinierte sich, als Delila so lange mit ihm spielte, bis er seinen Schwur vor Gott brach. Die Bibel berichtet uns von dem Moment der Abrechnung, der dann kam. Nachdem er alle seine Überzeugungen eine nach der anderen kompromittiert hatte, glaubte er in seiner Vermessenheit, er hätte immer noch die Kraft, die Gott ihm verliehen hatte. Stattdessen wurde er von seinen Feinden gedemütigt. Welche Ironie lag in jenem letzten Moment, als er die Augen eines jungen Burschen brauchte, der ihn zu den Säulen des Philistertempels führte. All dies nur, weil er Gottes Ziel für sein Leben aus den Augen verloren hatte.

Wenn ein Mensch nicht begreift, dass das Ziel des Lebens den Lebensstil bestimmen muss, dann ist der Lebensstil selbst eine hohle Sache, und das Leben wird vergeudet. Simson hätte nicht an den Orten sein sollen, die er frequentierte, und er hätte sich nicht mit den Menschen einlassen sollen, die sein Verderben wurden.

Diese schlichte Tatsache hat tief greifende Konsequenzen. Die Orte, die wir aufsuchen, die Freundschaften, die wir eingehen, die Sprache, die wir verwenden, die Fernsehsendungen, die wir uns anschauen, die Bücher, die wir lesen, die Gedanken, denen wir uns hingeben – sie alle müssen in Übereinstimmung mit dem Ziel gebracht werden, zu dem wir von Gott berufen sind. Ein Bankmanager, der einen Unbefugten dabei erwischt, wie er in den vertraulichen Dokumenten eines anderen herumschnüffelt, hat allen Grund, diese Person zur Rede zu stellen. Wenn wir uns diese einfache Frage jede Woche ein Dutzend Mal stellen, wird sich zeigen, ob es Orte und Gewohnheiten gibt, die nicht im Einklang mit unserem Lebensauftrag stehen.

In der indischen Stadt, in der ich aufwuchs, hatte ich einige sehr enge Freunde. Als wir ins Teenageralter kamen, kam ein Zeitpunkt, an dem wir alle vor der Herausforderung standen, eine ernsthafte Lebensübergabe an Christus zu vollziehen. Einige taten das, und einige taten es nicht. Wieder andere entschieden sich in zwei Welten auf einmal zu leben. Im Lauf der Jahre verschlug uns das Leben in unterschiedliche Himmelsrichtungen, und ich hatte mich in den Vereinigten Staaten niedergelassen. Viele Jahre später besuchte ich meine Heimatstadt, und die Mutter einer der jungen Frauen, die ich gekannt hatte und die die Entscheidung getroffen hatte, in zwei Welten zu leben, fragte, ob ich vorbeikommen und ihre Tochter besuchen wolle. Man sagte mir, sie sei in einem sehr traurigen Zustand. Sie hatte versucht, sich das Leben zu nehmen und war seither bettlägerig und pflegebedürftig.

Auf das, was mich dort erwartete, war ich nicht vorbereitet. Ich kam bei ihr zu Hause an und wurde von der Mutter begrüßt, die mich sofort in das Zimmer der jungen Frau führte. Ich hatte sie seit mehr als zwanzig Jahren nicht gesehen. Als ich ihre zerbrechliche, abgemagerte Gestalt sah, sank mir das Herz. Sie wurde über einen Infusionsschlauch ernährt und brauchte ständig eine Krankenschwester bei sich. In diesem Zustand war sie nun schon seit über einem Jahr. In meinem Geist stiegen unzählige Erinnerungen an glücklichere Tage auf.

Ich weiß nicht, ob sie mich hören konnte, aber als ich ihren Namen nannte, reagierte sie sehr aufgeregt, wälzte sich hin und her und stieß ein paar unverständliche Laute hervor, die mehr ein Grunzen und Gurgeln als alles andere waren. Sie bot wahrhaftig einen erbärmlichen Anblick. Innerlich rang ich mit der Frage: „Was ist passiert? Warum bist du in einem solchen Zustand?“

Oberflächlich lag die Antwort auf der Hand. Sie und ihre Mutter hatten sich gestritten, und in einem unbeherrschten Wutanfall hatte sie sich im Badezimmer eingeschlossen und eine Überdosis Medikamente genommen. Erst eine ganze Weile später merkte ihre Mutter, dass etwas nicht stimmte, und brach die Tür auf. Sie fand ihre Tochter bewusstlos vor. Man brachte sie sofort ins Krankenhaus, aber was hier in diesem Bett lag, war alles, was man von ihr retten konnte. Mit den Folgen dieser impulsiven Tat mussten nun ihre verwirrten Kinder, ihr verzweifelter Ehemann, eine von Schuldgefühlen geplagte Mutter und ihre untröstlichen Freunde leben.

Man hat Verständnis dafür, dass es im Leben unglückliche Zusammenstöße zwischen Menschen gibt. Offenbar reagieren manche Temperamente derartig impulsiv auf jeden Konflikt. Aber war denn ein Streit oder eine Enttäuschung so unüberwindlich, dass sie all diejenigen vergaß, die ihre Liebe brauchten und denen ihr Leben kostbar war? War das Leben solch ein Wegwerfartikel, dass man es wegen eines Streits einfach zerstörte? Irgendwo im Prozess ihrer Entscheidungen hatte sie sich von einem klaren Lebensziel entfernt, und ihr ausgemergelter Körper verriet einen verlorenen oder zumindest wahnsinnigen Geist. Ein Leben, das Gott so kostbar war, lag nun da als Schatten seiner selbst, und der Tod musste wie eine willkommene Erlösung wirken.

Ziel und Sinn! Der entscheidende Haken, an dem der Rest des Lebens hängt. Ein teurer Irrtum, wenn dieser Haken nicht fest verankert ist.

Manchmal entscheidet sich die ganze Zukunft eines Menschen durch einen momentanen Ausrutscher. Zehntausende junger Menschen könnten sich ein ganzes Leben voller Reue ersparen, wenn sie sich bewusst machen würden, wie ein paar Minuten schon die Zukunft beeinflussen oder prägen können. Das Leben selbst wird manchmal innerhalb von Sekunden geformt oder verspielt. Bei so unbegrenzten Möglichkeiten müssen wir uns das Prinzip fest ins Bewusstsein prägen: *Alles, was uns erfrischt, ohne uns zu schwächen, uns abzulenken oder uns von unserem Ziel abzubringen, ist ein legitimes Vergnügen.*

Illegitimes Vergnügen

Das zweite Prinzip, das Boreham uns nennt, ist aus 2. Samuel 23 entnommen. Dieser Abschnitt ist sicher vielen bekannt. Er schildert eine Episode, als David, verfolgt von den Philistern, sich in einer Höhle in Adullam versteckte. In einer schwülen Nacht dachte er an die Behaglichkeit seines Zuhauses und äußerte einen schlichten Wunsch, eigentlich einen ganz harmlosen Wunsch – den Wunsch nach einem Trunk aus einem bestimmten Brunnen in Bethlehem. Aber dieser Wunsch ließ sich nicht erfüllen, denn in Bethlehem lagerte eine Garnison der Philister.

Doch als sie seinen Seufzer hörten, ließen sich drei seiner mächtigsten Kämpfer aus Liebe zu ihm etwas einfallen und schmiedeten einen Plan. In einer Nacht- und Nebel-Aktion, bei der sie ihr eigenes Leben riskierten, schlichen sie sich durch die Linien der Philister, holten etwas Wasser aus dem Brunnen und kehrten sicher mit dem Überraschungsgeschenk zu David zurück.

Man kann sich Davids Gesicht nur ausmalen, als er dieses Geschenk empfing. Ihre Hingabe an ihn und ihre Bereitschaft, ihr Leben zu riskieren, um seinen Wunsch zu erfüllen, überwältigten ihn. Er hob das Wasser an die Lippen, doch dann, bevor er es trinken konnte, ließ er es langsam wieder sinken und goss es auf den Boden. „Der Herr bewahre mich vor einer solchen Tat! Da könnte ich ja gleich das Blut dieser Männer trinken, die ihr Leben aufs Spiel gesetzt haben, um mir das Wasser zu holen!" (2. Samuel 23,17).

Mit diesen Worten versagte er sich dieses Vergnügen.

Davids Handeln ist bewundernswert. Er fand, dass seine eigene Befriedigung eines so vorübergehenden Bedürfnisses nicht Grund genug war, um das Leben anderer in Gefahr zu bringen. Das führt uns zu unserem zweiten Prinzip: *Jedes Vergnügen, das das heilige Recht eines anderen in Gefahr bringt, ist ein illegitimes Vergnügen.*

Aber lassen Sie uns hier innehalten, damit wir nicht die monumentale Bedeutung dieses einfachen Prinzips übersehen. Hätte David dasselbe auch Jahre zuvor berücksichtigt, als er seinen begehrlichen Blick auf Bathseba richtete, so wäre vielleicht die ganze

Geschichte des Alten Testamentes anders verlaufen. Er wusste, als er sie in seinen Palast brachte, das er dem Uria sein heiliges Vorrecht raubte, seine Frau für sich allein zu haben. Dieser impulsive Akt führte schließlich zu einem Mord und zu einer unermesslichen Tragödie.

Als ich das erste Mal auf dieses Prinzip aufmerksam wurde, empfand ich eine große Erleichterung und Zuversicht, dass es sehr leicht sein würde, einen solchen Fehler zu entdecken und sich davor zu schützen. Warum sollte man einem anderen sein heiliges Recht vorenthalten? Doch je mehr ich darüber nachdachte, desto deutlicher wurde mir die subtile Natur dieser Falle. Die persönliche Anwendung wurde mir bewusst, als ich von einem Vorfall las, den ich zuerst gar nicht glauben konnte. Die Geschichte wurde von Rich Wilkerson erzählt, der gerade einen Vortrag in einer High School gehalten hatte, als der Schulleiter auf einen von Wilkersons Freunden zukam und ihm diese Geschichte erzählte.

Wie er sagte, hatte es an der Schule im Jahr zuvor einen Schüler in der achten Klasse gegeben, dessen Situation der ganzen Schulgemeinschaft großen Kummer bereitete. Ganz plötzlich und ohne erkennbaren Grund kam der dreizehnjährige Junge jeden Tag eine Stunde zu spät zur Schule.

„Ich konnte den Jungen einfach nicht dazu bringen pünktlich in die Schule zu kommen. Zuerst schickte ich Briefe an seine Eltern. Am nächsten Tag brachte er den Brief von seinen Eltern unterschrieben zurück – eine Stunde zu spät!“, sagte der Direktor. „Als Zweites verpasste ich ihm eine Abreibung. Am nächsten Tag erschien er in der Schule – eine Stunde zu spät.“

Welche disziplinarischen Maßnahmen die Lehrer auch versuchten, am folgenden Tag kam der Junge trotzdem wieder die Stunde zu spät. Schließlich schlossen sie ihn für einige Tage vom Unterricht aus. Am ersten Tag danach erschien er wieder in der Schule – eine Stunde zu spät.

„Ich konnte es einfach nicht mehr ertragen, und so wandte ich mich an das Sozialamt. Die Sozialarbeiter begleiteten mich zu dem Jungen nach Hause. Wir gingen auf die Haustür zu und klopften.

Niemand antwortete. Also drehte ich den Türknauf. Es war offen; wir traten ein, und was wir dort vorfanden, war kein schöner Anblick. Wir fanden heraus, dass die Eltern des Jungen zwei Monate zuvor, während er in der Schule war, ihr Zuhause verlassen hatten."

Sie hatten einen reichlichen Vorrat an Lebensmitteln in den Regalen und im Kühlschrank zurückgelassen, aber sie selbst waren weg. Der Junge hatte keine Ahnung, wo sie waren. Er fühlte sich verlassen und verraten und hatte sich geschämt, der Schulleitung davon zu erzählen. So holte er nun jeden Tag seine achtjährige Schwester und seinen sechsjährigen Bruder aus dem Bett, sorgte dafür, dass sie sich wuschen und anzogen und brachte sie dann zu Fuß in ihre Grundschule, die drei Kilometer weit entfernt war. So sehr er sich auch bemühte, danach konnte er nie schnell genug rennen, um früher als eine Stunde zu spät in seine eigene Schule zu kommen.[50]

Der subtile Verrat

Die Frage lag auf der Hand – wie konnten diese Eltern so verantwortungslos und grausam sein? Aber dann wurde mir persönlich unbehaglich. Nein, natürlich würde ein normaler Mensch nie so herzlos sein, seinen eigenen Kindern so etwas anzutun. Aber Verantwortungslosigkeit gibt es nicht nur in Form einer so rücksichtslosen Entscheidung. Oft hat es raffiniertere oder subtilere Formen, wenn wir unsere Kinder um unseres persönlichen Gewinns oder Vorteils willen vernachlässigen.

Hören Sie sich zum Beispiel an, was die Psychologen Minirth und Meier über die hohe Rate an Depressionen unter besonders erfolgreichen Leuten und über das Netz selbstbezogener Entscheidungen sagen, das dahinter steckt:

> Von allen Persönlichkeitstypen in unserer Kultur gibt es einen, für den die Wahrscheinlichkeit, irgendwann in seinem Leben an Depressionen zu leiden, größer ist als für andere. Dieser Typ ist der „Perfektionist" – ein Mensch, der aufopferungsvoll, über-

> mäßig gewissenhaft, übermäßig pflichtbewusst, fleißig und häufig sehr religiös ist. Die Psychiater nennen diesen Typ die „obsessiv-kompulsive“ oder zwanghafte Persönlichkeit. Die meisten Laien nennen ihn einen Perfektionisten, „Workaholic“ oder einen hingegebenen Diener. ... Viele finden das überraschend. ... Wer jedoch in die Tiefe der unbewussten Wirkungsmechanismen des Menschen geforscht hat, der bemerkt, dass es durchaus fair ist. ... Jene hingegebenen Diener der Gesellschaft, die unter Depressionen leiden, haben genauso mit ihrer persönlichen Selbstsucht zu kämpfen wie der Tagedieb, der sich auf Staatskosten durchfüttern lässt, wenn auch die Selbstsucht des Perfektionisten viel subtiler ist. Während er dabei ist, draußen achtzig bis hundert Stunden pro Woche die Menschheit zu retten, vernachlässigt er selbstsüchtig seine Frau und seine Kinder. ... In seinen eigenen Augen und in denen der Gesellschaft stellt er den Gipfel menschlicher Hingabe dar ..., während seine Frau unter Einsamkeit leidet und seine Söhne ... schließlich Selbstmord begehen. Er wird wütend, wenn seine Frau und seine Kinder Ansprüche an ihn stellen. Er kann nicht begreifen, wie sie nur einem so selbstlosen, hingegebenen Diener vorwerfen können, ein selbstsüchtiger Ehemann und Vater zu sein. ... In Wirklichkeit haben seine Frau und seine Kinder Recht, und sie leiden schwer unter seiner subtilen Selbstsucht. Das ist genau der Grund, aus dem so viele Kinder von Pastoren, Missionaren und Ärzten zu Rebellen werden.[51]

Ist das übertrieben? Bei manchen mag es so sein, aber ich habe den starken Verdacht, dass hier eine sehr beunruhigende Wahrheit schlummert. Es ist mir nicht leicht gefallen, mein eigenes Leben unter diesem Blickwinkel zu betrachten. Die Verantwortungslosigkeit und die erschreckende Tragödie jener drei Kinder, die viele Wochen lang von ihren Eltern im Stich gelassen wurden, sind unübersehbar. Aber ein Lebensstil, der unseren Kindern regelmäßig die Zeit raubt, die sie mit uns brauchen, wird oft erst durchschaut, wenn kostbare Jahre vergangen sind.

Da sind Flugzeuge, die man erreichen muss. Sitzungen, an denen man teilnehmen muss. Predigten, die man vorbereiten muss. Alles in bester Absicht. Aber dann kommen und gehen die besonderen Tage, und man erkennt, dass manche sehr kostbaren Gelegenheiten unwiederbringlich dahin sind. Dennoch hat des Tempo unseres Lebens und Reisens viele viel beschäftigte Leute dazu verführt, mehr Augenmerk auf Maschinen und auf Jobs zu richten als auf die Kinder, die ihrer Fürsorge anvertraut sind und die sich danach sehnen, etwas Zeit mit ihnen zu verbringen.

Wenn wir unsere Kinder davor bewahren wollen, von den immer mehr werdenden Vergnügungen der Diesseitigkeit verschlungen zu werden, dann sollten wir lieber lernen, uns das selbstsüchtige Vergnügen zu versagen, uns auf Kosten unserer Familien von unserem Beruf verschlingen zu lassen. *Jedes Vergnügen, das das heilige Recht eines anderen in Gefahr bringt, ist ein illegitimes Vergnügen.*

Die entscheidende Zutat

Das bringt uns zum dritten Prinzip, das in Sprüche 25,16 zu finden ist. Der Vers selbst würde in unserer Kultur keinen Preis für ästhetische Eleganz gewinnen, aber die Wahrheit darin wird so klar auf den Punkt gebracht, wie man es sich nur wünschen kann: „Wenn du Honig findest, dann iss nur so viel, wie dir bekommt; sonst wirst du ihn satt und musst dich am Ende noch übergeben!“

Das Prinzip ist offensichtlich: *Jedes Vergnügen, so gut es auch sein mag, wird die Wirklichkeit verzerren oder den Appetit verderben, wenn es nicht im richtigen Maß genossen wird.*

Da wir beim Vergnügen immer die Wahl haben, lassen Sie uns vor allem erst einmal sicher gehen, dass es „Honig“ ist, dass es also etwas Gutes und nichts Schädliches ist. Aber das allein reicht noch nicht. Selbst das Gute muss in Maßen genossen werden, sonst führt es entweder zur Sucht oder zur Langeweile und verringert letzten Endes das Vergnügen. Ich finde wenige Aktivitäten so bereichernd wie Lesen und Entspannung, aber das bedeutet nicht, dass ich vierundzwanzig Stunden am Tag in Büchern blättern und mich ausruhen sollte. Dasselbe gilt sogar auch für eine Aktivität, die so wichtig ist wie das Gebet und das Bibelstudium. Das Leben braucht ein Gleichgewicht, um die ganze Realität im Blick zu behalten, nicht nur eine Facette davon. Die Festtage, die Gott für sein Volk einrichtete, waren bewusst auf die verschiedenen Wahrheiten verteilt, auf die die Israeliten ihr Augenmerk richten sollten. Das eine Mal war es ihre Erlösung, die sie feiern sollten. Ein anderes Mal sollten sie sich an Gottes Treue in ihrer ganzen Geschichte erinnern. Es gab Zeiten, in denen sie an das Leid denken sollten, das sie überlebt hatten, und andere Zeiten für die Ernte, die sie gerade eingebracht hatten.

Wir kennen den Spruch: *Variatio delectat* – Abwechslung erfreut. Aber sie erfreut nicht nur, sondern sie macht das eigentliche Leben aus, und nur der, der diese üppige Vielfalt zu nutzen weiß, kann sich wahrhaft an den Reichtümern eines Gottes der Fülle erfreuen.

Charles Haddon Spurgeon erzählte, wie er einmal stundenlang frustriert dasaß und versuchte, sich eine passende Predigt für seinen Sonntagsgottesdienst einfallen zu lassen. Es war einer jener Tage, wo er nichts zustande zu bringen schien, so sehr er sich auch bemühte. Als er schließlich beschloss, einen Spaziergang zu machen, kam er zu einer Parkbank in einem Garten, umgeben von einem Friedhof, und setzte sich hin. Er beobachtete das Kommen und Gehen der Leute, und es fiel ihm auf, dass die Zugänge zu diesem Garten sehr unterschiedlich waren. Da gab es einen gut gepflasterten Weg. Ein anderer war ein verschlungener Trampelpfad. Ein dritter war ein ungepflasterter Weg, der aber mit Steinen unterschiedlicher Größe bedeckt war. Alle drei Wege schienen eifrig genutzt zu werden – und so kam er auf den Titel für seine Predigt: „Zusammenkunft im Zentrum."

Darin porträtierte er die unterschiedliche Lebensreise eines jeden von uns. Manche von uns wandern über einen gut befestigten Weg, den uns die harte Arbeit eines anderen bereitet hat. Andere mögen durch die verschlungenen Wechselfälle des Lebens gekommen sein. Eine dritte Gruppe kämpft sich über Steine und Schlaglöcher hinweg, kommt aber irgendwie auch voran. Und alle kommen im Zentrum zusammen.

Das ist eine schöne Illustration dafür, dass wir alle so verschiedene Hintergründe, Vorrechte und Verantwortungen mitbringen. Wir können sicher sein, dass nicht alle Vergnügungen auf jeden von uns dieselbe Wirkung haben. Dem einen ist vielleicht eine schöne Sinfonie Balsam für das wunde Herz. Der andere findet Entspannung in einem aufregenden Sportereignis. Dem Dritten bringt ein Gespräch über ein großes Thema das Blut in Wallung. Was immer es sein mag, solange es dem Ziel Gottes für Ihr Leben entspricht, solange es nicht auf Kosten anderer genossen wird und solange es uns die Möglichkeit lässt, ein ausgewogenes Leben zu führen, werden wir alle im Zentrum zusammenkommen, wo Gott selbst genug Vergnügen für all unser Verlangen ist.

Lektionen für die Weisen

Aus diesen drei Prinzipien folgen drei grundlegende Anwendungen. Die erste ist: *Jedes Vergnügen muss zu einem Preis erworben werden.* Für wahres Vergnügen wird der Preis entrichtet, bevor es genossen wird. Für falsches Vergnügen zahlt man den Preis, nachdem man es genossen hat.

Die Abkehr von der Sofortbefriedigung ist eines der schwierigsten Dinge im Leben. Aber gerade das ist oft der Punkt, der über Sieg oder Niederlage entscheidet. In aller Deutlichkeit: Wir sind aufgerufen, illegitimen Vergnügungen mit aller Willenskraft zu widerstehen. Viele Leute haben ihren Willen so sehr einem Zustand der Schwächen unterworfen, dass sie gar keinen Blick mehr dafür haben, dass sie auch stark sein können. Doch es ist viel besser, sagt das alte Sprichwort, den Köder zu meiden als in der Falle zu zappeln. Lernen Sie „nein“ zu sagen und dabei zu bleiben – nicht um des Neinsagens willen, sondern weil Ihr Leben auf ein letztes Ziel ausgerichtet ist. Wenn wir nicht widerstehen und stattdessen den leichten Weg des Nachgebens gehen, werden wir irgendwann dafür bezahlen müssen.

Einer der Helden während des Vietnamkrieges war ein amerikanischer Soldat namens Lance Sijan. Heute ist eine Kaserne an der Air

Force Academy in Colorado nach ihm benannt. Der Autor Malcolm McDonnell erzählt seine Geschichte in dem Buch *Into the Mouth of the Cat*. Am 9. November 1967 war Sijan in einer F-4 zu seinem dreiundfünfzigsten Kampfeinsatz unterwegs, als er nach einer Explosion an Bord infolge einer defekten Sicherung an der Grenze zu Laos notlanden musste. Er hätte sich retten lassen können, als seine Kameraden in der Nähe vorbeiflogen und nach ihm suchten. Doch er legte sich flach und machte sie nicht auf sich aufmerksam, weil der Feind zu nahe war und er nicht wollte, dass seine Landsleute ihr Leben riskierten. Während der nächsten sechsundvierzig Tage kroch er drei Meilen weit. Er versuchte zu überleben, indem er sich von Blättern und Baumrinde ernährte.

Als McDonnell schließlich doch gefangen genommen und in Einzelhaft gesteckt wurde, folterte man ihn, um ihm Geheimnisse zu entlocken. Andere Gefangene, die mit anhörten, was mit ihm geschah, litten zutiefst mit ihm, doch gleichzeitig erfüllte sie seine ungebrochene Willenskraft mit Stolz und der Entschlossenheit, sein Vertrauen nicht zu verraten. Seine Folterer konnten nichts tun, um seinen Mut und seine Hingabe an sein Land zu untergraben. Das ist der Stoff, aus dem wahre Helden gemacht sind.

Wenn es möglich ist, dass Männer und Frauen ihrem Land mit so unerschütterlicher Ehrenhaftigkeit dienen, können wir dann nicht erst recht dem Herrn, unserem Gott, mit einem Willen dienen, der flüchtigen und illegitimen Vergnügungen widersteht? In Jeremia 35 wirft Gott genau diese Frage auf. Er fordert sein Volk auf, sich ein Beispiel an der Disziplin zu nehmen, die manche schon in irdischen Dingen beweisen. Wie viel mehr sollten wir unerschütterlich sein in unserer Hingabe an Gott selbst.

Laura Schlesinger, die Gastgeberin einer bekannten Lebensberatungssendung im amerikanischen Radio, antwortete einem Anrufer, der behauptete süchtig nach einem bestimmten Lebensstil zu sein, indem sie sein Problem unverblümt umformulierte. „Was Sie haben, ist kein Suchtproblem“, sagte sie ihm. „Es ist ein Charakterproblem.“

So etwas hört keiner von uns gern, aber in unserer Willensstärke, mit der wir ihm dienen, offenbart sich der Charakter, den wir haben. Es ist die Willensstärke, die darüber entscheidet, wann der Preis bezahlt werden muss.

Vergleichen Sie zum Beispiel das Leben zweier Männer, die beide versessen aufs Vergnügen waren. Der Unterschied ist, dass der eine auf diesem Weg blieb, obwohl die Verzweiflung ihn ständig bedrängte, während der andere sich aus dem Würgegriff des Vergnügens befreite und eine größere Erfüllung fand, als er Christus kennen lernte. Der erste ist der französische Schriftsteller Guy de Maupassant. Er war einer der größten Kurzgeschichtenautoren, doch letzten Endes wurde er zu einer vollkommen tragischen Figur. Innerhalb von zehn Jahren gelangte er von völliger Unbekanntheit zum Ruhm. An materiellen Gütern hatte er reichlichen Überfluss – eine Jacht auf dem Mittelmeer, ein großes Haus an der Küste der Normandie, eine luxuriöse Wohnung in Paris.

Man sagte von ihm, dass die Kritiker ihn priesen, die Männer ihn bewunderten und die Frauen ihn anbeteten. Doch auf dem Höhepunkt seines Ruhmes wurde er geisteskrank, ausgelöst nach Meinung vieler durch eine Geschlechtskrankheit. Am Neujahrstag 1892 versuchte er sich mit einem Brieföffner die Kehle durchzuschneiden, und die letzten Wochen seines Lebens verbrachte er in einem privaten Sanatorium an der französischen Riviera. Nach Wochen und Monaten sinnloser Äußerungen und entsetzlicher Schmerzen starb er mit zweiundvierzig Jahren. De Maupassant verfasste seine eigene Grabinschrift: „Ich habe alles begehrt und nichts genossen."

Die Zerstörung eines solchen Lebens ist ein unermesslicher Verlust. Nicht nur ein Leben ist hier in die falsche Richtung gelaufen, sondern das Leben eines Genies wurde vergeudet und vorzeitig beendet. Seine Kunst als Erzähler hätte noch Generationen viele Stunden legitimen Vergnügens gebracht, doch dieser Keim wurde erstickt, weil hier ein Mann es versäumte, den Preis des Widerstandes gegen illegitime Vergnügungen zu bezahlen. Sowohl der Mangel eines letzten Zieles für sein Leben als auch seine Bereitschaft andere in Gefahr zu bringen, machten sein eigenes Leben zu einer Kurzgeschichte mit tragischem Ausgang.

Im Gegensatz dazu war ein Schriftsteller aus jüngerer Zeit auf einem ähnlichen Weg der Verwirrung und Ziellosigkeit; seine Biografie ist eine unerquickliche Geschichte. Er selbst hat seiner Lebensgeschichte den Untertitel „Eine Chronik vergeudeter Jahre" gegeben. Auch er war versessen aufs Vergnügen, manchmal in bizarrer Form. Doch die Herrlichkeit Christi eroberte ihn schließlich. Es ist Malcolm Muggeridge, einer der versiertesten Journalisten Englands, und die Bilanz, die er aus seinem Streben nach Vergnügen zog, liest sich so:

> Ich denke, ich darf mich als relativ erfolgreicher Mann bezeichnen oder als solcher durchgehen. Auf der Straße starren mich die Leute gelegentlich an – das ist Ruhm. Ich kann einigermaßen mühelos genug verdienen, um mich für die höheren Weihen der Steuerzahlerhierarchie zu qualifizieren – das ist Erfolg. Ausgestattet mit Geld und einem bisschen Ruhm können selbst ältere Menschen, wenn sie Lust dazu haben, ihren Teil an modischen Zerstreuungen haben – das ist Vergnügen. Hin und wieder mag es auch passieren, dass etwas, das ich gesagt oder geschrieben habe, ausreichend Gehör fand, sodass ich mir einreden konnte, es hätte eine ernsthafte Wirkung auf unsere Zeit gehabt – das ist Erfüllung. Doch ich sage Ihnen – und ich bitte Sie mir zu glauben: Multiplizieren Sie diese winzigen Triumphe mit einer Million, zählen Sie sie alle zusammen, und sie sind nichts – weniger als nichts, geradezu ein Hindernis – verglichen mit einem Trunk von jenem lebendigen Wasser, das Christus denen anbietet, die geistlich dürsten, egal, wer oder was sie sind.[52]

Alles andere ist ein Hindernis, verglichen mit einem Trunk von jenem lebendigen Wasser. Das sind die Worte eines Mannes, der von beidem gekostet hat – den wechselnden Vergnügungen der Welt und der Person Christi.

Die Freude über allem

Das führt uns zu der zweiten Anwendung, die die unausweichliche Realität ist, in der wir als Menschen leben. Die Bibel sagt uns, mit welchem Ziel Jesus ans Kreuz ging: „Weil große Freude auf ihn wartete, erduldete Jesus den schmachvollen Tod am Kreuz. Jetzt hat er als Sieger den Platz an der rechten Seite Gottes eingenommen" (Hebräer 12,2). Freude ist das bei weitem größere Ziel im Leben. Die Anwendung lautet also: *Vergnügen ist ein Mittel, kein Zweck. Freude sollte das größere Ziel sein.*

Freude ist die Erfüllung, die aus einer Beziehung entsteht, die von Zufriedenheit im Sein durchweht ist, und sie ist nicht abhängig davon, dass man etwas tut. Eine solche Haltung kann Ruhe im Gewöhnlichen finden, ohne die Ruhelosigkeit, die auf das Außergewöhnliche wartet. Darum hinterlässt das Vergnügen, wenn es vorbei ist, entweder Ehre oder Unehre, Freude oder Trauer. Doch ein Leben in Freude steht über Vergnügen oder Schmerz und ist verankert in der Geborgenheit Gottes, der uns fähig macht uns selbst an den alltäglichen Dingen des Lebens zu ergötzen.

Unsere persönliche Suche richtet sich auf das Innere und Geistliche, das wiederum der Routine ihren Sinn gibt, nicht nur den sporadischen Ausbrüchen aus der Routine in gefühlsüberladenen Momenten. Die meisten Vergnügungen, die den Geist ignorieren, aber den Körper befriedigen, hinterlassen einen nagenden Zweifel, ob das erlebte Vergnügen richtig oder falsch war. Wenn es falsch ist, berauben Sie sich der Freude, die Gott seinen Kindern schenkt.

In verschiedenen Phasen unseres Lebens scheint unser Bedürfnis nach Vergnügen durch unterschiedliche Mittel befriedigt zu werden. Ein Kind findet seine Befriedigung in seiner kleinen Welt der Spielzeuge und Geschichten, doch darüber hinaus braucht es auch die Freude der Gegenwart der Mutter. Schon das Stillen des Kindes, jene Leben spendende und lebensempfangende Umarmung, um dem Säugling Nahrung aus dem Körper der Mutter zu geben, ist ein Bild der Erfüllung für beide. Die dabei empfundene und empfangene Freude ist fast etwas Heiliges.

Ein junger Mensch findet diese Befriedigung in der Liebe und manchmal in Freundschaften. Auch hier steht die Sehnsucht nach der Berührung, dem Spüren, der Gegenwart eines anderen Menschen im Vordergrund. Ein junger Erwachsener vervollständigt diese Erfüllung in der Ehe, einer Gemeinschaft, die unser Leben mit Freude erfüllen kann wie kaum eine andere. Ein älterer Mensch schaut dann vielleicht über dieses Stadium hinaus auf die kostbare Umarmung seiner Familie oder seines Ehepartners, dessen Gegenwart von unschätzbarem Wert ist, auch wenn das Alter auch an ihm nicht spurlos vorbeigegangen ist. Die Psychologen erinnern uns daran, was der Verlust eines geliebten Menschen uns zufügen kann, selbst wenn wir reine Kopfmenschen sind. Wenn ein geliebter Mensch stirbt, stirbt auch etwas in dem Hinterbliebenen.

Wenn wir uns genau anschauen würden, welche Vergnügungen Freude bringen und welche die Freude vermindern, würden wir entdecken, dass jedes echte und dauerhafte Vergnügen irgendwie im Zusammenhang mit einer Beziehung steht, die auch eine moralische Verpflichtung beinhaltet. Wo eine Beziehung unmoralisch ist, wird das Vergnügen von der Ehre abgeschnitten und verwelkt schließlich. Salomos Beziehungen enthielten keine Verpflichtung mehr, und Menschen wurden für ihn zu Dingen, die ihm Befriedigung verschafften. Niemand sollte so entblößt werden. Ein Mensch ist kein Mittel zum Vergnügen, sondern ein Wesen, dem Ehre gebührt. Alle Beziehungen müssen den höchsten Wert der Persönlichkeit anerkennen.

Aber auch diese Beziehungen sind nur Wegweiser. Ihre Freuden werden sich trüben oder vergehen, wenn sie nicht aus der größten Beziehung von allen genährt werden und auf sie hinweisen, der Beziehung zu Gott selbst. Kurz, je älter wir werden, desto mehr ist erforderlich, um die Sehnsucht unserer Herzen nach unaussprechlicher Freude zu erfüllen. Und nur Gott ist groß genug dazu.

Achten wir darauf, wie Gott diese Beziehung beschreibt. Sie ist ein *Innewohnen*. Paulus nannte es „Christus *in* euch, die Hoffnung der Herrlichkeit“ (Kolosser 1,27; Luther 84. Hervorhebung von mir). Dies ist die völlige Vermischung zweier Wesenheiten in einer

Beziehung zu Gott. Die Sehnsucht nach einem bleibenden Vergnügen wird endgültig und vollständig befriedigt, denn Gott, der Geist ist, kommt und nimmt im Geist des Menschen Wohnung. Kein Vergnügen der Welt kann es damit aufnehmen. Dies ist reine Freude.

Für jene, die diese innere Präsenz nicht kennen oder die das Geistliche vernachlässigt oder ignoriert haben, ist diese Art von Freude unbegreiflich. C. S. Lewis sagte einmal: „Wie wenig ahnen doch die Leute, die meinen, Heiligkeit sei langweilig!“ Es ist unmöglich, die Erfüllung ehelicher Liebe einem Kind zu erklären, das sich keine Vorstellung oder auch nur einen Begriff von ehelicher Liebe machen kann. Wenn es dann später diese Fähigkeit gewinnt, sich aber die Möglichkeit versagt sie auszuleben, verstärkt sich die Sehnsucht, während die Erfüllung wartet.

Ebenso macht sich ein ungeistlicher Mensch nicht einmal einen Begriff von geistlicher Erfüllung und jagt durch Vergnügungen armseligen Ersatzbefriedigungen nach, die immer weniger Wirkung zeigen. Ein geistlich gesinnter Mensch dagegen gewinnt doppelt, indem er das beste „Vergnügen“, die Freude, dazu bekommt. Erstens bereichert dieser innewohnende Christus das Leben über alle Maßen, indem er unseren Geist mit seiner dauerhaften Freude verschmelzen lässt. Doch selbst so weiß derjenige, in dem Christus wohnt, dass die Freude sich in der Gegenwart in körperlicher und irdischer Form ausdrückt und dass das endgültige Erlebnis der Freude uns als ewiger Zustand im Himmel erwartet. Das ist die Freude, die uns vorgestellt wird, wenn sowohl die Fähigkeit zu heiligem Vergnügen und die Möglichkeit zu ihrem vollkommenen Ausdruck in der Umarmung Gottes zusammenfließen.

In seltenen Momenten bekommen wir einen kurzen Einblick, wie diese himmlische Freude sein wird. Ein großartiges altes Lied spricht davon:

Einst saß ich an meiner Orgel,
Müde und betrübt im Sinn,
Und ließ meine Finger ziellos
Wandern über die Tasten hin.

Ich weiß nicht mehr, was ich da spielte,
Noch was mir mein Traum da sang,
Als plötzlich ein mächtiges Amen
Mir unter den Händen erklang.

Es erfüllte das rötliche Zwielicht
Wie ein von Engeln gesungener Psalm
Und bestrich meine fiebernde Seele
Mit einem lindernden Balm.
Es stillte den Schmerz und die Trauer
Wie Liebe, die Streit kehrt in Glück,
Als hallte des Lebens Missklang
Als harmonisches Echo zurück.

Und alle verwirrten Sinne
Es zu innigem Frieden verband.
Dann bebte es, ungern verklingend,
Davon in das stille Land.

Seither such ich ihn vergeblich,
Diesen einen verlorenen Klang,
Der aus der Seele der Orgel
Entwich und in meine drang.

Es mag sein, dass der Todesengel
In diesem Akkord zu mir singt;
Es mag sein, dass erst im Himmel
Das mächtige Amen erklingt.
Es mag sein, dass der Todesengel
In diesem Akkord zu mir singt;
Es mag sein, dass erst im Himmel
Das mächtige Amen erklingt.[53]

Der Psalmist sagt in Psalm 16,11: „Du tust mir kund den Weg zum Leben: Vor dir ist Freude die Fülle und Wonne zu deiner Rechten ewiglich." Was heißt das, „vor dir ist Freude die Fülle und Wonne zu deiner Rechten"? Wie kann ich das heute am besten verstehen?

Vor Jahren las ich ein Buch, das ich für eines der besten des zwanzigsten Jahrhunderts halte, G. K. Chestertons *Orthodoxie*. Leider stimme ich nicht in allen Punkten mit der Theologie des Autors überein. Aber wenn er sich an die Skeptiker wendet, sind seine Argumente für das christliche Leben atemberaubend. Er spricht von der Freude, Christus zu kennen. Er weist darauf hin, dass für den Christen Freude das Zentrale und Trauer die Randerscheinung ist. Der Grund ist, dass die Grundfragen des Lebens beantwortet werden, nur die Randfragen nicht. Für jemanden jedoch, der Christus nicht kennt, ist die Trauer zentral, und die Freude ist eine Randerscheinung, denn die Randfragen können beantwortet werden, die Grundfragen aber nicht.

Gegen Ende des Buches wirft Chesterton eine tief greifende Frage auf. Warum, so fragt er, erwähnt die Bibel nie etwas vom Lachen im Leben Christi? Wir hören davon, dass er weint, dass er zornig ist, dass er von Mitleid bewegt wird, und von einer Vielzahl weiterer Gefühle. Aber wir lesen niemals: „Und Jesus lachte."

Nur Chesterton konnte es wagen, diese Frage zu stellen, denn er besaß die seltene Gabe einer geheiligten Vorstellungskraft, und die brauchte er für seinen Versuch einer Antwort. Ich finde diese Antwort brillant.

> Freude war das kleine Vorzeigestück des Heiden, sie ist das gigantische Geheimnis des Christen. Und nun schlage ich zum Abschluss dieser wirren Seiten noch einmal das eigenartige Büchlein auf, von dem alles Christentum ausging; und noch einmal erlebe ich so etwas wie eine Bestätigung. Die gewaltige Persönlichkeit, von der die Evangelien erzählen, steht auch in diesem Punkt turmhoch über allen Denkern, die sich je für groß gehalten haben. Sein Pathos war etwas Natürliches, fast Beiläufiges. Die Stoiker der Antike und der Moderne waren stolz darauf, ihre Tränen zu verbergen. Er aber verbarg seine Tränen nie; Er zeigte sie unverhohlen auf Seinem offenen Antlitz, auch bei den geringsten Anlässen, etwa wenn Er aus

> der Ferne Seine Geburtsstadt sah. Dennoch verbarg Er etwas. Aufgeblasene Übermenschen und kaiserliche Diplomaten sind stolz darauf, ihren Zorn zu bändigen. Er bändigte seinen Zorn nie. Er schleuderte Tische von den Stufen des Tempels herab und fragte Menschen, wie sie darauf kämen, dass sie der Höllenverdammnis entgehen könnten. Dennoch hielt Er etwas zurück. Ich sage es mit der gebotenen Ehrfurcht: Diese alles ins Wanken bringende Persönlichkeit besaß einen Wesenszug, den man nur als Scheu bezeichnen kann. Da war etwas, das Er vor allen Menschen verbarg, wenn Er auf einen Berg stieg und betete. Da war etwas, das Er immer wieder unter abruptem Schweigen oder plötzlicher Absonderung vor den andern versteckte. Da war etwas, das Gott zu groß fand, um es uns zu zeigen, als Er auf unserer Erde wandelte. Und manchmal denke ich: Es war Sein Jauchzen.[54]

Was für ein Jauchzen, was für eine Heiterkeit muss das sein! Vielleicht hat Chesterton Recht. Es gibt in unserer Gegenwart keine Analogie für unendliche Freude und ewiges Vergnügen. Bestenfalls können unsere Vergnügungen uns nur eine Ahnung von dem vermitteln, was uns erwartet. Und das beginnt damit, dass Christus in uns Wohnung nimmt, mit jener Ekstase, von der die Welt nichts weiß.

Dicht an der Quelle bleiben

Das bringt uns zu der letzten Anwendung: *Gott ist die Quelle allen guten Vergnügens.* Ja, je näher man dem legitimen Vergnügen kommt, desto näher kommt man dem Herzen Gottes. C. S. Lewis macht diese scharfsinnige Andeutung in seinem Buch *Dienstanweisung für einen Unterteufel.* Der Oberteufel hat seinen Unterteufel instruiert, wie er einen Menschen zu Fall bringen kann, der offenbar versucht, einen Kompromiss zwischen Gott und dem eigenen Ich zu schließen. „Halte ihn davon ab, zum Feind überzulaufen“, war der Auftrag, den das junge Scheusal erhalten hatte.

Einige Tage später musste der Unterteufel seinem Oberteufel berichten, dass er den Mann vollkommen an die Seite „des Feindes" verloren habe, was heißen sollte, dass der Mann sich zu Gott bekehrt hatte.

„Wie konnte das passieren?", brüllte der Oberteufel. „Hättest du ihn nicht verführen können?"

„Nein", kam die Antwort, „denn er tat zwei Dinge, die ihn uns entkommen ließen. Erstens machte er jeden Tag einen Spaziergang – nicht um der Bewegung willen, sondern aus purem Vergnügen. Zweitens beschloss er ein gutes Buch zu lesen, nicht damit er vor anderen mit Zitaten daraus glänzen könnte, sondern wieder aus purem Vergnügen. Durch die Spaziergänge und das gute Buch kam er in die Reichweite des Feindes."[55]

Das ist eine aufregende Einsicht von Lewis. Wir haben uns so sehr an eine morbide Interpretation des christlichen Lebens gewöhnt, dass wir uns selbst um die puren Freuden und Vergnügungen bringen, die Gott uns möglich gemacht hat. Je näher wir den legitimen Vergnügungen kommen, desto näher kommen wir seiner Stimme und seinem Einfluss. Je näher wir illegitimen Vergnügungen kommen, desto weiter entfernen wir uns aus seiner Reichweite.

Wenn wir uns an die Prinzipien halten, die uns Gott nahe bringen, wird seine Stimme klarer und die Gemeinschaft mit ihm reicher. So, wie alle Wahrheit Gottes Wahrheit ist, so ist jedes legitime Vergnügen ein Geschenk von Gott. Nehmen Sie es dankbar an und kommen Sie ihm auf diese Weise näher.

Ein Postskriptum

Um dieses große Thema des Vergnügens abzuschließen bleibt nur noch eines zu sagen. Die Bibel sagt viel über das Vergnügen, das daraus entsteht, dass wir Gott dienen. Aber sie erinnert uns auch an das höchste Kompliment, das Gott uns gemacht hat. In seinem souveränen Plan und in seiner Gnade hat er uns so gemacht, dass wir durch unseren Dienst für ihn Gott *sein* größtes Vergnügen bereiten.

In Psalm 147,11 werden wir daran erinnert: „Er freut sich über alle, die ihm in Ehrfurcht begegnen und von seiner Gnade alles erwarten."

Sein Vergnügen und unseres werden zusammenkommen und ihre ganze Erfüllung finden, wenn wir das göttliche Lob empfangen: „Recht so, du tüchtiger und treuer Knecht!"

In diesen Worten liegt das Ziel verborgen, für das Gott uns gemacht hat. Dieses Ziel muss die Maßgabe für die Vergnügungen unseres Lebens haben: dass wir ihn sagen hören: „Recht so." Keine anderen Worte können uns so sehr die höchste Freude ins Herz dringen lassen wie diese Worte, nach denen wir uns sehnen. Wie wir das schon in dieser Welt erleben und ausleben können, davon wird im letzten Kapitel die Rede sein.

6 Die Einsamkeit des Herzens

Der Romanautor Thomas Wolfe, der selbst ein ziemlich turbulentes emotionales Leben führte, fasste einen der tiefsten Schmerzen, die ein menschliches Herz empfinden kann, in Worte:

> Meine ganze Lebensüberzeugung beruht heute auf dem Glauben, dass Einsamkeit keineswegs ein seltenes, seltsames Phänomen ist, das sich auf mich und vielleicht ein paar andere Einzelgänger beschränkt, sondern dass es das zentrale und unvermeidliche Merkmal der menschlichen Existenz ist.
> All diese furchtbaren Zweifel, diese Verzweiflung und finstere Verwirrung der Seele muss ein einsamer Mensch kennen, denn er ist mit keinem Bild vereint außer mit dem, das er sich selbst schafft. Er ist ausstaffiert mit keinem anderen Wissen als mit dem, das er sich selbst durch seine eigenen Augen und sein Gehirn ansammeln kann. Er wird von keiner Partei getragen und angefeuert und unterstützt. Er findet Trost in keinem Glaubensbekenntnis. Er hat keinen Glauben in sich außer seinem eigenen, und selbst dieser Glaube lässt ihn oft im Stich, sodass er erschüttert und ohnmächtig zurückbleibt. Dann scheint es ihm, das bei seinem ganzen Leben nichts herausgekommen ist. Dass er ruiniert ist, verloren und gebrochen, nicht mehr zu retten, und dass der Morgen, jener helle und strahlende Morgen mit seiner Verheißung und seinem Neuanfang, nie wieder auf die Erde kommen wird, wie er es einst tat.[56]

Eine ähnliche Note schlägt D. H. Lawrence in einem düsteren Postskriptum zu seinem eigenen Streben nach Glück an – doch er fügte eine wichtige Wendung hinzu, die den Leser zwingt, lange und gründlich nachzudenken, bevor er sich seiner Schlussfolgerung anschließt:

> Wir reden uns gerne ein, dass die Liebe die Wurzel des Problems unserer inneren Leere sei. Ich möchte Ihnen sagen, das ist sie nicht. Die Liebe, das sind nur die Zweige. Die Wurzel geht viel tiefer als die Liebe. Eine Art nackter Isolation. Ein isoliertes Ich, das niemandem begegnet und sich mit niemandem vereint und es auch niemals kann. Es ist wahr, was ich sage. Da ist ein Dahinter in mir, das weiter geht als Liebe, weiter als die Bahnen der Sterne. So wie manche Sterne jenseits der Reichweite unserer Augen liegen, so geht unsere Suche über die Reichweite der Liebe hinaus. Zumindest glaube ich, dass es die Wurzel ist und über die Liebe selbst hinausgeht.[57]

Eine Wirklichkeit, die uns heimsucht

Haben diese beiden Autoren den pulsierenden Nerv einer Wirklichkeit getroffen, die uns alle in ihrem Griff hält? Sagen sie es so, wie es wirklich ist? Oder ist das nur literarische Freiheit in den Händen melodramatischer und exzentrischer Künstler?

So groß die Versuchung für einen Optimisten auch sein mag, diese Worte als zynische Äußerungen abzutun, gesprochen in einem Augenblick finsterer Verzweiflung, es gibt viele, die dieses Gefühl der Verlassenheit nachempfinden können. Ich würde sogar zu behaupten wagen, dass diese Heimsuchung von allen empfunden wird, wenn auch manche sie besser unterdrücken als andere. Eine Schauspielerin prägte kürzlich die treffende Formulierung: „Wir sind alle zusammen allein."

Ich glaube, Wolfe und Lawrence haben Recht. Unsere Erfahrung der Einsamkeit ist universell, und Liebe allein ist nicht die Antwort. Da *ist* ein „Dahinter" in uns allen, das die Liebe nicht befriedigen kann. So wunderbar das Vorrecht der Liebe ist, ich habe den starken Verdacht, dass wir selbst in ihrer besten Form etwas aus ihr gemacht haben, wozu sie nie gedacht war. Während der Lüstling den körperlichen Genüssen nachjagt, ohne je befriedigt zu werden, erhebt der

Purist die Liebe zu emotionalen Erwartungen, denen sie auf die Dauer niemals genügen kann.

Genau dieses Urteil hatte der Autor Denis de Rougemonts im Sinn, als er sagte, Liebe höre erst dann auf ein Dämon zu sein, wenn sie aufhöre ein Gott zu sein. Mit anderen Worten, Liebe wird zu einer Geißel, wenn sie zum Götzen und Selbstzweck gemacht wird. Dennoch verfolgen wir sie wie ein Jäger und gehen davon aus, „dieses Ding namens Liebe“ sei unsere höchste Trophäe. Wir besingen sie in unseren Liedern und reden über sie in Platitüden, denen sie nie gerecht werden kann. Die Liebe ist eine großartige Erfahrung, aber sie ist nicht die letzte Antwort auf die Einsamkeit. Das Herz windet sich wie eine Sonde durch Hindernisse und Gelegenheiten, immer tiefer und tiefer, um einen Nistplatz zu finden – auf der Suche nach diesem Dahinter.

Von den Einzeilern auf den T-Shirts der Generation X, mit denen sie nach Aufmerksamkeit rufen, bis zu den sentimentalen Filmen vergangener Zeiten: Überall stoßen wir auf Geschichten von Liebe und Leidenschaft. Manchmal bieten sie uns einen Fluchtweg; manchmal erzeugen sie einen Hunger in uns. Die Suche nach jenem Dahinter geht unerbittlich und unvermindert weiter. In gewissem Sinn ist diese endlose Rastlosigkeit nicht nur beunruhigend, sondern verheerend für unsere modernen und postmodernen Egos. Schließlich wird es uns eigentlich durch alle möglichen Hilfsmittel immer leichter gemacht, Gemeinschaft zu finden.

Doch das Verwirrende ist, je mehr solcher Mittel wir haben, desto weiter scheinen wir davon entfernt zu sein die Antwort auf die Einsamkeit zu finden. Die beste Analogie, die man finden kann, ist die eines kleinen Jungen, der in einem Haufen der raffiniertesten und teuersten Weihnachtsgeschenke sitzt. Wenige Minuten, nachdem die Geschenke ausgepackt sind, sitzt er da und starrt an die Wand, niedergeschlagen darüber, dass er so viel in so kurzer Zeit ausgeschöpft hat. Genauso fragen auch wir, nachdem wir jedes neue Angebot und jede Erfahrung ausprobiert haben, die unseren Weg kreuzte, uns verwirrt, wohin denn all die verheißene Erfüllung verschwunden ist.

In unserer gegenwärtigen sozioökonomischen Szenerie sind mindestens vier große Fortschritte erzielt worden, die alle die Verheißung eines neuen Tages mit sich brachten. Dennoch hat Enttäuschung diese Fortschritte begleitet. Der erste ist das Kommunikationszeitalter. Noch nie zuvor haben wir über solche Mittel verfügt, um binnen Sekunden Inhalte zu übermitteln oder Bedürfnisse zu kreieren. Das Unglaubliche ist wahr geworden, nachdem sich selbst Männer das Briefeschreiben angewöhnt haben, seit es mit Maschinen verbunden wurde und den Namen E-Mail erhielt. (Würde es nur „Mail" heißen, so wäre die Verlockung dahin. Erst das „E" vor der „Mail" verschafft dem Wort die technologische Respektabilität.) Doch mit all unseren Kommunikationsmöglichkeiten sind die Mauern zwischen Rassen und Kulturen höher und schwerer zu erklimmen geworden. Wie viele Eltern habe ich schon über einen Sohn oder eine Tochter klagen hören, die den ganze Abend allein vor ihrem Computer verbringen, schweigsam und abgeschieden vom Rest der Familie.

Die Empfindlichkeiten zwischen den Menschen sind immer noch groß: Baby Boomers. Baby Busters. Generation X. Der Himmel weiß, was für eine Titulierung die Erben dessen erwartet, was noch übrig ist. Sozialtheoretiker ziehen Grenzen, und wo keine erkennbar sind, sind sofort die Marketingspezialisten zur Stelle und schaffen neue Grenzen.

Zweitens hat das Zeitalter der Technik uns mit Gütern überhäuft, deren Kosten wir weniger auf unseren Bankkonten als vielmehr an unserem schwindenden Seelenfrieden spüren. Jede neue Erfindung sollte uns angeblich Zeit sparen. Doch wenn ein Reisender Städte wie Hongkong oder Singapur besucht, jene Bastionen technischer Spielereien und ökonomischer Stärke, wird ihm rasch klar, dass selbst dort die Lichter in den Büros bis spät in die Nacht brennen. Nur noch ein Deal muss abgeschlossen werden, nur noch ein Konkurrent muss überflügelt werden, denn es zählt nicht mehr nur jeder Tag, sondern jede Sekunde. Eine Verzögerung kann den Bankrott bedeuten.

In einer Zeit, in der alle möglichen technischen Einrichtungen uns mehr Freizeit verschaffen sollten, wird in Wahrheit weniger Zeit damit verbracht Beziehungen zu pflegen, während mehr Zeit investiert wird, um diese technischen Einrichtungen zu nutzen. Die Unmittelbarkeit, mit der Männer und Frauen konfrontiert sind, die bedeutende Firmenentscheidungen treffen, hat für sie nur den Druck und die Angst gesteigert. Der neue Ausdruck für diesen Lebensstil der Manager lautet „constant whitewater – ständiges Wildwasser".

Drittens hat die Medizin unsere Möglichkeiten, das Leben zu erhalten, erheblich verbessert. Doch wir haben vergessen, was das Leben überhaupt bedeutet. Heute reden wir vom Recht zu sterben, wenn wir alt sind und leiden – vom Recht zu leben, auch wenn wir gebrechlich und bedürftig sind, hört man nichts.

Jeder Wert wird neu definiert. Die Fortschritte bei den Mitteln haben einen Rückschritt im Wesentlichen und im Verständnis mit sich gebracht. C. S. Lewis schrieb einmal, es bestehe eine Ähnlichkeit zwischen Technik und Magie, die beide von der Weisheit der Jahrhunderte abscheidet. Für die Antike war die Frage die, wie man die Seele an die Wirklichkeit anpasst, und die Antwort lag in Tugend und Weisheit. Für unsere Zeitgenossen ist die Frage, wie wir die Wirklichkeit umgestalten, damit sie unseren Leidenschaften entspricht. Die Antwort liegt in Methode und Technik.[58]

Trotz all unserer Fortschritte hat noch nie zuvor eine Generation so viele Drogen und Antidepressiva eingenommen wie unsere – im Bestreben, ihren gehetzten Geist zu beruhigen und gebrochene Knochen mit Heftpflastern zu heilen. Die alten Medizinmänner mit ihren Krügen voller Tierausscheidungen und magischer Gebräue müssen sich geschmeichelt fühlen, dass sie ihrer Zeit so weit voraus waren.

Viertens ist die menschliche Sexualität noch nie so intensiv studiert, angeboten und in der Öffentlichkeit breit getreten worden, und dennoch waren wir nie so verwirrt darüber, was im Ausleben der Sexualität richtig oder auch nur normal ist. Eine britische Mutter, die sich eine Zeitschrift für Mädchen im Teenageralter anschaute, klagte, dass die Artikel und Bilder des Magazins in Absicht und Aufmachung offensichtlich darauf angelegt waren, junge Mädchen zur „sexuellen Raserei“ zu treiben. Die Macher pflanzten Begierden in die jungen Köpfe, die keine menschliche Erfahrung jemals befriedigen könnte.

Ist es angesichts solch krasser Widersprüche ein Wunder, dass wir eine Isolation und einen Zynismus verspüren, eine Suche nach einem Dahinter, das uns immer mehr zu entgleiten scheint? Immer mehr Möglichkeiten der Kommunikation, technische Neuerungen, Fortschritte in der Medizin und sexuelle Befreiung haben unsere Kultur, jedes auf seine Art, nur unfreier und banaler gemacht. Der Schrei der Einsamkeit ertönt aus Millionen von Herzen, und Liebe allein ist nicht die Antwort. Warum leiden wir an diesem Zustand der Einsamkeit, und was ist die Antwort?

Was uns verbindet

Zwei der bewegendsten Geschichten im Neuen Testament können uns einen Hinweis geben, dass es im Leben ein höheres Ziel gibt als Liebe. Im Blick darauf kann ich rückhaltlos sagen, dass die Herrlichkeit des Weiblichen ein anschaulicheres Beispiel dafür liefert als die manchmal tückische Raffinesse des Männlichen. Einer der faszinierendsten Aspekte der Lehre Jesu tritt zutage, wenn man beobachtet, wie anders er mit den Gefühlen einer Frau umgeht als mit denen eines Mannes. Für die Männer jener Zeit, und ich fürchte, das ist heute nicht anders, war es eine der größten Ängste sich verwundbar zu zeigen. Nur wenige Männer, die ich kenne, sind bereit, ihre emotionale Bedürftigkeit einzugestehen. Sich Geld zu leihen oder um ein Empfehlungsschreiben zu bitten – das ist eine Sache. Aber zuzugeben, dass man emotionale Anlehnung und körperlichen Trost nötig hat, das ist etwas ganz anderes. Unsere jungen Männer werden ganz offen darauf gedrillt über solchen Dingen zu stehen. Im Gegensatz dazu herrscht bei den Frauen eine viel größere Offenheit.

Vor einiger Zeit waren meine Frau und ich in Übersee mit dem Zug unterwegs, nur um einmal wegzukommen von den Unterbrechungen der Telefone und Faxgeräte und für ein paar Tage miteinander allein zu sein. Am Tag nach unserer Ankunft am Reiseziel saßen wir in einem Restaurant und teilten unseren Tisch mit einem Ehepaar, das sich ebenfalls in diesem Zug befunden hatte. Ich fing ein Gespräch mit dem Mann an, während meine Frau sich mit der anderen Frau unterhielt.

Als wir schon eine Weile im Gespräch waren, schaute ich zu meiner Frau hinüber und bemerkte, dass sie offenbar dabei war die andere Frau, die Tränen in den Augen hatte, zu trösten. Ich hatte keine Ahnung, worüber sie gesprochen hatten, bis wir wieder in unserem Hotelzimmer waren. Den ganzen Abend über hatte der Mann von der Rechtsanwaltskanzlei gesprochen, in der er Senior-Teilhaber war. Es war die größte Kanzlei in seinem Land und eine der einflussreichsten der Welt. Das ganze Gespräch hatte sich um seinen beruflichen Erfolg und seine vielen Verpflichtungen gedreht.

Zur gleichen Zeit hatte seine Frau meiner Frau erzählt, dass sie diese Reise nur unternahmen, um ihre Trauer über den Tod ihres kleinen Sohnes vor einigen Jahren aufzuarbeiten. „Wir haben uns nie richtig von diesem Schlag erholt“, sagte sie unter Tränen. „Wir brauchten dringend etwas Zeit, um darüber zu reden und uns dieser Tragödie endlich zu stellen.“

Eine völlig verschiedene Fokussierung zweier Menschen, die an der gleichen Wunde litten. Der eine kam nie auch nur in die Nähe des Themas, sondern redete endlos über sein hektisches Leben in seinem Beruf, während die andere sich spontan einer Wildfremden öffnete und von den zerbrochenen Träumen ihres Lebens erzählte.

Die Begegnungen Jesu mit den Männern und Frauen der Bibel erzählen eine ähnliche Geschichte. Als er mit Nikodemus sprach, hatte er einen Mann vor sich, dessen Identität mit Stolz auf sein großes Wissen als Rabbiner gegründet war, und doch verriet dieser Mann eine völlige Unwissenheit über das grundlegendste geistliche Wunder – das Wunder der verwandelnden Kraft Gottes im menschlichen Herzen. Im Fall des reichen Jünglings stand Jesus einem Mann gegenüber, für den sein Reichtum der Gegenstand seiner Anbetung war. Die Auseinandersetzung mit seinem wahren Bedürfnis schien für den jungen Mann zu heikel zu sein, als dass er sich darauf einlassen wollte, und er ging traurig davon, weil er sich gewünscht hatte, dass Jesus ihn in seinem höchsten Streben bestätigte – dem Streben nach Geld.

Die Gespräche mit den beiden Frauen, die uns jetzt kurz beschäftigen werden, machen uns deutlich, wie Jesus die Quellen ihres Herzens behutsam, aber nachhaltig öffnete und uns dadurch zwei zeitlose Lektionen erteilte. Die Geschichte von der Samariterin wird oft erzählt, weil sie so realistisch wirkt. Hier war eine Frau, die ein Leben in stiller Verzweiflung führte. Wenn wir lesen, wie sie Jesus von ihrer Hoffnung auf das Kommen des Messias erzählte und von ihrer Verwirrung darüber, auf welchem Berg man denn nun Gott anbeten dürfe, kommt uns bereits der Verdacht, dass das eigentliche Reizthema in ihrem Leben noch nicht angesprochen wurde. Der entwaffnend sanfte Triumph Jesu, der ihr das Eingeständnis entlockte, dass ihr größtes Leid die Ablehnung war, die ihr begegnete, ist ein klassisches Beispiel dafür, wie Gott unsere Fassaden und Vorwände demaskiert.

Doch das tat er nicht, damit er ihr in die Augen sehen und „Schachmatt!" rufen konnte. Hinter ihrer Nervosität und ihrer Flut religiöser Fragen versteckte sich ihr größter Schmerz – ihre Einsamkeit. Es verlangte sie nach einem Trunk, der ihren tiefsten Durst stillen würde. Aber sie wusste nicht, wie nahe dieser Trunk ihr war. Die Botschaft, die er ihr hinterließ, ist zutiefst aufschlussreich.

Die zweite Geschichte ist noch melodramatischer. Sie hat im Lauf der Jahrhunderte viele Choraldichter angeregt. Der Vorfall ereignete sich im Haus eines Pharisäers namens Simon. Was da passierte, war offensichtlich ein Schock, sowohl für die Beteiligten als auch für die Leser, die später der Geschichte bis zu ihrem sprichwörtlichen Höhepunkt folgten. Der Evangelist Lukas schildert sie so:

> Einmal wurde Jesus von einem Pharisäer zum Essen
> eingeladen. Er ging in das Haus des Pharisäers
> und setzte sich an den Tisch.
> Da kam eine Dirne herein, die in dieser Stadt lebte. Sie hatte
> erfahren, dass Jesus bei Simon eingeladen war. In ihrer Hand

> trug sie ein Glas mit wertvollem Öl.
> Die Frau ging zu Jesus, kniete bei ihm nieder und weinte so sehr, dass seine Füße von ihren Tränen nass wurden.
> Mit ihrem Haar trocknete sie die Füße, küsste sie und goss das Öl darüber.
> Der Pharisäer hatte das alles beobachtet und dachte: „Wenn dieser Mann wirklich ein Prophet Gottes wäre, müsste er doch wissen, was das für eine Frau ist!"
> „Simon, ich will dir etwas erzählen", unterbrach ihn Jesus in seinen Gedanken. „Ja, ich höre zu, Meister", antwortete Simon. „Ein reicher Mann hatte zwei Leuten Geld geliehen. Der eine Mann schuldete ihm fünftausend Mark, der andere fünfhundert. Weil sie aber zum festgesetzten Termin das Geld nicht zurückzahlen konnten, schenkte er es beiden. Welcher der beiden Männer wird ihm nun am meisten dankbar sein?"
> „Bestimmt der, dem er die größte Schuld erlassen hat", antwortete Simon. „Du hast Recht!" bestätigte ihm Jesus.
> Lukas 7,36-43

Dann wies Jesus Simon darauf hin, obwohl er als Gast in sein Haus gekommen sei, habe Simon ihm keine der Höflichkeiten erwiesen, die man üblicherweise einem Gast entgegenbrachte. Er war nicht zur Begrüßung umarmt worden. Man hatte ihm kein Wasser gegeben, um seine Füße zu waschen, und kein Handtuch, um sie zu trocknen. Es war ihm keine Erfrischung nach seiner Reise über die staubigen Straßen angeboten worden. Diese Frau dagegen hatte es gewagt, ohne Einladung hereinzukommen. Sie hatte Jesus das Beste aus ihrem Besitz gegeben und hatte sich zu seinen Füßen niedergeworfen, sie mit ihren Tränen gewaschen und mit ihren Haaren getrocknet. Ihre schockierende Geste und ihr hohes Engagement sprachen Bände über ihre Dankbarkeit und Liebe und hätten jeden, der nicht völlig von Arroganz verzehrt war, sprachlos gemacht. Jede Etikette jener Kultur wurde in dieser Begegnung einer verlorenen Frau mit ihrem neu gefundenen Erlöser übergangen.

Sowohl diese Geschichte als auch die der Frau aus Samarien enden mit einem sehr eindrücklichen Appell an uns, uns ein Beispiel daran zu nehmen. Beide Geschichten enthalten ähnliche Hinweise auf die Antwort auf die Herzensnot der Einsamkeit und die Sehnsucht nach dem Dahinter. Doch bevor wir zu diesem Punkt kommen, müssen wir noch eine existenzielle Reise antreten.

Arten der Liebe, die wir brauchen

Nachdem ich jahrelang über dieses Thema nachgedacht und mir angehört habe, wie sich Menschen verschiedener Kulturen darüber geäußert haben, glaube ich in den Schriften von C. S. Lewis über das Thema Liebe den Keim einer Antwort gefunden zu haben. Als er sein Buch *Was man Liebe nennt* veröffentlichte, lobten die Kritiker, dass Lewis die Achillesferse der Liebe ausfindig gemacht habe. Wie erfüllend die Liebe auch sein mag, Lewis hatte auf geniale Weise die Seele der Menschheit in ihrem Hunger nach etwas Größerem widergespiegelt.

Mit seiner typischen Bescheidenheit beendet Lewis das Buch mit den Worten: „Und an dieser Stelle, wo ein besseres Buch beginnen würde, muss ich schließen."

Leider wäre nur Lewis selbst in der Lage gewesen, sein eigenes Buch noch zu verbessern. Doch er hat uns genug Gedanken hinterlassen, um uns weiter nachdenken zu lassen.[59]

In seiner Einleitung, bevor er auf die vier Arten der Liebe zu sprechen kommt, setzt sich Lewis mit dem Zusammenhang zwischen Liebe und Vergnügen auseinander und fragt, was sie miteinander verbindet und was sie voneinander trennt. In dieser Fragestellung liegt, glaube ich, eine monumentale Wahrheit verborgen. Für ihn ist es nur eine Präambel, aber wenn wir diesen Gedanken weiter verfolgen, kann er uns zu einer tief greifenden Schlussfolgerung führen.

Die vier Konzepte in jener Einleitung beginnen mit der Vorstellung einer groben Kategorie, die er „bedürftige Liebe" nennt. Wer von uns kennt diese Liebe nicht? Von dem Zeitpunkt an, wo wir unsere Arme ausstrecken oder unser erstes Wort hervorbringen können, sehnen wir uns nach Zuneigung. Auch die moderne Psychologie hat ihr Licht darauf geworfen. In den letzten Jahrzehnten, als die Wissenschaftler sich immer tiefer mit dem menschlichen Verhalten befassten, waren die so genannten Selbst-Theorien einer der Aspekte, die studiert und debattiert wurden – das Bestreben zu verstehen, warum wir tun, was wir tun, mit dessen Hilfe dann ergründet wird, was unsere Bedürfnisse sind.

Ein Pionier auf diesem Gebiet war Abraham Maslow, der vor allem bekannt ist für seine Gedanken über die Selbstverwirklichung des Individuums, also die Frage, wie jeder von uns sein volles Potenzial ausschöpft. Sehr populär ist Maslows „Bedürfnishierarchie", dargestellt als eine Leiter, die wir hinaufsteigen, um dieses Potenzial zu erreichen. Die Hierarchie, die er von der Geburt bis zur Reife auflistet, sind unsere physiologischen Bedürfnisse, unser Sicherheitsbedürfnis, unser Liebesbedürfnis und schließlich unser Bedürfnis nach Selbstverwirklichung.

Interessanterweise ging Maslow später dazu über, diese Bedürfnisse in zwei Kategorien zu unterteilen, wobei die einen auf ein Gefühl der Entbehrung zurückzuführen waren, die anderen auf das, was er „Seins-Motive" nannte. Unsere physiologischen Bedürfnisse und das Sicherheitsbedürfnis stufte er als grundlegend ein, da sie geringere Motive hätten, die aus einem „empfundenen Mangel" heraus entstünden. Wo sie nicht befriedigt werden, wird unser Verhalten dementsprechend beeinflusst. Die höheren Motive des Seins bis hin zur Selbstverwirklichung, sagt er, kommen erst dann ins Spiel, wenn die niedrigeren Bedürfnisse befriedigt sind.

Maslows gesamtes Gedankengebäude enthält Grundannahmen, die sich mit einer christlichen Weltsicht nicht vereinbaren lassen. Aber diese Unterschiede sind nicht der Grund, warum ich seine psychologische Theorie hier heranziehe. Mir geht es darum, auf eine fundamentale Übereinstimmung zwischen den Anhängern seiner Schule, die sich mit Motivationstheorien auseinander setzen, und anderen wie C. S. Lewis hinzuweisen, die eine existenzielle Apologetik anwenden; beide gehen von dem gemeinsamen Nenner der Bedürfnisse aus, den wir Menschen haben.

Doch es gibt einen entscheidenden Unterschied zwischen dem biblischen Denken und Maslow, der nicht übersehen werden darf. Der philosophische Fehler, den die Behavioristen begehen, wenn sie unsere menschlichen Bedürfnisse definieren, liegt in ihrem Ausgangspunkt. Natürlich haben sie ihre Gründe, die zu diesem unterschiedlichen Denkansatz führen. Sie beobachten bestimmte Verhaltensmuster, von denen sie dann rückwärts auf unser Wesen schließen, anstatt zuerst unser Wesen zu definieren und dann vorwärts gerichtet unser Verhalten zu erklären. Dieser entscheidende Unterschied im Verständnis des Menschen führt dazu, dass die Lösungen, die für das Problem der Einsamkeit angeboten werden, radikal verschieden sind. Wenn wir verstehen, wie wichtig diese Trennlinie ist, werden wir auch verstehen, warum Denker wie Wolfe und Lawrence außerhalb einer christlichen Sicht niemals eine Antwort auf das „Dahinter“ finden werden.

Ein bewusstes Rätsel

Das Leben ist im Kern ein Rätsel im besten Sinne – ein faszinierendes Rätsel, ein packendes Rätsel, ein bewusstes Rätsel. Jeder Mensch hat eine einzigartige, glanzvolle und wunderbare Fähigkeit. Nachdem wir ohne unseren eigenen Willen ins Dasein gerufen wurden, macht jeder von uns sich von Anfang an daran, dieses Rätsel zu ergründen.

Gott hat uns provozierend und, so glaube ich, ganz bewusst die Erinnerung an unsere eigene Geburt erspart. Meiner Überzeugung nach ist der Grund dafür, dass sie zu großartig ist, als dass wir sie mit unserem Verstand erfassen könnten. Einmal sagte Jesus zu seinen Jüngern: „Ihr glaubt mir ja nicht einmal, wenn ich von ganz alltäglichen Dingen rede! Wie also werdet ihr mir dann glauben, wenn ich euch erkläre, was im Himmel geschieht?“ (Johannes 3,12).

Schon die offensichtlichen Dinge sind oft zu hoch für uns; wie können wir uns da einbilden, wir hätten selbst die subtilen Dinge voll und ganz begriffen? Dieser rätselhafte und Ehrfurcht gebietende

Ausgangspunkt des Lebens selbst (mit seiner eingebauten Begrenzung) sollte unser erster Anhaltspunkt in dem Rätsel um das Wesen des Lebens sein. Lassen Sie uns von diesem Punkt ausgehen.

Vom Moment der Empfängnis bis zu dem Moment der Entbindung vollziehen sich unglaubliche Veränderungen. Jenes einzelne befruchtete Ei vervielfacht sich innerhalb von neun Monaten auf hundert Milliarden Zellen. Der Arzt, der das Kind auf die Welt holt, ist ebenso wenig dafür verantwortlich ihm das Leben zu geben wie die Eltern, die ihm seinen Namen geben. Der Prozess der Geburt und der Akt der Namensgebung sind ein Zeugnis davon, dass das Leben bereits existiert. Den Namen wird das Kind vielleicht mit Millionen anderen teilen, doch sein Leben selbst ist deutlich und einzigartig nur sein eigenes. Ein einzelner DNS-Strang würde eine tausendbändige Enzyklopädie mit sechshunderttausend Seiten zu je fünfhundert Wörtern füllen. Doch wie durch ein Wunder verwandelt das Individuum diese Information in eine Person und Persönlichkeit, die ganz und gar seine eigene ist. Fragen Sie Eltern von eineiigen Zwillingen. Selbst die Ähnlichkeit der genetischen Information macht es nicht möglich, den einen durch den anderen zu ersetzen.

Dies ist unser Ausgangspunkt. In seiner unendlichen Weisheit und Macht hat Gott, der Urheber des Lebens, uns etwas geschenkt, wovor wir in Ehrfurcht stehen müssen. Der Autor Lewis Thomas bemerkt in seinem Buch *The Medusa and the Snail*:

> Schon die bloße Existenz dieser Zelle sollte eines der Staunen erregendsten Dinge auf der Erde sein. Die Leute müssten eigentlich den ganzen Tag, so lange sie wach sind, herumlaufen und sich unter staunenden Ausrufen über nichts anderes unterhalten als über diese Zelle. ... Falls es zu meinen Lebzeiten jemandem gelingen sollte sie zu erklären, werde ich mir ein Skywriting-Flugzeug chartern, vielleicht sogar eine ganze Flotte, und sie nach oben schicken, damit sie ein Ausrufezeichen nach dem anderen an den Himmel schreiben, bis mir das Geld ausgeht.[60]

Hier ist ein Rätsel, das uns Ehrfurcht einflößen muss. Doch bei unserer Einzigartigkeit kommt noch ein weiterer Faktor hinzu. Wir sind nicht nur einzigartig in unserem Wesen, sondern auch in unserem Zusammenwachsen. Es gibt eine einzigartige Ganzheit, die unteilbar ist. In jeder Persönlichkeit kommen Komponenten zusammen, die sich nicht voneinander trennen lassen und die jedem Einzelnen seine Persönlichkeit verleihen. F. W. Boreham illustriert das brillant in seinem Essay „The Sword of Solomon“:

> In einem gewissen Sinne ... sind zwei und zwei vier. ...
> Es gibt eine Ebene – die Ebene der Bankkonten und Scheckbücher – auf der solche Aussagen einigermaßen zutreffend sind. Aber wenn man von dieser Ebene zu einer höheren emporsteigt, stellt man fest, dass sie unhaltbar sind. Sie funktionieren einfach nicht. Salomo beweist das am Stadttor. Es mag ja zutreffen, dass ein halber Schilling und ein halber Schilling einen ganzen Schilling ergeben, aber es trifft offensichtlich nicht zu, dass ein halbes Baby und ein halbes Baby ein ganzes Baby ergeben. Lasst das Schwert seine tödliche Arbeit tun; lasst es das Baby in zwei Teile teilen; und ein halbes Baby plus ein halbes Baby werden nur noch der grausige Überrest eines Babys sein. Zwei Hälften eines Babys ergeben keineswegs ein ganzes Baby.
> Auf dieser höheren Ebene der menschlichen Empfindungen und Erfahrungen brechen die Gesetze der Mathematik völlig zusammen. Wenn zum Beispiel ein Mann seinen Besitz unter seinen Kindern verteilt, gibt er jedem einen Teil; wenn aber eine Frau ihre Liebe unter ihren Kindern verteilt, gibt sie jedem alles. ... [Kein] Mensch, der sich schon einmal verliebt hat, wird je wieder davon zu überzeugen sein, dass eins plus eins nur zwei ergibt. ... [Kein] glückliches Ehepaar, in dessen zärtliche Obhut ein kleines Kind gekommen ist, wird je wieder davon zu überzeugen sein, dass zwei plus eins nur drei ergibt. Das Leben ist durch die Hinzufügung dieses einen kleinen Lebens zu ihrem um ein Tausendfaches bereichert worden. Und ich bin

> sicher, dass kein Elternpaar, denen dieser Schatz aus den zärtlichen und schützenden Armen gerissen wird, jemals Trost in der Zusicherung finden kann, das drei minus eins zwei ergibt. In den großen Krisen des Lebens bricht der Glaube an die Zahlen hoffnungslos zusammen.[61]

Eine Person ist keine Quantität. Jede Person ist eine Einheit. Der Verlust dieser Wunder, unserer Einzigartigkeit und unserer individuellen Ganzheit, ist vielleicht die Wurzel unserer fehlgeleiteten Hoffnung, eine sichere und erfüllende Liebe werde all unseren Hunger stillen.

Warum, so habe ich mich schon oft gefragt, stürzen wir uns eigentlich so auf die Verhaltenswissenschaft, fasziniert von ihren Daten, und lassen das Buch unseres Ursprungs ungelesen. Liegt es daran, dass wir uns nicht für abhängig von irgendjemandem erklären, sondern uns einreden wollen, wir hätten uns selbst erschaffen? Gefesselt von unserer Sehnsucht nach Liebe haben wir das Wunder unseres Wesens hinter der bloßen Existenz aus den Augen verloren. Doch indem wir das erste Stadium unseres Seins übergehen und uns ganz auf das erste Stadium des Verhaltens konzentrieren, kommen wir zu einem Text der bedürftigen Liebe ohne einen Kontext der Liebe. Diese Sehnsüchte sind in der Tat real. Bedürftige Liebe ist real. Ob wir reich oder arm geboren werden, als Amerikaner, Europäer oder Asiaten, wir haben ein angeborenes Bedürfnis nicht nur nach Nahrung, sondern auch nach Liebe.

Hin und wieder liest man von dramatischen Ausdrucksformen dieses Bedürfnisses. Aber lesen Sie das nächste Mal sorgfältig zwischen den Zeilen, und Sie werden merken, dass es nicht nur irgendeine Liebe ist, die wir brauchen, sondern eine ganz bestimmte Liebe. Diese ganz bestimmte Liebe ist in unsere einzigartige Persönlichkeit und die einzigartige Ganzheit, mit der wir geboren werden, hineingewoben.

Vor einigen Monaten erhielt ich den Rundbrief einer Organisation, die sich in New York City um junge Leute aus der Drogenszene kümmert. Ich kann mich nicht erinnern, wann je ein paar

Worte von einem fremden Menschen mir das Herz so schwer gemacht haben. Der Verfasser stellte schon vor seine Begrüßung die Warnung, der Inhalt des Folgenden werde schwer zu glauben sein, beteuerte aber, es sei uneingeschränkt wahr. Hier ist der Text jenes Briefes:

> Liebe Freunde,
> sie stand am Dienstagmorgen in ihren heruntergekommenen Klamotten vor unserer Tür, und hielt eine kleine Farbdose aus Aluminium in ihren Händen.
> Von dem Moment an, als sie unsere Unterkunft betrat, gab sie uns Rätsel auf. Was immer sie tat, wohin immer sie ging, sie ließ diese Farbdose nie aus den Händen.
> Wenn Kathy in der Notunterkunft saß, lag die Dose in ihren Armen. Sie nahm die Dose mit in den Speisesaal, als sie ihre erste Mahlzeit bei uns einnahm, und sie nahm sie mit ins Bett, als sie sich zum ersten Mal bei uns schlafen legte.
> Wenn sie unter die Dusche ging, war die Dose nur einen Schritt von ihr entfernt. Wenn sich das schmächtige obdachlose Mädchen anzog, stand die Dose zu ihren Füßen.
> „Tut mir Leid, das ist meine“, sagte sie unseren Beratern, wann immer wir danach fragten. „Diese Dose gehört mir.“
> „Möchtest du mir nicht sagen, was darin ist, Kathy?“, fragte ich sie. „Äh, heute nicht“, erwiderte sie. „Heute nicht.“
> Wenn Kathy traurig oder wütend oder verletzt war – was oft vorkam –, nahm sie ihre Farbdose mit in einen stillen Schlafraum im dritten Stock. Etliche Male im Lauf des Dienstags, Mittwochs und Donnerstags kam ich an diesem Raum vorbei und sah zu, wie sie sich sanft hin und her wiegte, die Dose in ihren Armen. Manchmal sprach sie sogar flüsternd mit der Dose.
> Ich hatte mein Leben lang mit problembeladenen Jugendlichen zu tun. ... Ich bin es gewohnt zu sehen, dass sie Stofftiere mit sich herumtragen (manche der härtesten, abgebrühtesten Kids im Covenant House haben Schmusetiere). Jedes Kind hat etwas

– braucht etwas – zum Festhalten.
Aber eine Farbdose? Irgendwo in meinem Kopf
fingen die Alarmglocken an zu läuten.
An einem Morgen beschloss ich, ihr wieder einmal „zufällig“ zu begegnen. „Möchtest du mit mir frühstücken?“, fragte ich sie. „Das wäre schön“, gab sie zurück.
Für ein paar Minuten saßen wir in einer Ecke unseres Speisesaals und unterhielten uns leise unter dem Lärm von 150 ausgehungerten obdachlosen Jugendlichen. Dann holte ich tief Luft und sprang ins kalte Wasser. ...
„Kathy, das ist eine hübsche Dose. Was ist darin?“
Lange Zeit antwortete Kathy nicht. Sie schaukelte vor und zurück, und ihre Haare schwangen um ihre Schultern.
Dann sah sie mit Tränen in den Augen zu mir herüber.
„Es ist meine Mutter“, sagte sie.
„Oh“, erwiderte ich. „Wie meinst du das, es ist deine Mutter?“, fragte ich.
„Es ist die Asche meiner Mutter“, sagte sie. „Ich bin hingegangen und habe sie mir aus dem Beerdigungsinstitut geholt. Schauen Sie, ich habe sogar ein Etikett draufkleben lassen. Ihr Name steht darauf.“
Kathy hielt mir die Dose vor die Augen. Ein kleiner Aufkleber auf der Seite verzeichnete alles, was von ihrer Mutter noch bekannt war: Geburtsdatum, Todesdatum, Name. Das war alles. Dann zog Kathy die Dose wieder an sich und presste sie gegen ihren Leib.
„Ich habe meine Mutter nie richtig gekannt, Schwester“, erzählte mir Kathy. „Ich meine, schließlich hat sie mich zwei Tage nach meiner Geburt auf den Müll geworfen.“ (Wir haben Kathys Geschichte überprüft. Tatsächlich: In dem Jahr, in dem Kathy geboren war, stand in den New Yorker Zeitungen ein Bericht, die Polizei habe ein neugeborenes kleines Mädchen in einem Müllcontainer gefunden ... und tatsächlich, es war zwei Tage nach Kathys Geburt.)
„Ich habe dann bei einer Pflegefamilie nach der anderen gelebt

und war stinksauer auf meine Mutter“, erzählte Kathy. „Aber dann habe ich irgendwann beschlossen sie ausfindig zu machen. Ich hatte Glück – jemand wusste, wo sie wohnte. Also ging ich hin.
Aber sie war nicht da, Schwester“, fuhr sie fort. „Meine Mutter war im Krankenhaus. Sie hatte Aids. Sie lag im Sterben. Ich ging ins Krankenhaus, und ich konnte sie noch kennen lernen, einen Tag, bevor sie starb. Meine Mutter hat mir gesagt, dass sie mich liebt, Schwester“, sagte Kathy unter Tränen. „Sie hat mir gesagt, dass sie mich liebt.“ (Wir haben Kathys Geschichte noch einmal nachgeprüft ... jedes Wort ist wahr.)
Ich drückte Kathy an mich, und sie weinte lange in meinen Armen. Es war gar nicht so einfach, meine Arme um sie zu legen, denn sie wollte einfach die Farbdose nicht aus der Hand geben. Aber das schien ihr nichts auszumachen. Ich weiß, dass es ihr nichts ausgemacht hat. ...
Vor zwei Stunden habe ich Kathy wieder gesehen, als sie in unserem Speisesaal zu Abend aß. Sie kam extra zu mir herüber, um Hallo zu sagen. Ich nahm sie extra noch einmal in die Arme. ...
Heute Abend ist mir zum Weinen zumute. Ich kann das Gefühl einfach nicht abschütteln. Ich schätze, diese Geschichte – diese ganze furchtbare, traurige, unfassbare Tragödie – ist mir heute Abend nahe gegangen.
Ich schätze, deshalb musste ich Ihnen einfach diesen Brief schreiben.[62]

Kann eine Geschichte auf bewegendere Weise zum Ausdruck bringen, was bedürftige Liebe ist? Kathys Schrei von der Müllhalde der Ablehnung ist bezeichnend sowohl für die Qual als auch für die Herrlichkeit des menschlichen Daseins. War Kathy auf der Suche nach Liebe, oder war da noch mehr? Ich glaube, da war noch mehr. Lassen wir diesen wichtigen ersten Schritt jetzt auf sich beruhen, um zu ihm zurückzukehren, wenn wir so weit sind, dass wir alle Formen der Liebe zusammen betrachten können.

Das Geschenk der Liebe

Es gibt eine Kehrseite der bedürftigen Liebe, sagt Lewis, und das ist die „schenkende" Liebe. Dies ist die Liebe, die sich in Großzügigkeit, Zärtlichkeit, Freundlichkeit, Barmherzigkeit, Gnade und einer Vielzahl weiterer Akte oder Gedanken des Gebens verströmt. Wo wären wir alle ohne diese schenkende Liebe, die sich uns durch das Opfer oder das Geschenk eines anderen zuwendet? Ob es auf dem Schlachtfeld ist, wo inmitten des bewaffneten Kampfes Heldentaten zur Rettung anderer vollbracht werden, oder in den Annalen der aufopfernden elterlichen Liebe, wo einer sein Leben für den anderen gibt, wir lesen und hören von den Geschenken der Liebe und erkennen die selbstlose Zuwendung, die in solchen Taten und Anstrengungen zum Ausdruck kommt.

Dabei ist ein wichtiger Aspekt zu beachten. Die eine oder andere der führenden Weltreligionen haben die schenkende Liebe zur höchsten Tugend erklärt. Das selbstlose Leben. Das aufopfernde Leben. Sie definieren diese schenkende Liebe als das Ziel, zu dem alle Wege führen müssen.

Eine der alten Geschichten aus dem Buddhismus erzählt von einer Frau, die wissen wollte, wie sie ihr Unglück und ihre Trauer loswerden könne. Der Weise sagte ihr, sie solle von Tür zu Tür gehen, und wenn sie ein Haus finde, wo es keine Sorgen gebe, dann solle sie um eine Hand voll Getreide bitten. Lange Zeit später kehrte sie wieder zurück und sagte, sie hätte nicht ein einziges Haus gefunden, das dieser Beschreibung entsprach. Stattdessen war sie so sehr darin aufgegangen sich die Nöte anderer anzuhören, dass sie ihre eigenen ganz vergessen hatte. Die Moral der Geschichte ist, dass man durch Geben seine eigene Bedürftigkeit vergisst.

Wir alle erkennen die Herrlichkeit der schenkenden Liebe und bewundern die Leute, die sie an die Menschen in ihrer Umgebung verteilen. Doch die religiöse Theorie, die sowohl hinter dieser Illustration als auch hinter dem Gedanken selbst steht, bietet alles andere als eine befriedigende Antwort. Das Leben ist viel zu kompliziert, als dass man es summarisch als ein Streben die Nöte anderer zu lindern zusammenfassen könnte. Auch dazu könnte man noch mehr sagen. Aber wir stehen zu Lewis' zweiter Kategorie, der schenkenden Liebe. Wir alle haben das Bedürfnis geliebt zu werden. Wir alle haben die Möglichkeit, das Geschenk der Liebe zu schenken oder zu empfangen.

Das anziehende Vergnügen

Nachdem er uns diese beiden Grundkategorien der bedürftigen und der schenkenden Liebe vorgestellt hat, macht er uns mit zwei Arten der Lust bekannt, um dem Zusammenhang zwischen unserer Lust und unserer Liebe nachzuspüren. Die erste nennt er „Bedürfnis-Lust“, die zweite „wertschätzende Lust“. Bedürfnis-Lust ist, kurz gesagt, die Befriedigung, die wir aus den einfachen Annehmlichkeiten des Lebens entnehmen – ein erfrischendes Glas Wasser, ein bequemer Sessel, eine Tasse Tee (in meinem Fall) oder was immer es sein mag, das uns Genuss verschafft. Das ist Bedürfnis-Lust. Wenige wissen ihren Wert so zu schätzen wie ein Reisender, der weit weg von zu Hause ist und die gewohnten Annehmlichkeiten vermisst. In seinem Buch *The Longing for Home* drückt Frederick Buechner eben dies in einem Abschnitt aus, in dem er sich an seine Kindheitstage erinnert. Dort schreibt er:

> Was hatte dieses Haus an sich, das es mir in einem Maße, dem alle anderen Häuser meiner Kindheit nicht einmal nahe kamen, zum Zuhause machte? Seine Permanenz war ein Teil der Antwort – mein Eindruck, dass dieses Haus, während andere Häuser kamen und gingen, immer für uns da war und immer für uns da sein würde, so weit ich in die Zukunft denken konnte, ebenso wie Ellen, die meiner Großmutter jeden Vormittag genau um elf ihr Glas Buttermilch auf einem silbernen Tablett brachte, und mein Großvater, der jeden Tag in die Stadt zum Büro fuhr und ... vor dem Abendessen mit der Abendzeitung unter dem Arm und vielleicht ein paar Lecke-

> reien, die er auf dem Heimweg in der Bäckerei gekauft hatte, zurückkam, und die Mahlzeiten am Samstagabend, wenn die Köchin Ausgang hatte und es zu Ehren der Neu-England-Hälfte der Herkunft meiner Großmutter „Mahagoni“ gab – bunte Bohnen, gebraten mit Salzfleisch und Sirup, dunkles Bostoner Rosinenbrot und starker schwarzer Kaffee, in der Kanne gekocht, mit einer Eierschale darin, damit er sich besser setzte, und gesüßt mit Zuckerstücken und dickem Rahm, den man hätte schlagen können.[63]

Diesen Abschnitt sollte man nicht lesen, wenn man Hunger hat! Aber er ist ein klassischer Ausdruck der Bedürfnis-Lust. Jedes Mal, wenn wir sie genießen, speichern wir sie auf einem Erinnerungskonto, von dem wir wieder abheben können, wenn wir sie bei einer anderen passenden Gelegenheit wieder genießen können.

Schließlich führt uns Lewis zur letzten Ecke seines Gedankenquadrats. Er nennt sie „wertschätzende Lust“. Das ist die Lust, die uns plötzlich überfällt und uns in ihren Bann schlägt. Zum Beispiel, wenn man eine Straße entlang fährt und ganz unerwartet hinter einer Kurve eine Wiese voller Mohnblumen in Sicht kommt und der Anblick einem Ehrfurcht eintreibt. Die Ausrufe „Wie schön!“, „Wie herrlich!“ scheinen der Lust, die wir daran empfinden, gar nicht gerecht zu werden, und es scheint fast unmöglich, diese momentane Seligkeit in Worte zu fassen. Das kurze Aufblitzen der Lust lässt zugleich eine Sehnsucht und eine bleibende Erinnerung in uns zurück.

Bedürftige Liebe, schenkende Liebe; Bedürfnis-Lust, wertschätzende Lust. Das sind die Arten der Liebe und der Lust, mit denen wir leben. Je mehr sie unser Leben besprengen, desto größer ist die Wahrscheinlichkeit, dass wir unser Leben genießen. Aber sobald wir sie alle zusammen nennen, ergibt sich eine Frage. Ist darin, dass wir Liebe brauchen und sie schenken können, dass wir Lust finden und Lust schätzen, die Antwort auf die Einsamkeit zu finden? Führen diese vier Komponenten zur Vervollständigung? Ergänzen diese vier Erfahrungen sich gegenseitig? Oder fehlt noch etwas?

Eine überraschende Lücke

Lewis registriert zu Recht, dass die Balance zwischen Liebe und Lust unausgewogen ist. Die Bedürfnis-Lust, meint er, ist eine Vorankündigung und ein Hinweis auf die bedürftige Liebe. Ein erfrischendes Glas Wasser an einem heißen Tag verschafft uns Lust. Aber diese Bedürfnis-Lust ist nur ein kleiner Same verglichen mit der vollen Blüte der Lust, die man in den Armen eines geliebten Menschen findet. Wenn wir die Liebe eines Menschen brauchen und diese Liebe erwidert finden, ist das Ergebnis eine einzigartige Lust. Somit besteht ein Zusammenhang zwischen bedürftiger Liebe und Bedürfnis-Lust. Bedürftige Liebe und Bedürfnis-Lust gehen Hand in Hand, auch durch die Veränderungen des Lebens.

Ist aber die wertschätzende Liebe ebenso eine Vorankündigung der schenkenden Liebe, wie die Bedürfnis-Lust eine Vorankündigung der bedürftigen Liebe ist? Hier scheint die Parallele zusammenzubrechen. Die Beziehung zwischen Bedürfnis-Lust und bedürftiger Liebe ist leicht zu erkennen. Doch der Zusammenhang zwischen wertschätzender Liebe und schenkender Liebe ist nicht so einsichtig. Die wertschätzende Lust bleibt aus mindestens zwei Gründen dahinter zurück.

Erstens ist sie kein vollständiger Ausdruck unserer Reaktion auf die Geschenke der Liebe, die unseren Weg kreuzen. Zweitens ist die wertschätzende Lust eine Reaktion nicht nur auf ein Geschenk der Liebe, sondern auch auf Dinge wie Schönheit oder Güte, und diese Reaktion besteht in Staunen, Ehrfurcht oder Faszination. Wenn wir ein schönes Musikstück hören, möchten wir auf irgendeine Weise darauf reagieren. Wir baden in der Herrlichkeit eines Anblicks oder eines Klangs oder eines Gefühls, die wir nicht für uns behalten können. Irgendwie erscheint es unangemessen zu sagen, dass Bedürfnis-Lust unseren Geisteszustand in einer solchen Situation vollständig beschreibt.

Ich erinnere mich, wie ich einmal an der Kapspitze in Südafrika stand. Von der Spitze des Dreieckes von Land's End aus gesehen, erstreckte sich, so weit das Auge reichte, die riesige Wasserfläche, die den besten der frühen Entdecker eine harte Nuss gewesen war. Auf der einen Seite brandete der Atlantische Ozean heran, von der andern der Indische Ozean. Da, wo die beiden mit Furcht erregender Gewalt aufeinander prallten, schauten wir buchstäblich ins wilde Blaue hinein. Der Anblick war atemberaubend.

Während mein Kollege und ich schweigend das majestätische Schauspiel genossen, hatte ich auf einmal das überwältigende Verlangen, auf irgendeine Weise zu reagieren. Aber wie? Was kann die wertschätzende Lust tun? Wir gingen jedenfalls nicht hin, um den nächsten Berg zu umarmen, und wir hinterließen auch keine Opfergabe am Fuß einer Felsformation oder küssten das Wasser. Wertschätzende Lust gerät letzten Endes in eine Sackgasse und erstickt an sich selbst.

Wie also passen schenkende Liebe und wertschätzende Lust zusammen? Wie verbindet sich Schönheit mit wertschätzender Lust, die das Bedürfnis hat zu reagieren, aber keinen Weg dazu findet? Lewis versteht diese beklemmende Erregung genau. Es muss noch mehr geben, ein fünftes Konzept, das sein Dilemma auflöst. Er nennt es einfach „wertschätzende Liebe". Und mit dieser unwiderstehlichen Zuneigung öffnet er endlich das Paket, das bisher noch versiegelt war.

Jetzt können wir die Frage beantworten, warum es eine Liebe gibt, die tiefer ist, als wir das Wort normalerweise bestenfalls verstehen. Lewis drückt es so aus:

> In der wertschätzenden Lust – sogar in ihren ersten Ansätzen, und immer mehr, wenn sie zum Genießen der ganzen Schönheit heranwächst – finden wir etwas, was wir nicht anders als „Liebe" und „Selbstlosigkeit" nennen können. ... Es ist jenes Gefühl, das einen Menschen davon zurückhält, ein Meistergemälde zu zerstören, selbst wenn er der letzte überlebende Mensch wäre und den Tod vor sich hätte; das Gefühl, das uns glücklich macht, dass es noch unberührte Wälder gibt, auch wenn wir sie nie sehen werden; das Gefühl, das uns hoffen lässt, dass jener Garten mit den Wicken oder das Bohnenfeld

erhalten bleibt. Wir „mögen" diese Dinge nicht nur, wir erklären sie in einem Augenblick von Gottähnlichkeit für „sehr gut".

Das ist der Moment, in dem Herz und Verstand mit einer Liebe reagieren, die über bloße Lust hinausgeht. Es ist eine lebensbereichernde Vermischung von Herz und Willen, ein Zusammenwachsen von Liebe und Dankbarkeit. Aber Liebe zu was? Oder zu wem?

> Es hat mir in unserer bisherigen Einteilung der Liebe in „bedürftige" und „schenkende" eine Lücke aufgedeckt. Die Liebe enthält ein drittes Element, das in der „wertschätzenden Lust" vorgezeichnet ist und das nicht weniger wichtig ist als die ersten beiden. Das Urteil „sehr gut", diese Aufmerksamkeit (um nicht zu sagen Huldigung), die man einem Objekt schuldig zu sein glaubt, dieser Wunsch, es möge sein und bleiben, wie es ist, auch wenn wir nie in seinen Genuss kommen, kann sich nicht nur auf Dinge, sondern auch auf Personen beziehen. Einer Frau gegenüber nennt man das Bewunderung, einem Mann gegenüber Heldenverehrung, Gott gegenüber Anbetung.

Ich fürchte, Lewis unterschätzt offensichtlich – vielleicht aus Bescheidenheit – das volle Gewicht dessen, was er hier sagt. Indem er den Begriff der wertschätzenden Liebe einführt, indem er sagt, sie sei nicht weniger wichtig als bedürftige Liebe und schenkende Liebe, stellte er sie auf die gleiche Ebene, während in Wirklichkeit die wertschätzende Liebe, richtig verstanden, alle anderen Arten untermauert, beeinflusst und prägt. Der Gipfel seiner Gedanken dazu ist einfach brillant, und von dort ausgehend werde ich meine Argumentation aufbauen:

> Bedürftige Liebe schreit aus unserer Armut zu Gott; schenkende Liebe sehnt sich danach, ihm zu dienen oder gar für ihn zu leiden; wertschätzende Liebe sagt: „Wir sagen dir Dank um deiner großen Herrlichkeit willen." Bedürftige Liebe sagt von

> einer Frau: „Ich kann nicht leben ohne sie“, schenkende Liebe möchte ihr Glück, Trost, Schutz und – wenn möglich – Reichtum verschaffen; wertschätzende Liebe schaut, hält den Atem an und verstummt, frohlockt, dass es ein solches Wunder gibt – auch wenn es nicht für mich bestimmt ist – verzweifelt nicht ganz, wenn sie es verliert, will lieber den Verlust ertragen, als es nie geschaut zu haben. [64]

Kurz, wertschätzende Liebe ist dauerhaft, weil sie in der Quelle unseres Wesens verwurzelt ist, nicht nur in unserem Verhalten. Wir umarmen den Berg nicht, aber wir können innehalten und dem, der ihn gemacht hat, Dank sagen und ihn von ganzem Herzen lieben. Diese Verschmelzung von Liebe und Dankbarkeit geht so weit über menschliche Beziehungen hinaus, dass sie nur als Anbetung bezeichnet werden kann.

G. K. Chesterton sagte einmal sinngemäß: Wenn mein Kind sich beim Nikolaus bedanken kann, dass er Süßigkeiten in seine Stiefel gesteckt hat, habe ich denn niemanden, dem ich dafür danken kann, dass er zwei Füße in die meinen gesteckt hat? Das ist es. Das ist nicht nur wertschätzende Lust, das ist wertschätzende Liebe. „Danke“ ist ein unverzichtbares Wort für die höchste Form der Liebe. Vielleicht ist das der Grund dafür, dass zur gleichen Zeit, in der in Amerika das „Thanksgiving“-Fest in „Turkey Day“ umbenannt wird und in deutschen Kindergärten „Halloween“-Feiern Erntedank-Feiern ablösen, eine Kultur der Undankbarkeit eine einsame Generation hervorgebracht hat.

Dies halte ich für den Grundstein der Antwort auf die Einsamkeit. Wertschätzende Liebe entspringt der Dankbarkeit und erkennt in vollem Umfang das Rätsel, dass ich vor dem stehe, der die Ursache meines Daseins ist und der selbst niemals „nicht sein“ könnte. Wertschätzende Liebe im Sinne unserer Reaktion auf Gott ist eine Liebe, die aus Dankbarkeit ihm gegenüber liebt; es ist eine Liebe, die das Herz und den Willen zur Anbetung beugt. Das ist das „Dahinter“ in unserem Leben.

Einer meiner guten Freunde wurde direkt nach der Geburt aus

sehr persönlichen Gründen von seinen Eltern zu Adoption freigegeben. Lange Jahre bemühte er sich später, seine Eltern zu finden. Vor kurzem schließlich konnte er seine Mutter ausfindig machen. Natürlich ist sie inzwischen schon betagt, und als er sie kontaktierte und fragte, ob er sie besuchen dürfe, floss ihr Herz über mit einer Freude, die sie nicht zurückhalten konnte. Dies war eine Lust, von der sie geglaubt hatte, sie niemals in ihrem Leben, das sich nun schon dem Ende entgegen neigte, erfahren zu können. Sie konnte den Tag kaum erwarten.

Es war ein stürmischer, verschneiter Tag, und als er langsam die unbekannte Straße entlang fuhr und nach dem richtigen Haus suchte, sah er eine Frau wartend draußen in der Kälte stehen. Ihr Wiedersehen nach gut fünf Jahrzehnten war so bewegend und zärtlich, dass man es nicht beschreiben kann. Doch er erzählte mir, als er sich von ihr verabschiedete, habe er sie gefragt: „Mama, kann ich irgendetwas für dich tun?"

Mit tränenüberströmtem Gesicht antwortete sie: „Hab mich nur lieb, mein Sohn. Hab mich nur lieb."

Warum diese flehentliche Bitte? Weil sie sich wohl im Innersten gefragt haben muss, wie es möglich war, dass er sie liebte, obwohl sie ihm doch gar nichts gegeben hatte. Wie konnte er sie lieben, ohne einen Grund dafür zu haben? Doch aus seiner Sicht hatte sie ihm das Geschenk des Lebens gegeben, und dieses Geschenk war genug, damit seine wertschätzende Liebe einen Weg suchte sich auszudrücken.

War das nicht auch der Grund für Kathys Suche? Obwohl ihre Begegnung nur kurz und ihre Mutter nur noch wenige Stunden von ihrem Tod entfernt war, brachte sie Kathy Heilung – einfach nur, indem sie ihre Mutter sagen hörte: „Ich liebe dich."

Kathy hätte auch anderswo Liebe finden können. Diese Möglichkeit bestand immer. Aber selbst wenn sie sie gefunden hätte, wäre doch diese Sehnsucht in ihr Herz eingegraben geblieben – ich wünschte, ich könnte sie finden. Es war mehr als eine Suche nach Liebe; es war die Suche nach einer ganz bestimmten Liebe. Das ist mehr als eine bedürftige Liebe. Es ist das Bedürfnis nach einer ganz bestimmten Liebe, auf die das Herz ausgerichtet ist. Sie entspringt aus der wertschätzenden Liebe zum Dasein.

Das letzte Ziel und die letzte Quelle dieser Art von Liebe ist Gott selbst, der uns geformt hat, und die höchste Reaktion von uns ist mehr als nur Liebe. Jene Reaktion der Wertschätzung, der Dankbarkeit, der Ehrfurcht, der Hingabe, des Hungers nach der höchsten Erfüllung im Geist ist das, was wir Anbetung nennen. Und bis wir den gefunden haben, der allein der Anbetung würdig ist, muss das Herz seine einsame Suche fortsetzen.

So wie der Lachs, der entschlossen gegen die Strömung anschwimmt, um zu dem Ort zurückzukehren, wo er aus dem Ei schlüpfte, und wenn er dort angekommen ist, seinen eigenen Laich ablegt, so kehren auch wir in Anbetung zu dem zurück, der die Quelle unseres Lebens ist, zu Gott selbst.

Es hat seinen Grund, dass sowohl das Gespräch mit der Frau am Brunnen als auch jenes mit der Frau, die Jesus salbte, auf das Thema Anbetung hinauslaufen. Beide Frauen hatten geliebt und ihre Liebe verloren. Beide kannten die trügerische Seite der Liebe. Beide hatten bedürftige Liebe und schenkende Liebe erlebt. Beide kannten die Begrenzungen der Lust. Nun kamen sie mit einer beispiellosen wertschätzenden Liebe. Sie beugten sich vor ihrem Erlöser und trugen seine Botschaft zu allen, die sie kannten.

Die Rückkehr zu unseren Wurzeln

Dies bringt uns wieder zurück – nicht zu unserem Verhalten, sondern zu unserem Wesen, aus dem wir dann unser Verhalten ableiten. Man muss Nachsehen mit den Selbst-Theoretikern haben, denn ihre Disziplin kann sich nur mit dem befassen, was sich beobachten lässt. Sie machen da Halt, wo säkulare Denkvoraussetzungen sie dazu zwingen. Aber offensichtlich gehen sie von dem falschen Ausgangspunkt aus, denn wir sind nicht, wer wir sind, weil wir tun, was wir tun. Umgekehrt: Wir tun, was wir tun, weil wir sind, wer wir sind. Und die Bibel erinnert uns daran, dass wir von einem liebenden Gott gemacht sind, der uns aufruft ihn anzubeten.

Kürzlich hörte ich eine faszinierende Geschichte über ein junges Ehepaar, das eine Reise nach Rumänien machte. Sie wollten dort einen kleinen Jungen adoptieren, der ohne Arme zur Welt gekommen war. Als sie ihn im Waisenhaus besuchten, fiel ihnen auf, dass niemand auch nur in die Richtung des kleinen George schauen wollte, weil sein Handicap als böses Omen und Fluch für eine Familie gedeutet wurde. Doch das junge Ehepaar schaute sich den kleinen Jungen unverdrossen an, und sie waren entschlossen, ihn mit in die USA zu nehmen und als ihren Sohn großzuziehen, wenn seine Mutter ihn ihnen überlassen wollte. Doch dann geschah etwas Unvergessliches.

Als sie die Mutter kontaktierten, fragte sie, warum sie dieses Kind haben wollten. „Ich habe gehört", sagte sie, „dass in Amerika Babys für genetische Experimente benutzt werden. Ist das der Grund, warum Sie meinen Sohn mitnehmen wollen?"

Die angehenden Adoptiveltern waren ebenso weise wie selbstlos und da sie fast kein Rumänisch konnten, taten sie etwas, worauf sie nur Gott gebracht haben konnte. Sie hatten eine rumänische Bibel dabei, und die reichten sie ihr, aufgeschlagen bei Psalm 139. Die rumänische Frau nahm die Bibel in die Hand und begann zu lesen:

> Herr, du durchschaust mich,
> du kennst mich durch und durch.
> Ob ich sitze oder stehe –
> du weißt es, aus der Ferne erkennst du, was ich denke.
> Ob ich gehe oder liege – du siehst mich,
> mein ganzes Leben ist dir vertraut.
> Schon bevor ich rede, weißt du, was ich sagen will.
> Von allen Seiten umgibst du mich
> und hältst deine schützende Hand über mir.
> Dass du mich so genau kennst – unbegreiflich ist das,
> zu hoch, ein unergründliches Geheimnis! ...
> Du hast mich geschaffen – meinen Körper und meine Seele,

im Leib meiner Mutter hast du mich gebildet.
Herr, ich danke dir dafür, dass du mich so wunderbar und
einzigartig gemacht hast! Großartig ist alles,
was du geschaffen hast – das erkenne ich!
Schon als ich im Verborgenen Gestalt annahm,
unsichtbar noch, kunstvoll gebildet im Leib meiner Mutter,
da war ich dir dennoch nicht verborgen.
Als ich gerade erst Form annahm, hast du diesen Embryo
schon gesehen. Alle Tage meines Lebens hast du in dein Buch
geschrieben – noch bevor einer von ihnen begann! ...
Durchforsche mich, o Gott, und sieh mir ins Herz,
prüfe meine Gedanken und Gefühle!
Sieh, ob ich in Gefahr bin, dir untreu zu werden,
dann hol mich zurück auf den Weg,
der zum ewigen Leben führt!
Psalm 139,1-6; 13-16; 23-24

Die Mutter weinte, während sie diesen Abschnitt las, und presste dann die Bibel gegen ihr Herz. Dann gab sie ihren armlosen Sohn in die Arme einer Frau, die sein ausgestrecktes Wesen sah, nicht das Fehlen seiner ausgestreckten Arme.

Unser Wesen sehnt sich nach Gott. Er hat unseren inneren Hunger gemacht. Nur in ihm wird der Seelenhunger der Einsamkeit gestillt – nicht nur durch Liebe, sondern durch Anbetung. Diese Mutter wusste, dass ihr kleiner Junge sie würde sehen wollen, wenn er größer war. Doch sie wusste auch, dass er nicht nur auf die Quelle seines eigenen, sondern auch auf die Quelle ihres Lebens hingewiesen werden würde. Als sie die Bibel an ihr Herz presste, drückte sie damit ihre wertschätzende Liebe zu Gott selbst aus.

Anbetung ist mehr als Liebe

Richtig verstandene Anbetung bewirkt mindestens drei Dinge, die offensichtlich dem Schmerz der Einsamkeit entgegen wirken.

Das erste Verdienst der Anbetung ist ein legitimes Spüren des Mysteriums und ein rechtmäßiger Ausdruck der Ehrfurcht. Diese hautnahe Begegnung mit dem Mysterium ist eine der größten Erfüllungen des menschlichen Herzens. Schauen Sie sich gut an, womit wir uns in allen Wissensbereichen beschäftigen. Warum weitet sich der Horizont der Wissenschaften immer mehr aus? Weil wir ein Verlangen nach Wissen haben. Und je mehr wir entdecken, desto tiefer finden wir die noch unentdeckten Schichten. Unsere Ausgrabungen fördern ein Wunder nach dem anderen zu Tage und wir wissen nicht, was unter alledem liegt. Manche Leute witzeln zynisch, das sei eben alles unsere DNS. Andere gehen ins reduktionistische Extrem und versuchen zu behaupten, es sei alles Chemie. Wieder andere verweisen auf die „Ursuppe". Doch selbst die bestinformierten säkularen Denker geben zu, dass sich das Buch unserer Ursprünge, abgesehen von einer winzigen Zeitspanne, die wir überblicken können, beharrlich ausschweigt.

Erst kürzlich, als wir im Fernsehen Nahaufnahmen der Marsoberfläche bewundern konnten, gaben die Mitarbeiter des Projektes den Steinen, die sie sehen konnten, und den Maschinen, die sie selbst gebaut hatten, Namen und standen voll Ehrfurcht vor der Materie, nur weil sie 150 Millionen Kilometer entfernt ist. Aber der Materie kann man nicht danken. Wie bald schon ist unser erstes Entdeckerstaunen erstorben. Haben wir vergessen, was die Astronauten empfanden, als sie zum ersten Mal die Rückseite des Mondes umrundeten und über dem Horizont unseres Trabanten die Erde aufgehen sahen? Der einzig passende Ausdruck dafür schien ihnen damals zu sein: „Am Anfang schuf Gott."

Inzwischen lassen wir zu Ehren der Maschinen, die wir bauen, schon Musik ertönen. Es ist kein Wunder, dass wir gelernt haben, mit der Einsamkeit zu leben, denn unsere Mysterien haben eine sehr kurze Halbwertzeit. Ist es denkbar, dass Gott, der selbst reiner Geist ist, ein ganz bestimmtes Mysterium in uns hineingelegt hat, sodass wir nur in der Ehrfurcht vor ihm das ewig Neue finden können?

Wir sind endliche Personen. Wenn diese Endlichkeit ihre Dankbarkeit verdient und ihre Ehrfurcht der unpersönlichen Materie zuwenden, verlieren die Zweige des Daseins ihre Verbindung zu den Wurzeln des Wesens, und so kommen wir dazu, das Verhalten losgelöst vom Mysterium des Lebens selbst zu studieren. Wertschätzende Lust wird so zu einem armseligen, flüchtigen Ersatz für die wertschätzende Liebe.

Gott warnte das alte Volk Israel in seiner Wiederholung des Gesetzes, das Schlimmste, was ihnen passieren könne, sei, dass sie zu einem undankbaren Volk würden und sich einbildeten, sie hätten durch ihre eigenen Hände gepflanzt und geerntet. Als sie noch ein ganz junges Volk waren, sagte er zu ihnen: „Ich gab euch ein Land, das ihr nicht mehr urbar machen musstet, und Städte, die ihr nicht erbaut habt. Ihr esst die Früchte von Weinbergen und Ölbäumen, die ihr nicht gepflanzt habt“ (Josua 24,13).

Immer wieder erinnerte er sie daran: „Ich bin der Herr, ich habe euch aus Ägypten herausgeführt, um euer Gott zu sein.“

Wenn er sie darauf aufmerksam machte, dass das Land, in dem sie lebten, ihnen ohne eigenes Verdienst in den Schoß gefallen war, wenn er sie daran erinnerte, dass selbst die Ernte, die sie einbrachten, aus Weinbergen stammte, die sie nicht angepflanzt hatten – wie vielmehr wird er uns daran erinnern wollen, dass schon das Leben, das wir haben, ein Geschenk ist? Diese immer aufs Neue wiederholte Mahnung an uns selbst ist ein zentrales Element der Anbetung. Wäre diese Art wertschätzender Liebe nicht, so könnte man Gott niemals wahrhaft anbeten. Aus der reinen Anbetung beziehen alle anderen Arten von Liebe ihre Definition.

Zweitens führte diese Art wertschätzender Liebe nicht nur zu einer Anbetung, die von Ehrfurcht und Staunen erfüllt ist, sie geht auch über sich selbst hinaus und verschenkt sich an andere. Das ist ein wichtiger Aspekt, denn die heilsame Wirkung der Anbetung gegen die Einsamkeit bleibt nicht beim eigenen Ich stehen; sie drängt uns dazu, uns auch anderen in ihren Bedürfnissen und Nöten zuzuwenden. Wäre die wertschätzende Liebe zu Gott nicht, so könnte man niemals seinen Feind lieben oder überhaupt eine andere Person um ihrer selbst willen lieben.

Aus der wertschätzenden Liebe fließt die wahre schenkende

Liebe, die besonders denen zugewendet wird, bei denen die bedürftige Liebe besonders stark ist. Wegen unserer Liebe zu Gott erdulden wir alles und aus der Liebe, mit der er uns beschenkt, fließt eine Liebe, die nicht aus uns selbst heraus kommt. Sie entstammt einem Vorrat, den er in unserem Herzen angelegt hat, damit wir daraus schöpfen können.

Was für eine außergewöhnliche Rolle kann ein Christ in einer Welt voller Hass und Misstrauen spielen. Nur auf diese Weise wird die Ausbreitung der Entfremdung gebremst, und die Nähe der Liebe Christi wird den unzähligen Menschen, die einsam sind, noch näher gebracht. All der Hass, der sich in unserer Welt zeigt, entspringt einer Kultur, die keine wertschätzende Liebe gegenüber dem Urheber des Lebens kennt.

Schließlich fließt die wertschätzende Liebe oder Anbetung nicht nur aus der Dankbarkeit gegenüber Gott und verbreitet die Liebe Gottes in einer feindseligen Welt, sondern sie fokussiert auch das Leben des anbetenden Menschen auf einen einzigen Punkt, der das ganze Lebensgefühl mit einbezieht. Viele Künstler und begabte Schriftsteller spüren den Schmerz der Einsamkeit, weil ihr Genie zerrissen ist. Das „Schwert Salomos" hat in ihrem Geist seine Wirkung getan und sie entzweigeschnitten. Sie sind zuerst Personen, bevor sie Künstler sind, und wer in seinem Leben Erfüllung in seinem Können sucht, bevor er Erfüllung in seinem Wesen gefunden hat, der kann nicht anders als sich zerrissen zu fühlen. So, wie ein Kind nicht körperlich versehrt und trotzdem ganz und vollständig sein kann, so können wir uns auch nicht in unserem Wesen verstümmeln, ohne das Gefühl der Verlassenheit zu empfinden. Durch Anbetung fügt sich unser Wesen wieder zusammen.

Schlussfolgerung

Thomas Wolfe hat Recht. Das Problem der Einsamkeit ist universell. Der Choraldichter, der das beliebte Weihnachtslied „O Little Town of Bethlehem" schrieb, fand treffende Worte für diesen Gedanken:

„Die Hoffnungen und Ängste aller Jahre treffen heute Nacht in dir zusammen."

Auch D. H. Lawrence hat Recht. Liebe ist nicht die Wurzel; sie ist nur das Geäst. Wenn wir uns an den Urheber der Liebe wenden, um die Quelle ihrer Wurzeln und die Reichweite ihrer Zweige zu erkennen, dann verstehen wir die Liebe richtig und heben sie auf den höchsten Sockel, behalten jedoch unsere Anbetung einem anderen Altar vor. Jeder Einzelne, der sich so Gott nähert, bringt sich selbst aus Dankbarkeit als einzigartiges und einmaliges Opfer dar. Um das berühmte Augustinus-Zitat etwas abzuändern – unsere Herzen sind ruhelos, bis sie ihre *Anbetung* finden in ihm.

In einem Lied nach dem zweiundvierzigsten Psalm werden diese Wahrheiten wunderbar miteinander verbunden:

> Wie ein Hirsch lechzt nach frischem Wasser,
> so sehn' ich mich, Herr, nach dir.
> Aus der Tiefe meines Herzens bete ich dich an, o Herr.
> Du allein bist mir Kraft und Schild,
> von dir allein sei mein Geist erfüllt;
> aus der Tiefe meines Herzens bete ich dich an, o Herr.[65]

7 Gott sehnt sich nach seinem Volk

In einem Vortrag sind die ersten Worte entscheidend. Rhetorikschüler werden in der Kunst geschult, die Aufmerksamkeit eines Publikums zu erringen. Oft werden zu diesem Zweck gewisse Methoden oder Tricks angewandt. Nachdem man sich dann Gehör verschafft und alles mitgeteilt hat, was man mitteilen wollte, ist es wieder entscheidend, wie die Ansprache abgeschlossen wird. In den abschließenden Gedanken wird das, was am Anfang Interesse wecken sollte oder im Vordergrund stand, beiseite gelegt zugunsten dessen, was im Gedächtnis bleiben muss oder den Kern der Sache bildet. Am Schluss müssen dem Zuhörer die letzten Folgerungen und die notwendigen Appelle, die sich aus dem Gesagten ergeben, klar vor Augen stehen.

Aber diese Bedeutung, die wir den abschließenden Worten zumessen, ist nicht nur in der Öffentlichkeit von Bedeutung. Wir alle achten bewusst oder unbewusst sehr auf das, was wir in Privatgesprächen als Letztes sagen oder womit wir uns verabschieden. Wir wählen die Worte, mit denen wir uns trennen, sei es nur für ein paar Stunden oder für längere Zeit, sehr sorgfältig aus. Wenn unsere Kinder sich verabschieden, dann ziehen sie uns oft damit auf, dass sie uns die Worte vorwegnehmen, weil sie ohnehin schon wissen, was kommt – „Wir lieben dich – pass auf dich auf." In den amerikanischen Südstaaten sagt man typischerweise: „Y'all come back, now" – „Kommt bloß alle wieder". Im Spanischen sagt man „Adios", „zu Gott". Dasselbe bedeutet das französische „Adieu" oder die rheinische Verballhornung „Tschö". Das englische „Goodbye" ist eine Kontraktion von „God be with you" – „Gott sei mit dir". „Auf Wiedersehen" sagen wir recht förmlich in Deutschland, lässiger ist das „Bis bald". Immer, wenn wir uns verabschieden, drücken wir die Hoffnung, den Wunsch und die Erwartung aus, uns wiederzusehen.

Wenn Gott uns seine eröffnenden und seine abschließenden

Worte zuspricht, gibt es keine Tricks, keine rhetorischen Kniffe, sondern nur lebensbegründende Wahrheit. Wir tun gut daran, gut hinzuhören. Denn wenn wir nicht seiner Fürsorge und seinem Schutz anbefohlen sind, wenn er uns Lebewohl sagt, dann gibt es kaum Hoffnung, dass wir „wohl leben" werden! Ich muss an die Worte Jesu denken, die er sprach, als er um seine geliebte Stadt Jerusalem weinte: „Seht, euer Haus wird zerstört werden! Denn ich sage euch: Ihr werdet mich erst dann wiedersehen, wenn ihr bereit seid, mich als den von Gott Gesandten aufzunehmen. Dann werdet ihr rufen: ‚Heil dem Retter, den Gott gesandt hat!'" (Matthäus 23, 38-39).

Wie wichtig dieses „erst dann" war! Ohne diese Aussicht hätte die Zukunft ziemlich trostlos ausgesehen.

Die Bibel beginnt mit den Worten: „Am Anfang schuf Gott ..." Es gibt keinen anderen vernünftigen Ausgangspunkt für das Leben als Gott. Er ist die Achse, um die sich das Leben dreht. Er ist die Quelle, von der aus das Leben beginnt. Er ist der Bezugspunkt, aus dem sich alle Definitionen ergeben.

Ein Aspekt, der in dem Bericht im ersten Buch Mose von Anfang an deutlich wird, ist Gottes ursprüngliche Absicht, in seiner eigenen Schöpfung gegenwärtig zu sein und mit ihr zu kommunizieren – Gemeinschaft mit seinen Geschöpfen zu haben. Doch dann wurde diese Gemeinschaft zerstört, weil Adam und Eva sich entschlossen, nach ihren eigenen Regeln zu leben.

Wenn Sie sich Michelangelos Gemälde vergegenwärtigen, auf dem Gott seine Hand zu Adam hinstreckt, werden Sie sehen, wie weit ausgestreckt Gottes Arm ist. Jeder Muskel in seinem Gesicht ist angespannt, und seine Hand reckt sich so weit wie möglich hinüber, um den Kontakt herzustellen. Adam dagegen lässt seine schlaffe Hand gleichgültig baumeln, als wollte er sagen: „Wenn unsere Hände sich berühren, gut, wenn nicht, dann nicht." Das gibt die unterschiedlichen Neigungen des Herzens sehr gut wieder.

In den Generationen, die danach kamen und gingen, suchte sich Gott einen Mann unter all seinen Geschöpfen, der sein Herz verstehen und bereit sein würde, sich von seiner Hand ergreifen zu lassen.

Diesen einen fand er in Abraham, der dazu bereit war, alles stehen und liegen zu lassen, um sich auf die Suche nach einer Stadt zu machen, deren Erbauer und Schöpfer Gott war. Gott machte ihm das höchste Kompliment, indem er ihn seinen „Freund“ nannte.

Doch wir sehen zwei konkrete Grenzen, die Abraham in seinem Leben zog. Er war bekannt als ein Mann des Zeltes und als ein Mann des Altars – der Vergänglichkeit und der Heiligkeit des Lebens. Kurz, der Dreh- und Angelpunkt seines ganzen Daseins war ein Altar, und sein ganzes Leben war nicht mehr und nicht weniger als eine Erweiterung seiner Anbetung. Sie spielte die zentrale Rolle in allem, was er tat.

Die folgenden Generationen begingen die gleichen Fehler, die auch schon die Generationen davor gemacht hatten. Das Zelt und der Altar wichen einem ganz und gar weltlichen Streben nach dem Zeitlichen und Profanen. Das Endergebnis war, dass die ganze Gemeinschaft ihren Altar verlor und in Ägypten in die Sklaverei geriet. Doch Gott hörte ihre Schreie und bereitete ihnen einen Weg, aus der Gefangenschaft zu entkommen. Er führte sie hinaus in ein eigenes Land, ein Land, das von Milch und Honig überfloss. Auf jener Wanderung wies Gott sein Volk, nachdem er es befreit und ihm das Moralgesetz gegeben hatte, als Erstes an, eine Stiftshütte zu bauen, wobei er besonderen Wert auf den Altar legte. Dieses behelfsmäßige Gebäude war nicht als dauerhaftes Heiligtum gedacht, sondern als Versammlungsort, den sie abbauen und mitnehmen konnten, wenn sie ihre Wanderung fortsetzten.

Als etwa vier Jahrhunderte nach der Befreiung der Israeliten das so genannte goldene Zeitalter Israels begann, kam es ironischerweise zu einer Entwicklung, in der sich sein Zusammenbruch ankündigte. David wollte einen Tempel bauen. Er war der Psalmsänger Israels und ein Mann nach Gottes Herzen. Er sehnte sich nach einem großartigen Heiligtum, in dem die Anbetung des Volkes ihr Zuhause finden könnte. Ein dauerhaftes Gebäude sollte es sein, nicht die zeltähnliche, transportable Stiftshütte. Die Geschichte ist in 2. Samuel 7 nachzulesen. Lesen Sie die ziemlich schroffe Antwort Gottes an David:

> Du willst ein Haus für mich bauen?
> Bis heute habe ich noch nie in einem Tempel gewohnt.
> Seit ich mein Volk Israel aus Ägypten befreit habe, wohnte ich immer nur in einem Zelt und zog von einem Ort zum anderen. Während dieser ganzen Zeit habe ich von den führenden Männern Israels nur eines verlangt: Sie sollten mein Volk weiden wie ein Hirte seine Herde. Nie habe ich einem von ihnen vorgeworfen: Warum habt ihr mir noch
> keinen Tempel aus Zedernholz gebaut?
> 2. Samuel 7,5-7

Dieser bedeutende Wandel in der Geschichte Israels, als der Tempel errichtet wurde, entpuppte sich als Wendepunkt in der Einstellung des Volkes zu Gott. Bisher waren sie Gottes Eigentum gewesen; jetzt war es, als wäre er ihr Eigentum. Bisher waren sie *mit* ihm unterwegs gewesen; jetzt musste sie sich *zu* ihm auf den Weg machen. Als Gott ein unbewegliches Haus bekam, wurde das geistliche Leben auf einen festen Ort beschränkt, und das Leben löste sich von der Anbetung. Das tragische Ergebnis war eine Verherrlichung der Mittel, bei der letzten Endes der Zweck verloren ging.

Ich erinnere mich, wie ich einmal eingeladen war, im Zentrum für geopolitische Strategie in Moskau zu sprechen. Einige der berühmtesten Persönlichkeiten Russlands haben irgendwann dort entweder studiert oder gelehrt. Der General, der mich begleitete, führte mich zuerst in einen großen Saal, prächtig geschmückt mit golddurchwirkten Stoffen in majestätischen Farben und kostbaren Kunstschätzen. Die Decke war so hoch wie in einer Kathedrale. Auf halber Höhe hing ein Kranz von Bildern der großen russischen Feldherren, von Peter dem Großen bis zu Kutusow, der in den napoleonischen Kriegen zu Ruhm kam. Es war unübersehbar, dass das ganze Gebäude dem Zweck diente, die Helden Russlands zu feiern und infolgedessen gewöhnliche Sterbliche, die diesen Raum betraten, einzuschüchtern.

Was für eine Ironie, dachte ich, dass eine Nation, deren Ideologie die Vorherrschaft des Arbeiters verkündete, ihre Gebäude so dekorierte, dass ein Arbeiter sich bedeutungslos vorkommen musste. So subtil widersprüchlich sind die Ergebnisse unserer besten Absichten. Ebenso stand auch eine gute Absicht hinter der aufwändigen Pracht des Tempels, aber das, was aus den Plänen wurde, machte diese Absichten zunichte – sowohl Gott als auch das Volk gingen verloren.

Der Tempel war luxuriös ausgestattet, elegant und spektakulär. Aber mit ihm setzte die Verkehrung der Anbetung ein. Hier ging das Buch des Gesetzes verloren. Hier wurde das Opfersystem korrumpiert. Hier verlor die Berufung der Priester ihre Würde. Hier verlor das Volk seinen Gott, als seine Herrlichkeit verschwand. Das Zelt und der Altar wurden durch eine machthungrige geistliche Obrigkeit ersetzt, die inmitten all dieses Prunks den Leuten ihr eigenes Priestertum raubte.

Es war Gottes Wunsch, in jedem einzelnen Gläubigen sein Heiligtum aufzuschlagen, bevor sie sich zur gemeinsamen Anbetung versammelten. Doch stattdessen gab es nun den Tempel, der zwischen ihnen stand. Das war die Stoßrichtung der Predigt des Stephanus in jenem historischen siebten Kapitel der Apostelgeschichte. Er bezahlte seine Kühnheit mit dem Leben. Er sagte: „Aber der höchste Gott wohnt ohnehin nicht in Häusern, die ihm Menschen bauen“ (Vers 48).

Damit erinnerte er die Leute nachdrücklich daran, dass es nicht darauf ankam, ob sie zur Anbetung in den Tempel gingen, sondern vielmehr darauf, dass sie ihren Tempel in sich trugen. Ihre Leiber sollten der Tempel Gottes sein.

Lassen Sie mich deutlich sagen, dass ich damit keineswegs andeuten will, dass die Schönheit und die Konstruktion eines Gebäudes, das der Anbetung dient, ohne Bedeutung wären. Nicht im Geringsten. Aber ich möchte deutlich machen, dass immer dann, wenn ein großartiges Gebäude errichtet wird und gewaltige Bilder sich breit machen, sei es buchstäblich oder im übertragenen Sinn, die Gefahr besteht, dass man übersieht, dass diejenigen, die dieses Gebäude betreten, einen viel höheren Wert haben, und dass man vergisst, dass die Kirchtürme nach oben zeigen, nicht zur Erde. Jedes Detail in einem Haus der Anbetung spricht eine Sprache. Manche Dinge sprechen ganz leise, manche aufdringlich. Darum waren die letzten Worte im Alten Testament, die Gott durch den Propheten Maleachi sprach, ein ergreifender Appell an sein Volk, sich bewusst zu machen, wie viel von ihrem Wert die Anbetung schon verloren hatte. Gottes Sehnsucht nach seinem Volk war enttäuscht worden, und eine Müdigkeit hatte sich breit gemacht.

Interessanterweise war Anbetung auch das Thema, mit dem Johannes seine Offenbarung abschloss, das letzte Buch des Neuen Testamentes. Er allerdings sah die Krönung wahrer Anbetung voraus, und dabei betonte er, dass er in der ewigen Stadt keinen Tempel sah. Gott war nicht länger „ans Haus gefesselt“.

Ein modernes Dilemma

Wir haben auf dem Weg bis hierher viele Themen behandelt: Schuld. Vergnügen. Schmerz. Gott. Gefühle. Einsamkeit. Nun verstehen wir allmählich, wie sie alle in jener Hingabe, die wir Anbetung nennen, ihre Antwort finden und warum sie die umfassendste Antwort auf die Sehnsucht unseres Herzens ist. In der Anbetung trifft unsere Sehnsucht auf die Sehnsucht Gottes nach seinem Volk – denn das ist es, was er in uns sucht (siehe Johannes 4,23). Solange wir das nicht verstehen, werden wir vom christlichen Leben enttäuscht sein. Der bekannte Schriftsteller A. W. Tozer bezeichnete die Anbetung als das verschollene Juwel der Gemeinde.

Als meine Familie und ich vor einigen Jahren in England lebten, wurde ein großer Teil des Landes von einem schrecklichen Sturm verwüstet. Tausende von Bäumen stürzten in einer einzigen Nacht um. Wenige Tage später spazierten meine Frau und ich am Buckingham Palace entlang. Es war erstaunlich. Die Bäume selbst waren mächtig und hoch, aber ihre Wurzeln waren unglaublich flach. Wir musterten das Missverhältnis, aber da wir keine Gartenbau-Experten sind, wechselten wir nur ein paar Worte darüber und gingen dann weiter.

Danach besuchten wir ein paar Freunde und erzählten ihnen von unserem Erstaunen über die gigantischen Bäume, die auf so kurzen Wurzeln ruhten. Was wir dann hörten, enthielt eine faszinierende Lektion über das Leben. Der Grundwasserspiegel liegt in England so dicht unter der Oberfläche, dass die Pflanzen nicht sehr tief wurzeln müssen, um ihre Nahrung zu finden. Deshalb bleiben die Wurzeln flach, und obwohl die Bäume äußerlich massiv und kräftig wirken, kann ein heftiger Sturm sie leicht entwurzeln, ohne dass sie ihm viel entgegenzusetzen haben.

Welche Lehre können wir aus dieser Illustration ziehen? Es reicht nicht aus Wurzeln zu haben; die Wurzeln müssen tief in die Erde reichen. Das ist das Ziel, dem wir uns jetzt zuwenden. Wie entwickeln wir ein Wurzelsystem, das uns die Stürme überstehen lässt, die uns ins Zeitliche und Profane hineintreiben wollen?

Wir haben gesagt, die Liebe sei nicht die Wurzel, sondern das Geäst. Die Wurzel, so haben wir angedeutet, sei die Anbetung. Aber wenn unsere Anbetung flach ist, werden die Geschäftigkeit des Lebens und die Ablenkungen unseres Geistes auch die Stärksten von uns zu Fall bringen, wie kräftig wir auch nach außen hin wirken mögen.

Die meisten von uns werden dem zustimmen. So unbehaglich es uns allen auch sein mag, es gibt in dieser Stunde für die Gemeinde, die Gott sich herausgerufen hat, kein relevanteres Thema als diesen Ruf zur Anbetung. Denn vielleicht haben auch wir ihn gerade an dieser Stelle verloren. In unserer Zeit gibt es so viele Entstellungen der Anbetung, dass jemand, der versuchte, aufgrund dessen, was wir in der Anbetung beobachten, eine biblische oder systematische Theologie zu verfassen, Gott als ein einziges wirres Bündel von Widersprüchen darstellen würde, dessen einziger Daseinsgrund darin besteht, ein bisschen physischen Schwung in unser Leben zu bringen. Wenn die Anbetung nicht ihre Integrität zurückgewinnt, sowohl in unserem persönlichen Leben als auch in der Gemeinschaft der Glaubenden, wird die Sehnsucht unseres Herzens nie gestillt werden, und Gottes ausgestreckte Hand wird die unsere nicht berühren.

Eine Stimme klagt in der Wüste

Maleachis Stimme ertönte am Ende des Jahrtausends, das auf den Exodus folgte. Erst vierhundert Jahre nach ihm würde das Volk erneut die Stimme eines Propheten hören. Das ist eine lange Zeit in der Geschichte eines jungen Volkes. Zwanzig Generationen lang ohne eine neue Stimme zu leben, die das Volk rief, muss furchtbar demoralisierend für diejenigen gewesen sein, die sich danach sehnten Gerechtigkeit herabströmen zu sehen wie Wasser. Doch die Stimme Maleachis forderte sie eher auf, innezuhalten und in die Vergangenheit zu blicken, als nach vorn zu schauen.

Während jener Jahrhunderte war Gott ihnen wiederholt begegnet, nicht nur in einer Reihe von Ereignissen, sondern auch in einem immer wiederkehrenden Gedanken. Von den Tagen der Patriarchen durch die Zeit der Richter und Könige hindurch rief die Stimme Gottes sein Volk immer wieder auf, eine anbetende Gemeinschaft zu sein. Sie waren aus dem Hin und Her des menschlichen Daseins herausgerufen worden, um dem Altar seine Bedeutung zuzumessen und zu verstehen, was es bedeutete, Gott zu begegnen.

Sie erinnern sich, wie präzise die Anweisungen waren, die Gott zur Errichtung der Stiftshütte gab. Jede Einzelheit war vorgeschrieben, einschließlich der Mengen und der Qualität der Materialien, der Namen der Künstler und der Position der Trennwände. Und diese Angaben wurden nicht nur einmal gemacht, sondern wiederholt. Warum war das so wichtig? Warum mussten diese Dinge so und nicht anders ausgeführt werden? Man kann nur folgern, dass es mit dem Zweck des Gebäudes zu tun hatte – „Dort werde ich euch begegnen“, sagte Gott (2. Mose 29,42). Offensichtlich ist es Gott durchaus wichtig, wie und wo wir ihm begegnen.

Die gesamte Prophezeiung Maleachis besteht nur aus fünfundfünfzig Versen. Die Lebensbotschaft dieses Propheten wurde in einer Handvoll Worten zusammengefasst. Doch bei all dieser Kürze enthält sie eine kraftvolle, endgültige Botschaft. Es war eine Zeit, in der keine enormen Bedrohungen in der historischen Landschaft lauerten, sodass man nicht das Gefühl hatte Gott nötig zu haben.

Der Status quo gab keinen Anlass zu großer Furcht.

Man sagt von dem Buch Esther, es sei das einzige in der Bibel, in dem Gott nicht erwähnt werde, obwohl er trotzdem unübersehbar gegenwärtig ist. Von Maleachi könnte man sagen, dass von Gott zwar dauernd die Rede ist (er wird in dreiundfünfzig der fünfundfünfzig Verse erwähnt), dass er aber im Leben des Volkes keinerlei Rolle zu spielen scheint. Wenn jeder Gläubige sich dieses Buch zu Herzen nehmen würde, könnte das eine der revolutionärsten Veränderungen nach sich ziehen, die es in unserem Leben je gegeben hat, denn dies sind Gottes abschließende Worte über eine bestimmte Periode der Heilsgeschichte. Hier wird eine zwingende Antwort auf jede menschliche Sehnsucht gegeben, denn hier lässt Gott uns die Sehnsucht seines eigenen Herzens sehen. Was er in uns sucht, ist wahre Anbetung. Denn „die wahren Anbeter" werden „den Vater anbeten ... im Geist und in der Wahrheit; denn auch der Vater will solche Anbeter haben. Gott ist Geist, und die ihn anbeten, die müssen ihn im Geist und in der Wahrheit anbeten" (Johannes 4,23-24).

Das erste Element

Folgen wir Gottes Gedankengang vom Beginn der Botschaft an. „‚Ich habe euch immer geliebt', sagt der Herr zu euch, doch ihr erwidert: ‚Woran hätten wir denn deine Liebe zu uns erkennen können?'"

Dieses Dialogmuster durchzieht das ganze Buch. „Ich sage dies, aber ihr sagt: ‚Wie?'"

„Ich werfe euch ganz bestimmte Dinge vor, aber ihr streitet sie ab."

Diese Geisteshaltung ist schwer nachzuvollziehen. Eintausend Jahre Geschichte, in denen Gott immer wieder bestimmte Aussagen macht, und doch fragt sein Volk immerzu nach zusätzlichen Erklärungen. Stellen Sie sich die Vermessenheit eines auserwählten Volkes vor, das fragt: „Wie hätten wir denn erkennen sollen, dass du uns liebst?"

Ich wüsste nicht, wie ich die Ungeheuerlichkeit dieser Reaktion besser verdeutlichen könnte als durch die Geschichten zweier Propheten, die Gottes Liebe auf drastische Weise greifbar machten, lange, bevor Maleachi die Szene betrat. Der eine der beiden redete zu dem nördlichen Königreich Israel, der andere zum südlichen Königreich Juda. Die Art und Weise, wie Gott durch diese beiden Propheten seine Liebe ausdrückte, ist ziemlich provokativ. Um ganz ehrlich zu sein, die Sprache und die verwendeten Metaphern sind geradezu schockierend, bisweilen auch peinlich. Aber das hat seinen guten Grund.

Der erste Prophet ist Hosea, der in der zweiten Hälfte des achten Jahrhunderts vor Christus lebte. Er machte eine der schmerzlichsten Erfahrungen des Lebens durch. Gott befahl ihm, eine Frau namens Gomer zu heiraten, die ihn letzten Endes verließ und dann ihren Verrat auch noch mit Schande krönte, indem sie sich als Prostituierte verkaufte. Aus dieser Ehe kamen drei Kinder. Das erste war ein Sohn, den Hosea Jesreel nannte, was „Gericht" bedeutet. Für die Israeliten löste das Wort *Jesreel* Gedanken an einen furchtbaren Tag der Abrechnung aus.

Vor einiger Zeit besuchte ich mit meinem Sohn in London das britische Parlamentsgebäude. In einem der Säle, in denen die Festbankette für ausländische Würdenträger stattfinden, hängen zwei großartige Gemälde. Der französische Staatspräsident Charles de Gaulle habe, wurde uns erzählt, sich vor Jahren geweigert, einem dieser Gemälde gegenüberzusitzen. Denn es zeigte die Schlacht von Waterloo. Er bat um einen anderen Platz, an dem er das Gemälde im Rücken haben würde. Die Briten taten ihm gern den Gefallen. Doch er kam vom Regen in die Traufe. Denn das Gemälde an der Wand, auf die er jetzt blickte, stellte eine weitere französische Niederlage dar, die Schlacht von Trafalgar.

Kein Franzose würde sein Haus mit Kunstwerken jener demütigenden Momente schmücken, geschweige denn seinen Sohn „Waterloo" oder „Trafalgar" nennen. Jede Nation hat ihre Waterloos und Trafalgars in ihrer Geschichte, und die Namen und Orte, die sich mit ihnen verbinden, wecken unangenehme Erinnerungen.

Doch in Hoseas Haus wurde der Erstgeborene Jesreel genannt, eine Warnung, dass das Schwert des Gerichts über ihnen hing, denn es war die Ebene Jesreel, auf der Isebel ihr erbärmliches und grausiges Ende fand. Über diesen Text wurde einmal eine berühmte Predigt gehalten, die den schlichten Titel „Irgendwann ist Zahltag" trug.

Hoseas zweites Kind war ein Mädchen, das er Lo-Ruhama nannte, was „kein Erbarmen mehr" bedeutet. Dieses Volk, das so lange von der Fülle der Gnade Gottes gelebt hatte, um Gott dann links liegen zu lassen, musste sich nun von Gott anhören, die Zeit der Gnade sei vorüber. Es gab kein Erbarmen mehr für sie. Selbst die Liebe kann nur eine gewisse Distanz überbrücken, ohne sich zu prostituieren.

Hoseas drittes Kind war ein Junge, und Gott sagte ihm, er solle ihn Lo-Ammi nennen, was „nicht mein Volk" bedeutete. Auf diese Weise sagte Gott in aller Deutlichkeit zu Israel: „Ich sage mich von euch los."

Stellen Sie sich die Atmosphäre in diesem Haus vor, in dem die drei Kinder „Gericht", „Kein Erbarmen mehr" und „Nicht mein Volk" hießen. Jedes Mal, wenn eines von ihnen gerufen wurde, wurden alle, die es hörten, an die geistliche Treulosigkeit im Land erinnert. „Gericht, komm zum Essen."

„Kein Erbarmen mehr, räum dein Zimmer auf."

„Nicht mein Volk, mach deine Hausaufgaben."

Aber wir sollten nicht den Mann übersehen, der die Folgen dieser Treulosigkeit am härtesten zu spüren bekam. Hosea selbst war derjenige in diesem Haus, der am schlimmsten litt. Für ihn war die Botschaft nicht nur eine Predigt, mit der das Volk gezüchtigt und zu Gott zurückgerufen wurde. Er wusste jetzt besser als irgendjemand sonst, was Gott empfand, denn auch seine Liebe war verachtet worden. Seine Frau hatte ihn verlassen und beschlossen, sich lieber für Geld an fremde Männer zu verkaufen. Wenn Hosea seine mutterlosen Kinder anstarrte, brach ihm sicher das Herz über diese unerwiderte Liebe. Irgendwann kam die unvermeidliche Frage: „Wie lange muss ich meine Frau noch lieben?"

Es war nur eine Frage der Zeit, bis diese Frage auch außerhalb des Hauses auf den Straßen, wo der Prophet predigte, die Runde machte. Ein Prophet Gottes, der Heiligung predigte, war mit einer Frau verheiratet, die sich prostituierte! „Wie kann ein frommer Mann Gottes mit einer solchen Sünderin verheiratet sein?“, staunten und debattierten die Leute. Man kann sich nur ausmalen, welchen Spott Hosea von denen erdulden musste, für die das ein gefundenes Fressen war.

Stellen Sie sich die folgende Szene vor. Eine Gruppe von Gottesdienstbesuchern ist auf dem Weg zu ihrem Versammlungsort. Zufällig kommen sie an dem Bordell vorbei, wo der Abschaum der Stadt herumhängt. Einer davon ruft den Gläubigen, die unterwegs sind, um Hoseas Botschaft zu hören, zu: „Wenn ihr ihn seht, richtet ihm von mir aus, dass ein paar von uns sich seine Frau zu Gemüte geführt haben und sie große Klasse fanden. Wir stehen schon Schlange für einen Nachschlag!“

Erschüttert über diese skandalösen Umstände wagt es einer der Gläubigen, das Thema gegenüber Hosea zur Sprache zu bringen, und sagt: „Bitte sag uns, wie kann ein frommer Mann wie du mit einer so unzüchtigen Frau verheiratet sein?“

Hosea schweigt eine Weile und sagt dann: „Ich habe schon darauf gewartet, dass ihr mich das fragt. Und ich werde euch gerne sagen, wie leicht es ist, eine solche Frau zu lieben, wenn ihr mir zuerst erklärt, wie ein heiliger Gott eine so unzüchtige Nation wie uns lieben kann.“

Wenn Hosea nur einige Augenblicke lang schwieg, das Schweigen der Fragesteller muss wohl eine Ewigkeit gedauert haben. Wie konnte ein Volk eine solche Liebe einfach ignorieren, die auch vor dem nicht Liebenswerten, dem Unwürdigen, ja dem Abscheulichen nicht Halt machte?

Von Anfang an hatte Gott ihnen deutlich gemacht, dass seine Liebe zu ihnen nicht auf der Größe oder Stärke oder irgendeinem Verdienst ihres Volkes beruhte. Es war eine ganz und gar unverdiente Liebe, maßlos ausgeschüttet über ein Volk, das diese Liebe mit Füßen trat. Gott hätte auch den Griechen dieses Vorrecht schenken können. Aber er tat es nicht. Er hätte es Rom geben können. Aber er tat es nicht. Er hätte es Babylon geben können. Aber er tat es nicht. Er schaute auf dieses winzige Volk, verlacht von den Griechen, tyrannisiert von den Römern, versklavt von den Babyloniern, und sagte zu ihm: „Dich allein habe ich geliebt unter allen Völkern der Erde."

Seine Liebe und Freundlichkeit wurde über sie ausgegossen, obwohl sie es nicht verdienten.

Billy Graham wurde einmal gefragt, warum Gott ausgerechnet ihn auserwählt habe, der ganzen Welt das Evangelium zu predigen. Er antwortete: „Wenn ich in den Himmel komme, wird das meine erste Frage sein." Keiner von uns hat seine Liebe verdient, und doch liebt er uns.

Vor einigen Jahren berichtete im *Christian Century* der örtliche Sozialarbeiter über einen jungen Drogensüchtigen in Harlem:

> Er ist schmutzig, ungebildet, arrogant, unehrlich, chancenlos auf dem Arbeitsmarkt, zerbrochen, unzuverlässig, hässlich, verachtet, allein. Und er weiß es. Er weiß endlich, dass er nichts an sich hat, was ihn einem anderen Menschen sympathisch machen könnte. Er hat nichts zu bieten. Da ist nichts an ihm, was es einem anderen Menschen möglich machen würde ihn zu lieben. Er ist nicht liebenswert. Aber gerade durch sein eigenes Bekenntnis, dass er die Liebe eines anderen nicht verdient, steht er beispielhaft für uns alle. Denn in dieser Hinsicht sind wir alle nicht anders als er. Keiner von uns ist liebenswert. Mehr noch, die Handlung des Lebens dieses Jungen weist über sich selbst hinaus auf das Evangelium. Auf Gott, der uns liebt, obwohl wir ihn hassen, der uns liebt, obwohl wir seiner Liebe nicht genügen, der uns liebt, obwohl wir ihm nicht gefallen. Der uns aus freien Stücken liebt, der uns akzeptiert, obwohl wir ihm nichts zu bieten haben. In der anstößigen Existenz dieses Jungen ist das skandalöse Geheimnis des Wortes Gottes verborgen.[66]

Tatsächlich, eine solche Liebe hat etwas Skandalöses an sich, nicht wahr? Eine Liebe, die das Leichtfertige und Liederliche liebt. Eine Liebe, die sich entschließt zu lieben, obwohl sie verachtet wird. Bei Hosea ist das der Punkt, den man sich merken sollte: dass Gottes abgewiesene Liebe, die so unverblümt mit Füßen getreten wurde, in einer anrüchigen Parallele mit einer Frau verglichen wurde, die ihren Mann verließ, um ein Leben in der Prostitution zu führen, und dennoch weiterhin von ihm geliebt wurde. Das war der Kern der Botschaft, die Hosea im späten achten Jahrhundert vor Christus vor allem dem nördlichen Königreich verkündete.

Gehen wir nun zweihundert Jahre weiter und sehen wir, was Gott nun zu sagen hatte. Wieder werden wir uns fragen müssen, warum solch krasse Metaphern verwendet werden. Durch seinen Propheten Hesekiel zeichnete Gott an der Schwelle zum Zusammenbruch des südlichen Königreiches Juda ein noch beißenderes Bild. In Hesekiel 16 finden wir das folgende Gleichnis:

Ein Mann wanderte eines Tages über die Straßen des Lands. Da sah er ein neugeborenes Baby am Straßenrand liegen. Er hörte es schreien und hob es auf. An einem nahen Gewässer wusch er ihm die Nachgeburt ab, hüllte die Kleine in weiche Tücher und ließ sie in der Obhut barmherziger Leute zurück. Nach vielen Jahren wanderte er wieder durchs Land, und da sah er eine wunderschöne junge Frau. Er reichte ihr die Hand zur Ehe. Sie nahm seinen Antrag und seine Liebe an, und sie heirateten.

Gott sagte zu seinem Volk: „Ich war es, der vorbeiging und dich hilflos liegen sah. Ich habe dich gerettet. Ich habe dich als meine Braut angenommen und dich geliebt. Doch nun, nachdem wir seit Jahren verheiratet sind, hast du meine Liebe zurückgewiesen."

Und dann sagte er dies: „Jeder Hure gibt man Geld, du aber hast deinen Liebhabern sogar noch Geschenke gegeben und sie bestochen, damit sie von überallher kommen und mit dir schlafen! So machtest du genau das Gegenteil von dem, was andere Huren tun: Du warfst dich jedem an den Hals, während dir keiner nachlief; niemand gab dir Geld, im Gegenteil: Du bezahltest, damit man mit dir schlief. So weit ist es mit dir gekommen!" Hesekiel 16,33-34.

Sinngemäß bringt Gott zum Ausdruck, dass Israel schlimmer war als jene, die sich selbst für Geld verkauften. Eine Prostituierte kann sich zumindest darauf berufen, dass sie von ihren Freiern bezahlt wird. „Ihr seid noch schlimmer“, sagt Gott. „Ihr bezahlt eure Freier dafür, dass sie mit euch schlafen.“

Es gibt kein anschaulicheres Bild für die Verworfenheit als dieses. Bislang war das Dasein einer Hure der absolute Tiefpunkt gewesen. Doch dann fanden ihre Herzen einen Weg, noch tiefer zu sinken. Die Verführung geschah nicht mehr aus dem verständlichen Motiv des Geldverdienens heraus, sondern aus schierer lüsterner Zügellosigkeit. Unrecht um des Unrechts willen. Ein schamloses, draufgängerisches, unzüchtiges Leben. Konnte man noch tiefer sinken? Ja. So schwer es zu glauben ist, es ging noch eine Stufe tiefer. Nach Hosea und Hesekiel kommen wir zu Maleachi.

Als wieder zweihundert Jahre vergangen waren, sagte Gott zu ihnen: „Ich habe euch immer geliebt.“

Sie antworteten: „Woran hätten wir denn deine Liebe zu uns erkennen können?“

Hatten sie vergessen, was Hosea ihnen gesagt hatte? Hatten sie vergessen, was Hesekiel ihnen gesagt hatte? Von allen Kräften in der Welt ist die Liebe die wirksamste, aber auch die verwundbarste. Wenn die Liebe sich verströmt hat und keine Anerkennung gefunden hat, was bleibt dann noch übrig, außer den Schmerz und die Ablehnung auf sich zu nehmen? Das Volk war so tief gesunken, dass sie sogar die Fähigkeit verloren hatten, Liebe zu erkennen.

Man erinnert sich an die Worte des Propheten Jesaja, durch den Gott seinem Volk sagte: „Was hätte ich noch mehr für euch tun können, was ich nicht bereits getan habe?“

Wenn Gott das schon Jahrhunderte vor dem Kreuz sagen konnte, können wir nur rätseln, was er wohl unsere moderne Welt fragen würde, die ihn sogar noch nach dem Kreuz ablehnt. Was sagt man zu einem Herzen, das nicht einmal im äußersten Opfer die Liebe erkennt?

Vor einigen Jahren besuchte ich Nirmal Hriday, eines der Heime von Mutter Teresa in Kalkutta. Der Name bedeutet wörtlich „reines

Herz". Das Schild an der Tür wies die Krankenwagenfahrer an, nur die ganz Verzweifelten hierher zu bringen, jene, die von den Krankenhäusern abgewiesen worden waren, weil sie dem Tode schon zu nahe waren, als dass man ihnen noch helfen könnte.

Als ich durch dieses Heim ging, sah ich einen Mann, der wahrscheinlich noch ziemlich jung war, aber so aussah, als wäre er dabei, an Altersschwäche zu sterben. Ausgemergelt und mit einem völlig erschöpften Ausdruck im Gesicht lag er in den Armen einer Frau aus Europa, die ihn mit einer Pipette fütterte. Ich wandte mich an meine Frau und sagte: „Wahrscheinlich ist das das erste Mal, seit er ein Baby war, dass jemand ihn an sich drückt."

Seine Augen, aus denen er zu der Schwester emporsah, leuchteten vor Dankbarkeit.

Ist es nicht bemerkenswert, dass Liebe über alle Kulturen, Überzeugungen, ethnische und sprachliche Grenzen hinweg ein so erkennbares Gesicht trägt, dass wir ihre Schönheit stets anerkennen? Doch Gott verbrachte tausend Jahre damit, seinem Volk seine Liebe zu zeigen, und sie schrien mit ihren verhärteten Herzen fast einstimmig: „Woran hätten wir deine Liebe denn erkennen können?"

Ich muss bekennen, dass ich, als ich in meiner Studienzeit zum ersten Mal das Alte Testament studierte, oft darüber nachgedacht habe, warum all diese zugleich strengen und zärtlichen, zugleich krassen und gewichtigen Analogien notwendig waren, um auszudrücken, was zwischen Gott und seinem Volk vor sich gegangen war. Warum solche dramatischen Schilderungen wie die von Hosea und Hesekiel? Was war ihr Sinn? Gab es nicht eine kultiviertere, weniger melodramatische Möglichkeit, dasselbe auszudrücken? Ging es Gott darum, mit diesen Extremen seine Leser zu schockieren?

Dieser harsche Ausdruck der Liebe setzte sich bis ans Kreuz fort. Es hat mich zutiefst wachgerüttelt, als ich begriff, dass Gott nicht nur möchte, dass wir seine Liebe als dogmatische Wahrheit annehmen, sondern auch, dass wir die emotionale Intensität und Realität seiner Liebe spüren. Liebe ist nicht nur ein Wort, das Hingabe beschreibt, so wichtig das ist. Sie ist auch ein Begriff, der Gefühle auslöst.

Denker und Theologen haben Bände voller Worte mit Debatten und Diskussionen über die Natur der Gefühle Gottes und darüber gefüllt, ob er überhaupt welche hat oder nicht. Wir alle schulden ihnen Dank für diese große Mühe und all das Nachdenken, das sie in dieses Thema investiert haben, um diesen Fragen auf den Grund zu gehen. Aber auch eingedenk all der Argumentationen, die vorgetragen wurden, um Gottes Fähigkeit zu fühlen in Abrede zu stellen, bezweifle ich aufrichtig, dass er sich in diesen Bildern ausgedrückt hätte, die er gewählt hat, wenn es nicht sein Herz wäre, das in einer solchen Äußerung durchscheint wie „Ich habe dich immer geliebt".

Vielleicht kann uns das Folgende an dieser Stelle helfen. Wir wissen, dass Tiere Leid und sogar Glück empfinden können. Aber uns ist ebenso bewusst, dass wir ihnen nicht dieselbe Fähigkeit einräumen, Leid oder Glück zu verstehen, wie Menschen sie in denselben Situationen haben. Selbst innerhalb der Tierwelt beobachten wir Unterschiede in der Ebene, auf der Tiere Emotionen ausdrücken. C. S. Lewis sprach von der Art und Weise, wie wir „Leid buchstabieren". Für uns Menschen ist Leid zum Beispiel unweigerlich mit einem moralischen Kontext und mit Fragen nach Zweck, Gerechtigkeit und Ursachen verbunden. Wir versuchen es in Kategorien wie Gut und Böse einzuteilen. Es gibt einen moralischen Kontext, in dem wir leben, und darum liegt in unserem moralischen Denken eine Überlegenheit im Vergleich mit der Tierwelt. Wieso leuchtet es uns nicht ein, dass Gott auf noch höherer Ebene fühlen kann, innerhalb seiner unbegrenzten Existenz, aber dennoch fühlen? Er mag Freude und Leid anders „buchstabieren", auf eine Art, die unsere Fähigkeiten übersteigt, ohne sich selbst oder die Realität unseres Verständnisses herabzumindern.

Thomas von Aquin erinnerte uns an die Analogien in unserer Sprache; durch Analogie kann Gott dasselbe Wort verwenden wie wir, um seine Gefühle zu beschreiben, und er kann das auf bedeutungsvolle Weise tun, während er gleichzeitig unseren Kontext überschreitet. Wenn ich zum Beispiel sage, dass ich jemanden liebe, und diese Person erwidert meine Liebe nicht, dann leide ich. Ich leide, weil ich etwas verloren habe. Wenn Gott sagt, dass er uns liebt, und wir seine Liebe abweisen, dann leidet er auch. Aber er leidet, weil *wir* etwas verloren haben, nicht, weil er etwas verloren hätte. Das Wort ist identisch, der Kontext hat Auswirkungen auf die Bedeutung.

Das war die doppelte Tragödie Israels. Gott sagte zu ihnen: „Ich liebe euch“, doch weil sie diese Liebe nicht erkannten, konnten sie auch nicht sehen, was sie verloren hatten. Indem sie Gottes Liebe zurückwiesen, machten sie Gott nicht zu etwas Geringerem als Gott. Sie machten sich selbst zu etwas weit Geringerem, als sie hätten sein sollen.

In der Liebe Gottes, die er freimütig mit solch emotional aufgeladenen Bildern ausdrückt, erkennen wir die erste Komponente bedeutungsvoller Anbetung: *Man kann nicht ohne Liebe anbeten*: Emotionen sind ein essenzieller Bestandteil der Anbetung. Aber lassen Sie uns ganz klar machen, dass Emotionen und Emotionen nicht ein und dasselbe sind. Wenn Emotionen den Verstand als Geisel nehmen, dann kommt damit ein zerstörerisches Element ins Spiel. Erst wenn die Emotionen in Zaum genommen und durch die Wahrheit gelenkt werden, kommt ein legitimer Ausdruck der Anbetung dabei heraus. Liebe ist ein wesentlicher Bestandteil der Anbetung.

Wo bleibt die Ehre?

Gott redete weiter zu Maleachi. Er äußerte einen zweiten Vorwurf: „Ein Sohn ehrt seinen Vater und ein Diener seinen Herrn. Ihr nennt mich euren Vater, doch wo bleibt die Ehre, die mir zusteht? Ihr nennt mich euren Herrn, doch ich finde keine Ehrfurcht bei euch. Ihr habt keine Achtung vor mir, und da fragt ihr auch noch: ‚Wie kommst du darauf, dass wir dich nicht achten?‘“ (Maleachi 1,6).

So beschwor sie Gott. Er hatte bei allem, was er tat, immer versucht ihnen nahe zu kommen. Doch nachdem sie ihm nahe gekommen waren, verloren sie nicht nur seine Liebe aus dem Blick, sie verloren auch jene überaus wichtige Haltung der Ehrerbietung. Was für ein folgenschwerer Fehler, den Herrn der Herrlichkeit in ihrer Nähe zu haben und zu vergessen, wer er ist! Das war eine Kurzsichtigkeit der schlimmsten Art.

In der Hindi-Sprache ist das Wort für Vater *Pita*. (Das i wird kurz gesprochen, wie in „fit".) Das Wort für Mutter ist *Mata*. (Hier wird das a lang gesprochen.) Was man jedoch wissen muss, ist, dass man seinen Vater nicht einfach *Pita* und seine Mutter nicht *Mata* nennt, obwohl das die richtigen Worte sind. Man fügt immer die Nachsilbe *jee* hinzu (gesprochen *dschi*). Seinen Vater nennt man Pita-*jee* und seine Mutter Mata-*jee*, denn das *jee* bezeichnet Respekt und Ehrerbietung. Im Westen könnte man damit vielleicht am Ehesten die Sitte in den amerikanischen Südstaaten vergleichen, wo die Kinder ihrem Vater mit „Yes, *Sir*" und ihrer Mutter mit „Yes, *Ma'am*" antworten, während sie sie gleichzeitig mit den kindlichen Kosenamen „Daddy" und „Mommy" anreden. So begegnet man den liebsten Menschen mit Respekt und wahrt eine gewisse Distanz. Was Gott im modernen Sinn zu seinem Volk sagt, ist also: „Ihr nennt mich *Daddy*, aber wo bleibt das *Sir*?"

Als ich ein kleiner Junge war, irgendwann in den Fünfzigerjahren, machte der berühmte Leichtathlet Jesse Owens einen Besuch in Indien. Zu meiner Begeisterung konnte ich in der ersten Reihe sitzen, als er von seinen Triumphen bei den Olympischen Spielen 1936 in Berlin erzählte, wo er unter dem einschüchternden Blick Hitlers seine Rennen lief und vier Goldmedaillen errang. Man kann sich vorstellen, wie aufregend es für einen Jungen war, einem „Helden" so nahe zu sein. Er schilderte alle Wettkämpfe, an denen er teilgenommen hatte, den Druck, unter dem er stand, und den Triumph, als es geschafft war. Als das Publikum sich nach seinem Vortrag um ihn scharte, um sich Autogramme geben zu lassen, schaffte ich es ihm noch näher zu kommen – ich stand direkt neben ihm. Ich lehnte mich immer in seine Richtung, damit jederzeit irgendein Teil von mir einen Teil von ihm berührte.

Vielleicht spürte er, dass ich mich so an ihn anlehnte; jedenfalls drehte er sich um, beugte sich zu mir herab und schüttelte mir die Hand. Sie verschwand völlig in seiner großen Hand. Er fragte mich nach meinem Namen; ich war so nervös, dass ich nicht ganz sicher bin, ob ich ihn richtig heraus bekam. Aber nach diesem Händedruck musste ich immer wieder meine Hand anstarren. *Dies war die Hand, die Jesse Owens geschüttelt hat.* Alle meine Freunde wünschten sich noch jahrelang, weder Jesse Owens noch ich wären je geboren worden. Denn egal, worum sich das Gespräch auch immer drehte, ich fand immer einen Vorwand, um zu sagen: „Als ich Jesse Owens getroffen habe ..."

Nun stellen Sie sich einen Moment lang vor, nachdem Jesse Owens mir die Hand geschüttelt hätte, hätte ich gar nicht mehr den Unterschied zwischen seinen sportlichen Glanzleistungen und meiner eigenen Unfähigkeit im Vergleich dazu wahrgenommen. Wäre das nicht der Gipfel der Dummheit gewesen? Wäre denn die Tatsache, dass er mir nahe gekommen war, Grund genug für mich gewesen, ihm auf den Rücken zu klopfen und zu sagen: „Na schön, Jesse. Nur du und ich, einer gegen einen. Gehen wir an den Start?"

Er war immer noch der Weltmeister, und ich war nur einer seiner Bewunderer. Dieser Unterschied wurde nicht dadurch überbrückt, dass ich ihm nahe kam. Er war nicht auf einmal „Jesse" für mich, nur weil wir uns die Hände geschüttelt hatten. Er war immer noch „Jesse Owens, Sir".

Das ist der Punkt, den Gott mit seiner Frage anspricht: „Warum habt ihr keine Ehrerbietung für mich? Habt ihr denn vergessen, wer ich bin?" Diese Worte Gottes an sein Volk sind eine eindrückliche Erinnerung an die zweite Komponente der Anbetung: *Wir können ihn nicht anbeten ohne Ehrfurcht.*

Wenn der Hohepriester das Allerheiligste betrat, was er einmal im Jahr tat, musste er rückwärts hineingehen, denn er durfte Gott nicht „von Angesicht zu Angesicht" begegnen. Als Usa in bester Absicht die Hand ausstreckte, um die Bundeslade vor einem Fall zu bewahren, erinnerte Gott das Volk auf dramatische Weise daran, dass man mit ihm nicht umgehen konnte wie mit einem gewöhnlichen Gegenstand. Mit der Bundeslade war seine Gegenwart repräsentiert.

Dieser Begriff der Ehre und Ehrfurcht ist heute sehr schwer zu vermitteln, besonders in Nordamerika und Westeuropa, wo die sozialen Unterschiede immer mehr verschwinden. Der Zusammenbruch sozialer Barrieren ist eine gute Sache, aber es gibt manche Unterscheidungen, die nie so weit ausgelöscht werden sollten, dass der legitime Respekt verschwindet, wie etwa zwischen Kindern und Eltern, Schülern und Lehrern, Jungen und Alten. Wenn diese Unterscheidungen verloren gehen, geht uns allen etwas von unserer Lebensrichtung verloren. Der größte Unterschied besteht natürlich zwischen Gott und uns, seinen Geschöpfen. Wenn diese Unterscheidung zusammen mit der Ehrfurcht über Bord geht, dann stirbt die Größte aller Beziehungen.

Interessanterweise hat sich mit dem Sterben der Ehrerbietung in unserer Kultur auch die Sprache verändert. Wir haben keine unterschiedlichen Anreden mehr für Leute, die älter sind als wir, oder auch für solche, unter denen wir arbeiten oder dienen. Auch hier gab es Gründe für diese Veränderungen, und zwar durchaus wichtige. Doch das Endergebnis ist, dass wir das „du", mit dem wir Gott ansprechen, nicht mehr von dem „du" unterscheiden können, mit dem wir unsere Mitmenschen anreden.

Im zehnten Kapitel der Apostelgeschichte lesen wir, wie Cornelius dem Petrus zu Füßen fiel und Petrus ihn sofort wieder aufrichtete und sagte: „Steh auf, ich bin nur ein Mensch" (Vers 26).

Die Implikation ist klar. Vor Gott auf die Knie zu fallen ist ein legitimer Ausdruck der Ehrfurcht, der sogar jemandem, der nach damaligen Kategorien ein Heide war, geläufig war. Nicht nur Lobpreis – von dem wir so viel hören – gebührt Gott, sondern auch Ehre, von der wir erheblich weniger hören.

Kurz vor seiner eindrucksvollen Schlussfolgerung, in der er Jesus als den „großen Hohepriester" bezeichnet, die höchste Offenbarung Gottes des Vaters, erhoben über alle Engel, fordert der Verfasser des Hebräerbriefes uns auf: „Auf uns wartet also ein ewiges, durch nichts zu erschütterndes Reich. Dafür wollen wir Gott von Herzen danken und ihm voller Ehrfurcht dienen, damit er Freude an uns hat. Denn unser Gott ist wie ein verzehrendes Feuer" (Hebräer 12, 28-29).

Liebe und Ehrfurcht sind die ersten beiden Bestandteile einer Anbetung mit Integrität.

Minderwertige Opfer

Es gibt noch eine dritte Komponente der Anbetung, die Gott erwähnt, und zwar in seiner Antwort auf die rebellische Frage des Volkes: „Wie kommst du darauf, dass wir dich nicht achten?“ (Maleachi 1,6).

Gott antwortete: „Auf meinem Altar bringt ihr Opfergaben dar, die ich für unrein erklärt habe. Und wieder fragt ihr: ‚Wieso waren unsere Gaben unrein?‘ Ihr meint, am Altar braucht ihr es nicht so genau zu nehmen. Wenn ihr mir als Opfer ein blindes Tier darbringt, denkt ihr: ‚Das ist nicht so schlimm!‘ Und wenn es ein lahmes oder krankes ist, meint ihr: ‚Das macht nichts!‘ Bietet ein solches Tier doch einmal eurem Statthalter an! Ich, der allmächtige Gott, frage euch: Glaubt ihr wirklich, er würde zufrieden mit euch sein und die Gabe freundlich annehmen?“ (1,7-8).

Hier kommen wir zum Kern ihres Dilemmas: *Es ist unmöglich anzubeten, ohne Opfer zu bringen*, ohne unser Bestes zu geben. Doch das Volk hatte seine Verachtung für Gott deutlich gemacht, indem es lahme, blinde und kranke Tiere darbrachte und somit Gott als Anbetung das vorlegten, was sie selbst nicht mehr gebrauchen konnten.

Als ich zwölf oder dreizehn Jahre alt war, fragte mich unser Sonntagsschullehrer, ob ich bereit wäre, zu Weihnachten im Krippenspiel den Josef zu spielen. Ich muss so freundlich, aber wahrheitsgemäß wie möglich hinzufügen, dass diese Gemeinde selbst so liberal war, dass das Evangelium vom Gewicht des Zeremoniells völlig überwuchert wurde. Ich war drauf und dran nein zu sagen, denn ich wusste eigentlich gar nicht, was das alles zu bedeuten hatte. Doch dann sagte man mir, was ich zu tun hätte: Im Grunde musste ich nur Maria unterhaken und zum Altar führen, dort eine Weile herumstehen, mich umdrehen, sie wieder unterhaken und hinausgehen. Ich brauchte keinen Text und keine große Schauspielkunst. Als ich das Mädchen traf, das die Maria spielen sollte, fand ich die Aussicht ziemlich aufregend.

Ich kam frühzeitig in der Kirche an und hatte noch reichlich Zeit, um ein bisschen herumzulaufen. Auf einem Tisch am Altar sah ich eine silberne Schüssel mit Oblaten stehen. Nichts Böses denkend, nahm ich mir eine Hand voll und vernaschte sie, während ich die großartigen Gemälde und Skulpturen in dieser schönen Kathedrale bewunderte. Plötzlich sah ich den Pfarrer aus der Sakristei treten und direkt auf mich zukommen. Ich begrüßte ihn höflich und knabberte weiter an meinen Keksen. Er blieb stehen, starrte mich an und brüllte plötzlich wütend los: „Was machst du da?"

Ebenso überrascht über seinen Ausbruch wie er über mein Benehmen, sagte ich: „Ich bin der Josef in dem Krippenspiel."

Doch danach hatte er offenbar nicht gefragt. „Was hast du da in der Hand?", fuhr er mich an und musterte mich von Kopf bis Fuß. Dabei fiel ihm wohl meine ausgebeulte Hosentasche auf, in der ich noch weitere Oblaten gebunkert hatte. Ich bekam die unverständlichste Gardinenpredigt, die mir je gehalten worden war. Ein Wort, das der Priester immer wieder verwendete, war der Begriff *Sakrileg*. Ich nahm mir vor, nie nachzuschlagen, was es bedeutete, denn das musste wohl der Gipfel für mich sein, dass ich etwas angestellt hatte, das ich nicht einmal aussprechen konnte.

Jahre später musste ich schmunzeln, als ich G. Campbell Morgans Definition für ein *Sakrileg* las. Er sagte, normalerweise verstehe man darunter, wenn etwas, was Gott gehört, auf weltliche Weise zweckentfremdet wird. Wir alle kennen die Geschichte aus dem Buch Daniel, wo Belsazar die Gefäße aus dem Tempel nahm und damit eine rauschende Orgie feierte. Das war ein Sakrileg. Doch ein Sakrileg, sagt Morgan, besteht nicht nur in einem solch profanen Gebrauch heiliger Dinge. In seiner schlimmsten Form besteht ein Sakrileg auch darin, etwas Gott darzubringen, was mir überhaupt nichts bedeutet. Das war der Vorwurf, den Gott seinem Volk machte, als er sagte: „Wenn ihr mir eure lahmen und blinden und kranken Tiere als Opfer darbringt, ist das denn nicht verkehrt?"

Anbetung bedeutet im Kern, dass wir Gott all unser Bestes geben. Das geht nicht, ohne dass wir die Anerkennung und Bewunderung der Welt dafür opfern. Wenn wir nur einen Moment innehalten und Bilanz ziehen, sehen wir, wie nahe wir jeden Tag dem Sakrileg kommen.

Geben wir ihm das Beste von unserer Zeit?
Geben wir ihm das Beste von unserer Kraft?
Geben wir ihm das Beste von unseren Gedanken?
Geben wir ihm das Beste von unserem Wohlstand?
Geben wir ihm das Beste von unseren Träumen und Plänen?

Oder bekommt die Welt das Beste von uns, während Gott sich mit den Resten zufrieden geben muss? Charles Wesley schrieb einen schönen Choral:

> O du, der du von oben kamst,
> das reine Himmelsfeuer uns zu schenken,
> lass deiner heil'gen Liebe Flamme nun
> auf meines Herzens ärmlichen Altar sich senken!
>
> Dort brenne es zu deiner Ehr
> mit einer Glut, unauslöschlich und heiß;
> und bebend kehre es zurück
> in demütigem Gebet und innigem Preis.
>
> Bestätige, Herr, meinen Wunsch,
> für dich zu arbeiten, zu reden und zu denken;
> doch schenk dabei, dass ich mich nicht
> von deiner heil'gen Flamme lasse lenken.[67]

„Für dich zu *arbeiten*, zu *reden* und zu *denken*." Ich denke oft über diese Worte nach. Wie traurig ist es, in einer Gesellschaft zu leben, in der man davon ausgeht, dass die Intelligenten in dieser Welt diejenigen in den „säkularen Berufen" mit hohen intellektuellen Anforderungen sind, und dass dies die Leute seien, denen man Respekt schuldig ist. Unterschwellig, oder nicht einmal unterschwellig, nimmt man heute an, dass Leute im Dienst für Gott intellektuell nicht mithalten können, dass Gott nur die zweitklassigen Denker abbekommt.

In einem ironischen Sinne stimmt das sogar. Gott hat die Schwachen in der Welt benutzt, um die Weisen zu verwirren, und die

Schlichten, um den Intellektuellen entgegenzutreten. Falsch aber ist es, wenn das dann zu der Karikatur verzerrt wird, die Denker und die Fähigen wären für Gott nicht von Interesse oder die schärfsten Denker gehörten zur Welt, die mittelmäßigen dagegen zu Gott. Zwei der hellsten Köpfe im Alten und Neuen Testament waren Mose und Paulus. Sie waren berufen, diese Fähigkeiten in den Dienst Gottes zu stellen, genau wie Abraham und Hiob in ihrem Wohlstand berufen waren, ihre geistliche Armut vor dem Altar Gottes zu erkennen.

Vier Jahre, bevor er seine Treue zu Gott mit dem Leben bezahlte, schrieb William McChesney, der 1964 als Missionar im Kongo den Märtyrertod erlitt:

> Ist er mein Gott und starb für mich,
> so kann kein Opfer je zu groß
> für mich sterblichen Menschen sein –
> für Jesus ist es noch zu klein.[68]

Die Korruption der Absicht

Wir haben gesehen, dass man nicht ohne Emotion, ohne Ehrfurcht und ohne Opfer anbeten kann. Nun kommen wir zu der vierten Komponente, die da lautet: *Es ist unmöglich, Gott aus einem falschen Motiv anzubeten.* Gott ruft aus: „Wenn doch nur einer von euch die Tempeltore zuschließen würde! Dann könntet ihr nicht mehr hineingehen und auf meinem Altar Opfer darbringen, die ich nicht annehme. Ich habe genug von euch, und auf eure Gaben verzichte ich!" (Maleachi 1,10).

So vieles im Tempel war zu einer reinen Show geworden. Alles schien sich nur noch darum zu drehen, wie beeindruckend man sich in der Darbietung seiner religiösen Pflichten gebärdete. Doch tief im Innern war das Herz weit, weit von Gott entfernt. Wo immer Macht und Zeremoniell sich mit dem Bedürfnis nach innerer Reinheit mischen, besteht die große Gefahr, dass das Letztere auf der Strecke bleibt. Die Monotonie der Wiederholung und die Verführung der Macht sind äußerst starke Kräfte. Darum ist es so notwendig, dass wir in unserem Bibelstudium und in unseren Bemühungen immer auf der Höhe bleiben. Jeder neue Tag beschert uns neue Möglichkeiten, uns erfrischen, stärken und erneuern zu lassen und zu lernen. „Wenn doch nur einer von euch die Tempeltore zuschließen würde!“, ruft Gott. Genug mit dieser Scharade.

Das Herz ist, zumindest bildlich gesprochen, der Sitz der Seele. Damit meinen wir, dass unsere Neigungen, unsere Leidenschaften, unsere Wünsche viel über unseren geistlichen Zustand verraten. In ihnen drückt sich wortlos unsere wahre Hingabe aus. Das alte Lied fasst es in körperliche Bilder: „Deine Lippen so nah, aber wo ist dein Herz?“ Genau das ist es, worum es Gott geht, wenn wir ihn anbeten. Die Israeliten achteten sehr darauf, sich oft im Tempel sehen zu lassen, aber ihre Herzen waren weit weg.

Ein Mangel an Lehre

Als Nächstes nannte Gott seinem Volk die fünfte Komponente für die Anbetung: *Es ist unmöglich, Gott ohne die Lehre der Wahrheit anzubeten.* Er wendet sich an die Priester und stellt sie zur Rede. „Ein Priester soll den Israeliten zeigen, wie man mich, den Herrn, erkennt. Er soll ihnen meine Weisungen weitergeben, denn ich, der allmächtige Gott, habe ihn zu meinem Boten ernannt“ (Maleachi 2,7).

Kann es einen klareren Auftrag oder eine ernüchterndere Verantwortung geben als diese – Menschen im Wissen über Gott zu belehren, damit sie ihn nicht nur im Geist, sondern auch in der Wahrheit anbeten können? Anbetung kann falsche Formen annehmen, und wir alle sind anfällig dafür, solche Formfehler zu begehen. Doch die größere Gefahr für uns sind nicht die Formfehler, sondern die Fehler in der Substanz. Achten Sie das nächste Mal, wenn die Emotionen sich überschlagen, einmal darauf und stellen Sie sich die wesentliche Frage: Ist hier nur das Zeremoniell ein wenig durcheinander geraten oder wird hier tatsächlich das Wesen Gottes geplündert?

Wie oft herrschen Ausschweifung und Unordnung und jeder kann sich so ausdrücken, wie er will. Schon für die christliche Gemeinde ist dieser Trend beunruhigend und verwirrend, von den Skeptikern ganz zu schweigen. In der Zeit, als Gott den Priestern noch ausdrückliche Anweisungen gab, war schon eine Schwiele an der Hand des Priesters ein Grund, dass er von seinen Pflichten Abstand nehmen sollte, bis die Schwiele verschwunden war, denn keine Ablenkung sollte die Konzentration des Anbetenden beeinträchtigen. Von solchen Anforderungen haben wir uns weit entfernt. Anbetung dient nicht zur Ehre von Männern und Frauen; sie dient zur Ehre Gottes.

Lehre ist der Same, der ins Herz und in den Verstand ausgestreut und aus dem die Frucht hervorgebracht im Leben erzeugt wird, die dann Gott als Opfer dargebracht werden kann. Wo keine Lehre ist, wird die Ernte verwüstet oder unbrauchbar.

Das Zuhause – das Herz der Gemeinde

Das bringt uns zur letzten Komponente, die Gott seinem Volk vorstellte, dem Vorwurf gebrochener Versprechungen oder leichtfertigen Ungehorsams, denn *es ist unmöglich, Gott ohne Gehorsam anzubeten.* Der konkrete Punkt, den Gott hier vorbringt, ist völlig überraschend. Er verweist auf ihre Familien und fordert sie auf, sich ehrlich bewusst zu machen, welche Versprechen die Männer ihren Frauen und die Frauen ihren Männern gemacht haben. Er führte die Tragödie einer Nation, die ihre Beziehung zu Gott verloren hatte, auf den Bruch der Eheversprechen zurück. Dieser Punkt muss ihm sehr wichtig gewesen sein, wenn er ihn zum Gegenstand seiner abschließenden Worte machte.

> Noch etwas wirft der Herr euch vor: Ihr weint und stöhnt, ihr tränkt den Altar des Herrn mit Tränen, weil der Herr von euren Opfern nichts mehr wissen will und sie nicht annimmt. Ihr fragt nach dem Grund? Die Antwort lautet: Der Herr hat

> genau gesehen, wie ihr Männer eure Frauen verstoßen habt,
> mit denen ihr seit eurer Jugend verheiratet wart.
> Ihr habt ihnen die Treue gebrochen, obwohl sie immer
> an eurer Seite waren und zu eurem Volk gehören,
> mit dem der Herr einen Bund geschlossen hat.
> Hat der Herr euch nicht zu einem Leib und einem Geist
> vereint? Und warum hat er das getan? Er wollte, dass eure
> Nachkommen zu seinem Volk gehören. Darum nehmt euch in
> Acht, und haltet euch an den Treueeid, den ihr einst euren
> Frauen geschworen habt.
> Maleachi 2,13-15

Im traditionellen englischen Eheversprechen ist die Sichtweise Gottes aufgegriffen. Hier heißt es: „Mit meinem Leib verehre ich dich."

Damit verspricht man eine uneingeschränkte Ausschließlichkeit der geschlechtlichen Liebe. Gott sagte durch Maleachi: „Ihr habt dieses Versprechen gebrochen und die Frau, mit der ihr seit eurer Jugend verheiratet wart, verraten."

Mit anderen Worten, die Anbetung war durch einen ungehorsamen Lebensstil zunichte gemacht worden, der sich in der Heiligkeit des Zuhauses breit machte und infolgedessen auch die Anbetung zur Heuchelei verkommen ließ. Dass Gott durch Maleachi im Zusammenhang mit der Anbetung ausgerechnet auf dieses Thema der Einhaltung der Eheversprechen kommt, trifft uns ziemlich unerwartet. Doch gerade damit befasst Gott sich hier besonders ausführlich.

Wenn die Anbetung durcheinander gerät, lässt sich das auch auf die gebrochene Treue in den Familien zurückführen. Wenn wir das Versprechen, das wir vor Gott selbst gegeben haben, nicht in Ehren halten, welche Motivation haben wir dann, unser Wort gegenüber unseren Männern und Frauen zu halten? Der Dominoeffekt setzt ein, wo die Versprechen gebrochen werden, und Kinder werden zu gottlosen Menschen herangezogen. Gott sagte, es mache ihn sehr traurig, dass Kinder in einer Situation mit gebrochenen Versprechungen gefangen waren. Dies ist ein ernüchternder Gedanke, und es ist schmerzlich, darüber nachzudenken.

Vergegenwärtigen Sie sich einen Augenblick jenen erschreckenden Vers im Jakobusbrief (5,12), wo Jakobus den wahren Glauben definiert. Denken Sie an die vielfältigen Möglichkeiten, wie er das hätte tun können. Doch er definierte den wahren Glauben ganz schlicht so: „Wenn ihr ‚Ja' sagt, dann muss man sich darauf verlassen können. Und wenn ihr ‚Nein' sagt, dann steht auch dazu." Mit anderen Worten, steht zu dem, was ihr sagt. Die Leute hatten sich angewöhnt, mit der Lüge zu leben, und so angefangen, sich gegenseitig das Leben zu zerstören. Mit ihrem unehrenhaften Familienleben steckten sie die Anbetung in der Gemeinde an, und mit ihrer unehrenhaften Anbetung steckten sie ihr Familienleben an.

Man könnte das Problem also auch umgekehrt formulieren: Wenn der Tempel voll mit Leuten war, auf deren Eheversprechen kein Verlass war, wie konnte man sich dann auf ihre Hingabe an Gott verlassen? In den Augen Gottes spielt es eine große Rolle, wie wir uns im Privatleben verhalten; es ist entscheidend dafür, was wir in der Öffentlichkeit sagen oder tun dürfen. Die moderne politische Theorie hat Macht und Zeremoniell von der Charakterfrage abgekoppelt. Was Gott zusammengefügt hat, das soll der Mensch nicht scheiden. Dasselbe gilt auch für die Anbetung.

„Wie könnt ihr in den Tempel kommen", fragte Gott, „wenn ihr den Tempel eures Leibes entheiligt?"

„Wer darf auf den Berg des Herrn gehen und seinen heiligen Tempel betreten? Jeder, der kein Unrecht tut und ein reines Gewissen hat" (Psalm 24,3-4). Gott zeigte auf, wie sich der Bruch der Anbetung gerade da auswirkte, wo es am meisten darauf ankam – in seinem irdischen Heiligtum, wo er uns begegnen und bei uns wohnen möchte. Ohne moralische Reinheit können wir ihn nicht anbeten.

Gottes Ziel für uns war immer diese Folge: Erlösung, Gerechtigkeit, Anbetung. Wir können nicht gerecht werden, wenn wir nicht zuvor erlöst werden. Wir können nicht anbeten, solange wir nicht erlöst und gerecht geworden sind. Dieselbe Reihenfolge gab er auch in der Geschichte Israels vor. Erst erlöste er sie. Dann gab er ihnen das Gesetz, um sie zur Gerechtigkeit zu führen. Schließlich gab er ihnen Anweisungen für die Anbetung. Wer, statt zu Gottes Ehre zu leben, in der Anbetung einen Ersatz sucht, der verletzt das Wesen Gottes.

Wo keine Anbetung ist, ist kein Leben

Erkennen wir jetzt, was im Zusammenbruch der Anbetung Israels geschehen war? Die Korruption war systematisch, und den Zustand, zu dem sie führte, beschrieb Gott so: „Und dann jammert ihr auch noch über euren Dienst im Tempel, nur widerwillig facht ihr die Glut auf dem Altar an! Lahme und kranke, ja, sogar gestohlene Tiere bringt ihr als Opfer herbei. Soll ich, der Herr, mich etwa darüber auch noch freuen?" (Maleachi 1,13). „Ihr behauptet: ‚Es bringt nichts, Gott zu dienen'" (Maleachi 3,14), oder, wie es bei Luther heißt: „Siehe, welch eine Mühsal!" (Maleachi 1,13). Wer entschlossen ist, in Unaufrichtigkeit zu leben, für den ist Anbetung eine Last.

Wo immer die Anbetung ihren Wert verliert, macht sich eine Müdigkeit breit, und die Menschen werden von dem Gefühl beherrscht, das Leben sei sinnlos. Ob bewusst oder nicht, der Zusammenhang zwischen Sinnlosigkeit oder Öde und dem Verlust der Anbetung dürfte auch ohne theologische Vorbildung einsichtig sein.

Die Unfruchtbarkeit des geistlichen Lebens bringt ihre eigene Strafe mit sich – immer mehr Unfruchtbarkeit. Wenn sinnleere Wiederholungen zur Gewohnheit werden, wiederholen wir sie nur noch mehr, und mehr Sinnlosigkeit ist die Folge. Vielleicht ist das der Grund, warum Anbetung in unserer Zeit einer Neuerung nach der anderen nachjagt und so zur Verdummung degeneriert.[69]

1976 veröffentlichte *Reader's Digest* eine kleine Satire mit dem Titel „Auf Noahs Art", die diese Art geistlicher Unfruchtbarkeit gut illustriert:

Und der Herr sprach zu Noah: „Wo ist die Arche, die ich dir zu bauen befahl?" Und Noah sprach zu dem Herrn: „Wahrlich, drei meiner Zimmerleute sind krankgeschrieben. Der Goferholzlieferant hat mich versetzt – und das, obwohl ich doch das Goferholz schon vor fast zwölf Monaten bestellt habe! Was soll ich tun, o Herr?"
Und Gott sprach zu Noah: „Ich will diese Arche nach sieben Tagen und sieben Nächten fertig sehen."
Und Noah sprach: „So soll es geschehen."
Und es geschah nicht also. Und der Herr sprach zu Noah: „Was für ein Problem hast du diesmal?"
Und Noah sprach zum Herrn: „Mein Subunternehmer hat Bankrott gemacht. Das Pech, das du mir auf die Außen- und Innenseite der Arche zu streichen befahlst, ist nicht gekommen. Der Klempner streikt. Sem, mein Sohn, der mir bei der Sache mit der Arche zur Hand geht, hat mit seinen Brüdern Ham und Japhet eine Popgruppe gegründet. Herr, ich bin verloren."
Und der Herr wurde zornig und sprach: „Und was ist mit allen Tieren, je ein Paar, Männchen und Weibchen, die zu dir kommen sollten, um Nachwuchs zu erhalten auf der ganzen Fläche der Erde?"
Und Noah sprach: „Sie sind an die falsche Adresse geliefert worden, aber bis Freitag müssten sie hier sein."
Und der Herr sprach: „Was ist mit den Einhörnern und den Vögeln des Himmels, je sieben?"
Und Noah rang die Hände und weinte bitterlich und sprach: „Herr, die Einhörner sind ausgegangen; man kriegt beim besten Willen keine mehr. Und Vögel werden nur noch zu halben Dutzenden verkauft. Herr, Herr, du weißt ja, wie das ist."
Und der Herr in seiner Weisheit sprach: „Noah, mein Sohn, ich weiß es. Was glaubst du, warum ich sonst die Wasserflut über die Erde bringen will?"

Das könnte genauso gut für die heutige Zeit geschrieben sein. Auch wir sind als Einzelne und als Gemeinschaft nach und nach von der

Liebe und der Dankbarkeit gegenüber Gott herabgesunken zu einem willensschwachen, ungehorsamen Lebensstil. Auch wir spüren innerlich und äußerlich diese Müdigkeit. Damals suchten die Leute, jeder auf seine Art, irgendeinen Weg, ihre Begierden zu stillen. Für manche wurde die Schuld unerträglich. Bei anderen liefen die Gefühle dem Wissen davon, und die Wahrheit verschwand aus der Anbetung. Viele verloren ganz aus dem Blick, wer Gott ist. Die meisten experimentierten mit Vergnügungen, die sie innerlich leer werden ließen. Die Gerechten konnten nicht verstehen, welchem Zweck das Leid diente. Die Familien wurden zu einem Ort der gebrochenen Versprechen, der gescheiterten Beziehungen und der verletzten Kinder. Und alle wurden von einer tief sitzenden Einsamkeit heimgesucht.

Irgendwo inmitten der Zeremonien und Rituale hatte sich eine Müdigkeit breit gemacht, und der Zweck der Anbetung, mit Gott Gemeinschaft zu haben, ging verloren. Darum wollte er ihnen, bevor der Sohn Gottes selbst erscheinen würde, um unter ihnen zu wohnen, begreiflich machen, was Anbetung sei und was sie bewirken sollte.

Erzbischof William Temple hat uns die meiner Meinung nach schönste Definition dieser Absicht hinterlassen:

> Anbetung ist die Unterordnung unseres ganzen Wesens unter Gott. Sie ist die Belebung des Gewissens durch seine Heiligkeit, die Speisung des Verstandes durch seine Wahrheit, die Reinigung der Vorstellungskraft durch seine Schönheit, die Öffnung des Herzens für seine Liebe und die Unterordnung des Willens unter seine Ziele. All dies zusammengefasst in der Anbetung ist eine der größten Ausdrucksformen, derer wir fähig sind.[70]

Kurz, Anbetung ist das, was alles Leben zusammenbindet und ihm einen einzigen Fokus gibt. Gewissen. Verstand. Vorstellungskraft. Herz. Wille. Alle miteinander verwoben in der Anbetung, denn hier werden Liebe, Ehrfurcht, Opfer, Motive, Wahrheit und Gehorsam in Zaum genommen vor dem einen, der uns geschaffen hat, der alleine

Einheit in der Vielfalt bewirken kann, mit der er uns gemacht hat. Der Niedergang unseres Denkens greift dann um sich, wenn wir unsere Lebensbereiche auseinander driften lassen und das Leben seinen Fokus verliert. Anbetung lässt die Vielfalt unserer Neigungen und Fähigkeiten zu einer gemeinsamen Lebensrichtung verschmelzen.

Jetzt sehen wir, inwiefern Anbetung die Antwort auf die Schuld ist, denn in Ehrfurcht kommen wir zu ihm, um Vergebung zu erbitten.

Jetzt sehen wir, inwiefern Anbetung über die Befriedigung durch Vergnügungen hinausgeht, denn selbst das Vergnügen führt irgendwann zur Erschöpfung.

Jetzt sehen wir, inwiefern Anbetung unsere Gefühle leitet, denn selbst unsere Gefühle müssen an die Wahrheit gebunden und von ihr gespeist werden.

Jetzt sehen wir, inwiefern Anbetung wissen muss, wer Gott ist, denn wir kommen zu seinen Bedingungen zu ihm, unserem „Daddy-Sir“ oder heiligen Vater.

Jetzt können wir verstehen, inwiefern Anbetung dem Gefühl der Einsamkeit entgegenwirkt, denn Einsamkeit kann nicht durch Liebe allein beseitigt werden. Nur Anbetung kann all unsere Leidenschaften zusammenbinden. Das vermag die Liebe nicht.

Aus diesem Grund ist Anbetung die höchste Ausdrucksform unseres Lebens, die Wurzel, aus der die Zweige des Lebens wachsen und die Ausdrucksformen erblühen. Die Worte Eric Liddells in dem Film *Die Stunde des Siegers* sind sehr bedeutsam. Bevor er als Missionar nach China ging, startete er bei den Olympischen Spielen von 1924 und ersprintete eine Goldmedaille. Als er gefragt wurde, warum er so viel Zeit mit dem Training verbringe, sagte er: „Gott hat mich für einen bestimmten Zweck geschaffen, für China. Aber er hat mich auch schnell gemacht, und wenn ich laufe, dann spüre ich seine Freude.“

Anbetung erstreckt sich über das ganze Leben. Hier treffen das Heilige und das Weltliche aufeinander. Hier verschmelzen unsere Sehnsüchte mit der Sehnsucht Gottes.

Postskriptum zu Kapitel 3

Ein Sinn im Leiden

DAS VERTRAUEN IN DEN CHARAKTER Gottes ist einer der Kernpunkte der philosophischen Auseinandersetzung, die sich ergibt, wenn man mit der Frage des Bösen konfrontiert wird. Die Frage des Skeptikers muss beantwortet werden: Würden Sie eine Welt erschaffen, die so voller Schmerz ist, und wenn Sie es täten, könnte man Sie dann noch als gut bezeichnen? Dieser Herausforderung ist nicht leicht zu begegnen, denn sowohl bei der Frage als auch bei der Antwort sind eine Menge Voraussetzungen und Schlussfolgerungen im Spiel.

Auf einer stark vereinfachenden Ebene kann man mindestens zwei Einwände formulieren, wenn die Frage des Bösen und der Existenz Gottes aufgeworfen wird. Der erste ist der nahe liegende: Wie kann es einen liebenden und allmächtigen Gott geben, wenn das Böse so unübersehbar und ungebremst existiert? Der zweite ist noch ein bisschen beunruhigender. Selbst wenn Gott existiert, wie kann er gut genannt werden, wenn er doch Tod und Zerstörung zulässt, während wir selbst als böse angesehen würden, wenn wir dasselbe täten.

Das war die Frage Ivan Karamasows: Würden *Sie* ein Universum so erschaffen, das darin so grausame Tragödien möglich sind? Wie kann Gott all das zulassen, was wir sehen und hören, und dennoch gut genannt werden? Diese Frage muss zunächst im Licht ihrer weiteren Implikationen betrachtet werden, bevor wir uns der darin enthaltenen direkten Herausforderung zuwenden können.

Wir kennen alle die allgemeine Form, in der die Frage oft gestellt wird. C. S. Lewis hat sie in der folgenden Formulierung festgehalten:

> Wenn Gott gut wäre, würde er seine Geschöpfe vollkommen glücklich machen wollen; und wenn Gott allmächtig wäre, würde er imstande sein, zu tun, was er will. Nun aber sind die

> Geschöpfe nicht glücklich. Darum fehlt es Gott entweder an Güte oder an Macht oder an beidem. Dies ist, auf die einfachste Formel gebracht, das Problem des Schmerzes. Die Möglichkeit, darauf zu antworten, hängt davon ab, ob ich zeigen kann, dass die Worte „gut“ und „allmächtig“ und vielleicht auch das Wort „glücklich“ mehrdeutig sind. Denn dies ist von Anfang an zuzugeben: Wenn die gängige Bedeutung dieser Worte die sinnvollste oder die einzig mögliche Bedeutung ist, dann ist jener Einwand unwiderlegbar.[71]

Für unsere Zwecke müssen wir die Frage noch weiterführen. Was der Skeptiker eigentlich gesagt hat, ist eindeutig: Wenn wir das täten, was wir Gott tun sehen, oder wenn wir zuließen, was Gott zulässt, würde man uns als böse ansehen. Warum also ist es gut, wenn Gott solche Entscheidungen trifft, aber böse, wenn wir dasselbe tun?

Die philosophische Dimension

Bevor wir konkret auf diese Frage antworten können, lassen Sie uns zunächst auf einen wichtigen Punkt aus dem dritten Kapitel, „Ein Sinn im Leiden“, zurückkommen, wo wir Hiobs Auseinandersetzung mit Gott und mit dem Bösen betrachtet haben. Dieser wesentliche Punkt muss die Grundlage unserer Antwort bilden: dass nämlich die Existenz Gottes nicht durch den Verweis auf die Realität des Bösen oder der Bosheit zu widerlegen ist. Jene Kategorien existieren nur dann, wenn auch ein absolutes Moralgesetz existiert. Und ein absolutes Moralgesetz kann nur existieren, wenn Gott existiert.

Nun könnte man versuchen dem Problem auszuweichen und sagen: „Aber wir sehen ja nicht, dass ein Moralgesetz existiert; darum kann es auch keinen Moralgesetzgeber geben.“ Aber damit führen wir nur das Problem um eine Stufe zurück, indem wir implizieren, dass wir ein Moralgesetz erkennen würden, wenn wir es sehen würden. Die Denkvoraussetzung hier ist, dass wir fähig sind zu entscheiden, ob ein Moralgesetz existiert oder nicht. Aber wie sind wir in einem rein naturalistischen Universum zu dieser Fähigkeit gekommen? Die Wahrheit ist, dass es uns, auch wenn wir uns noch so viel Mühe geben, nicht gelingen wird, einen moralischen Bezugsrahmen zu leugnen, ohne uns gleichzeitig auf eine absolute Moral zu berufen. Einfach ausgedrückt, wenn wir zugeben, dass es das Böse in dieser Welt gibt, können wir auf Gott nicht verzichten.

Die moralische Dimension

Kommen wir nun zu der Frage, wie Gott Souverän über eine Welt sein kann, in der manche der bestehenden Realitäten, wenn sie von uns zu verantworten wären, ohne Frage als böse zu bezeichnen wären. Um diese Frage vollständig zu beantworten, müssen wir Schritt für Schritt vorgehen.

Zuerst müssen wir den Zusammenhang zwischen Gottes Charakter und seiner Beziehung zum Moralgesetz herstellen. Ist das Moralgesetz nur deshalb moralisch, weil Gott es erlassen hat, und somit willkürlich, oder ist das Moralgesetz ultimativ und steht sogar über Gott? Mit anderen Worten, ist das Moralgesetz etwas, das Gott geäußert hat, weil es ihm so beliebte, oder ist es etwas Abstraktes, das unabhängig von ihm existiert? Geht er mit roher Macht vor und trifft Entscheidungen, die dann gut genannt werden, nur weil er sagt, sie seien es, oder steht er selbst unter dem Gesetz und muss ihm gehorchen, auch gegen seine eigenen Wünsche?

Meine Antwort auf diese Fragen beginnt mit einer Gegenfrage: Ist das Moralgesetz, nach dem jeder von uns sich zu leben entschließt, ein Gesetz, das wir willkürlich aus eigener Macht heraus ausgewählt haben, oder existiert es über und unabhängig von uns? Wenn wir es willkürlich gewählt haben, dann haben wir kein Recht, das Moralgesetz, an das ein anderer sich hält, zu verurteilen, auch nicht das Gottes. Wenn dagegen das Moralgesetz über uns steht und unabhängig von uns gilt, wie finden wir dann heraus, woher es kommt? Diese Frage bringt den Atheismus und jede andere Weltanschauung ins Stolpern, sei es Pantheismus oder auch manche Formen des Theismus.

Für den Christen lautet die Antwort, die aus dem Alten und Neuen Testament implizit hervorgeht, dass das Moralgesetz, das von jedem einzelnen Menschen Heiligkeit fordert, uns von Gott gegeben wurde, und das ist der Grund, warum wir nicht anders können, als in einem moralischen Bezugsrahmen zu denken. Wir können das nicht abschütteln. Seit Jahrhunderten ist jedes Argument, das christliche Philosophen verwendet haben, um die Existenz Gottes zu verteidigen, attackiert worden oder auf Widerspruch gestoßen, aber der moralische Kampf, mit dem wir alle leben, macht das moralische Argument unausweichlich. Damit liegt die Frage wieder auf dem Tisch. Wenn uns das Moralgesetz heimsucht, und wenn dieses Moralgesetz von Gott kommt, ist es dann von ihm einfach kraft souveräner Willkür erlassen worden, oder ist er selbst ihm ebenfalls unterworfen? Noch einmal, ist es willkürlich oder ultimativ?

Gleich zu Beginn unserer Antwort auf diese Frage müssen wir eine wesentliche Unterscheidung vornehmen zwischen uns, den endlichen Geschöpfen, und Gott, einem unendlichen Wesen. Wir müssen uns ganz klar machen, dass die beiden Alternativen eines willkürlichen oder eines ultimativen Gesetzes nur für uns als endliche Wesen existieren, weil unsere Endlichkeit keine anderen Möglichkeiten zulässt und weil unser Charakter nicht die Quelle absoluter Maßstäbe sein kann. Der Mensch kann nicht das Maß aller Dinge sein, sonst wären wir gezwungen zu fragen, welcher Mensch denn das allerletzte Maß sein soll?

Im Namen der Religion wie im Namen atheistischer Ideologien sind Millionen von Menschen umgebracht worden. Wir müssen uns von der Illusion verabschieden, der Mensch sei „im Grunde gut“. Die Geschichte und die Erfahrung sagen uns durch Blut und Tränen, dass wir unserem Charakter nicht vertrauen können. Doch bei Gott ist das Gesetz weder willkürlich noch über ihm; es ist *in* seinem Charakter verwurzelt, der vollkommen und unwandelbar ist. Er allein existiert in Ewigkeit und Vollkommenheit. Wie der Grund seiner Existenz in ihm selbst liegt, so auch das Moralgesetz. Der Grund für *unsere* Existenz liegt außerhalb von uns selbst, ebenso wie das Moralgesetz.

Es gibt keine Falschheit in Gott. Es gibt keine böse Neigung und kein falsches Urteil in Gott. Gott trifft nie ein Fehlurteil. Er handelt nie mit Zielen, die böswillig oder dem Guten gegenüber feindlich sind. Darum sollte keine so genannte Tragödie oder Grausamkeit im Vakuum der beiden Alternativen – willkürlich oder ultimativ – gedeutet werden, sondern aus dem Charakter dessen heraus, der allmächtig und vollkommen gut ist.

Was bedeutet dies nun in den Wendungen und Wechselfällen, in den Verletzungen und Verlusten unseres irdischen Daseins? Lassen Sie uns diesen Bezugsrahmen anwenden.

Die existenzielle Realität

Wenn eine Tragödie oder eine Grausamkeit geschieht, gibt es mindestens vier verschiedene „Opfer" dieser Tat oder dieses Ereignisses. Das erste ist die Person, die durch das Geschehen ihr Leben verlor. (Nehmen wir an, es sei ein Kind, denn das ist die Form, in der ein Skeptiker einen Christen am liebsten mit dieser Frage konfrontiert.)

Wir müssen sofort innehalten und den emotionalen und gedanklichen Kern der Frage analysieren. Ist ein solches Geschehen, bei dem ein Kind sein Leben verliert, aus der Perspektive Gottes wirklich ein nicht wieder gutzumachendes Ereignis? Gott ist der Urheber des Lebens, und er hat die Macht, es demjenigen wiederzugeben, der es „verloren" hat. *Wir* mögen es so wahrnehmen, als sei dieses Leben verloren, aber für den Geber des Lebens ist es nicht verloren. Und für jemanden, der ihn kennt, ist die Erneuerung noch großartiger als das irdische Leben. Darum sagt der Apostel: „Denn Christus bedeutet für mich alles; er ist mein Leben. Deshalb kann das Sterben für mich nur Gewinn sein" (Philipper 1,21).

Wie kann das Sterben ein Gewinn sein, wenn es nicht zu einem Leben führt, das noch schöner und endgültiger ist als das Leben, das nun „tot" ist? Wenn ein Kind stirbt, so gibt uns die Bibel viele Anhaltspunkte, dass dieses Kind zu Gott geht. Nicht, füge ich hinzu, aufgrund der moralischen Vollkommenheit des Kindes, sondern aufgrund der Vorsorge des Kreuzes. Als er seinen Sohn verlor, sagte David: „Nein, er kehrt nicht mehr zu mir zurück, ich aber werde eines Tages zu ihm gehen" (2. Samuel 12,23). Die irdische Existenz hatte ein Ende, aber nicht die Existenz selbst. Das Leben, das „verloren" ist, ist nicht verloren, wenn es in den Händen desjenigen liegt, der es erschaffen hat und der es erhält.

Die zweite Person, die leidet, ist diejenige, die, obwohl sie die erlösende Gnade Christi kennt, die Trauer tragen und den Verlust eines geliebten Menschen überleben muss. Der Sarg eines Kindes ist ein schmerzlicher Anblick. Doch gerade hier ist Gott der Tröster und Heiler, der mit seiner Gegenwart den Schmerz lindert. Lesen Sie einige der großartigen Trostpsalmen, die David schrieb, als er seine Trauer und seinen Verlust verarbeitete. Im berühmtesten aller Psalmen verkündete David: „Und geht es auch durch dunkle Täler, fürchte ich mich nicht, denn du, Herr, bist bei mir. Du beschützt mich mit deinem Hirtenstab" (Psalm 23,4).

Durch die ganze Geschichte finden wir großartige Zeugnisse der allumfassenden Gnade Gottes – nicht als psychologische Tricks, sondern aufgrund der realen Gegenwart Gottes im Leben eines Menschen, der solches Leid erduldet. Gott schenkt nicht nur innere Heilung und Stärkung, sondern auch die Verheißung, dass diejenigen, die jetzt getrennt sind, sich wiedersehen werden. Beziehungen, die in Gott gegründet sind, sterben niemals. Der Apostel Paulus sagte: „Ihr sollt doch nicht trauern wie die Menschen, denen die Hoffnung auf das ewige Leben fehlt" (1. Thessalonicher 4,13).

Das dritte Opfer ist der Skeptiker, der zusieht und diesen Akt und den daraus folgenden Verlust als böse verurteilt. Zwei Dinge folgen daraus. Das erste ist der bereits aufgezeigte Widerspruch – dass derjenige, der ein solches Urteil fällt, gar keine Basis für ein Moralgesetz hat, aufgrund dessen er irgendetwas verurteilen könnte. Die geistlose Evolution, die „rot an Zahn und Klaue" ist, um Tennyson zu zitieren, kann ja wohl nicht die moralische Grundlage für diese philosophische Schelte sein, oder? Wenn wir tatsächlich das zufällige Produkt der Evolution sind, dann sind Aggression und Herrschaft an sich gute Dinge, denn zumindest sorgen sie für das Überleben der

Stärksten. Doch in unserem moralischen Bezugsrahmen erinnert uns Gott daran, dass der Tod und die Trennung anschauliche Mahnungen in Kurzform sind, Mahnungen an das, was unausweichlich diejenigen erwartet, die ein Leben ohne Gott wählen. Für diese Menschen sind das Böse und die Zerstörung die logische Konsequenz, sei es auf lange Sicht oder mit dramatischer Plötzlichkeit.

Der Bruch von Beziehungen, Tod und Leid sind gegenwärtige Formen des Bösen, mit denen wir leben. Aber hier steht dem Skeptiker eine zweite wichtige Überlegung im Weg. Das Böse muss immer im Blick auf eine Absicht definiert werden. Wie kann irgendetwas existieren, ohne dass zuerst eine Absicht festgelegt wird? Ohne eine Absicht ist Zerstörung ein bedeutungsloser Ausdruck. Gottes Absicht für uns ist, dass wir für ihn leben, der der Grund unseres Seins ist. Nur in ihm, der die Liebe, das Mysterium und die Anbetung in unser Herz gelegt hat, wird diese Absicht verwirklicht. Wenn wir diese Absicht vereiteln, ist das Schlimme daran nicht der Tod oder das Leiden, denn das Leben kann wiederhergestellt werden. Das Schlimme daran ist unsere Entscheidung, uns von Gott zu trennen und gegen seine Absicht zu leben.

Aus diesem Grund definierte Dostojewski die Hölle als die Unfähigkeit zu lieben. Die Hölle ist nur die Bestätigung eines Willens, der die Wahl getroffen hat, Gott seine Bedingungen zu verweigern und ohne ihn zu leben.

C. S. Lewis sagte, es gebe zwei Arten von Menschen in dieser Welt: jene, die bereit sind, ihre Knie zu beugen und zu Gott sagen: „Dein Wille geschehe", und jene die sich weigern, ihre Knie zu beugen und zu denen Gott sagt: „Nun gut, *dein* Wille geschehe."

Nun könnte jemand entgegnen: „Aber warum stellt er uns Bedingungen, die uns nur einen Weg zu ihm lassen?"

Die Antwort ist: Selbst wenn er uns tausend und einen Weg gegeben hätte, würde der Skeptiker immer noch einen Weg mehr verlangen, denn der Kern des Bösen ist die Autonomie – das Eigengesetz und die Selbstliebe. Eigengesetzlichkeit führt immer zum Verlust des Gesetzes und Selbstliebe zum Verlust der Liebe. Die Kritik des Skeptikers widerspricht sich logisch und existenziell selbst.

Das bringt uns zu dem vierten „Opfer", dem Menschen, der die Frage stellt: „Wie kommt es, dass Gott souverän über den Tod verfügt, aber wir nicht jeder dasselbe Recht haben, ein Leben zu nehmen?"

Weder unser Charakter noch unsere Fähigkeiten geben uns eine Rechtfertigung für eine solche selbst angemaßte Vollmacht über die Heiligkeit des Lebens. Gott allein wird immer in Übereinstimmung mit seinem heiligen, reinen Charakter handeln, und er wird nie etwas Falsches tun. Menschen können sich nicht dasselbe Vorrecht nehmen, Dinge zu tun, die wir grausam nennen, weil wir weder den Charakter haben, um richtige Entscheidungen zu treffen, noch die Macht, das Leben wiederherzustellen.

Gott kann solche Ereignisse zulassen, denn er allein kann gerade durch solche Tragödien Leben wiederherstellen und die Zerstörungskraft der Sünde offenbaren, denn er ist vollkommen in seinen Entscheidungen, rein in seiner Vernunft und fähig, denen Kraft zu geben, die bei ihm Trost suchen. Wir können keinen solchen Absolutheitsanspruch stellen. Unser Charakter ist nicht rein. Unsere Entscheidungen können jederzeit auf falscher Information oder falschen Motiven beruhen. Ist das nicht der Grund, warum es Gesetze und eine staatliche Obrigkeit gibt, damit nicht jeder Einzelne sich das Recht nimmt, jedes Unrecht, das ihm geschieht, zu rächen? Und trotzdem sehen wir, dass Staaten und Regierungen bei allen Maßnahmen, die das Gesetz zum Schutz der Unschuldigen ergreift, irren können.

Diese Fallgruben und unsere Neigung zum Irrtum machen deutlich, dass die Tragödien und Grausamkeiten, die wir wahrnehmen, uns eigentlich dazu veranlassen sollten, zu Gott zu fliehen und zu erkennen, wie trügerisch das menschliche Denken ist. Wir brauchen dringend Weisheit und Charakter, oder, wie die biblischen Verfasser es ausdrücken, ein verändertes Herz und einen gestärkten Willen, damit wir für ihn leben können.

Malcolm Muggeridge schrieb einmal an Mutter Teresa, er habe kein Interesse an der Kirche oder am christlichen Glauben, weil er dort so viel Heuchelei gesehen habe. Mutter Teresa antwortete ihm:

„Ihr Problem ist ein endliches. Gott ist unendlich. Lassen Sie den Unendlichen sich um Ihr endliches Problem kümmern.“[72] Muggeridge beugte sein Knie vor Christus und nannte dies den erfüllendsten Schritt, den er je in seinem Leben getan habe.

Die Welt, wie wir sie kennen

Nur noch ein kurzer Gedanke muss hinzugefügt werden. Ist diese Welt, in der wir leben, die beste aller möglichen Welten, die Gott hätte schaffen können? Um es ganz einfach auszudrücken, gibt es in unserem Denken nur vier mögliche Welten, von denen die Gelehrten gesprochen haben. Die erste Möglichkeit ist, dass es statt dieser Welt überhaupt keine Schöpfung gäbe. Wäre es nicht besser gewesen, wenn Gott überhaupt keine Welt geschaffen hätte, statt diese zu schaffen, in der Gut und Böse möglich sind? Die zweite Möglichkeit wäre, dass er eine Welt geschaffen hätte, in der man nur das Gute wählen könnte, eine Art Roboterwelt. Die dritte Möglichkeit wäre eine Welt, in der es das Gute und Böse überhaupt nicht gibt, eine amoralische Welt. Die vierte ist diese Welt, in der wir leben, in der es das Gute und das Böse gibt und die Möglichkeit, zwischen beidem zu wählen.

Sobald wir die Frage stellen, welche dieser Welten die Beste wäre, berufen wir uns wiederum auf einen absoluten Bezugsrahmen, den wir nur haben, wenn Gott existiert. Genau betrachtet, ist unsere Welt die einzige unter den beschriebenen vier Welten, in der echte Liebe möglich ist. Die Liebe einer Mutter zu ihrem Kind. Die Liebe eines Mannes zu seiner Frau. Die Liebe eines Freundes zu seinem Freund. Die Liebe eines Mannes oder einer Frau zu Gott. Wir müssen erkennen, dass Liebe die höchste Ethik ist, von der wir wissen, und wo Liebe möglich ist, da ist sie von Freiheit und der Möglichkeit des Leides begleitet. In seinem Charakter ist Gott allein der absolute Ausdruck einer Liebe, die niemals von Heiligkeit abgekoppelt ist. Gott kann nicht zur gleichen Zeit heilig und lieblos oder liebevoll und unheilig sein. Wenn wir ihm den Rücken kehren, verlieren wir die Quelle, aufgrund der wir Liebe definieren können, und leben mit dem Schmerz der Unheiligkeit. Das Leiden bleibt ein Rätsel, und unsere makelbehafteten Charaktere suchen weiterhin nach einem Moralgesetz und lassen unseren begrenzten Verstand nach einer Antwort rufen. Wer von uns leidet nicht darunter, wenn wir erleben, wie eine reine Liebe missbraucht und verachtet wird? Unsere Herzen offenbaren einen Hunger nach einer Liebe, die rein ist, und in dieser Welt haben wir für beides keine Definition mehr, weil wir ihre Quelle verleugnet haben.

Wenn wir zu Jesus Christus am Kreuz kommen, wo Liebe, Heiligkeit und Leiden sich verbinden, finden wir sowohl die Antwort darauf, warum wir leiden, als auch die Kraft, in diesem sterblichen Leib für ihn zu leben. Denn hier wurden Heiligkeit und Liebe im Namen eines politischen und religiösen Fanatismus attackiert. Hier wurde unermessliches Leid ausgeschüttet, doch der Triumph wartete schon. Wenn wir zum Kreuz kommen und von dort aus für ihn leben, machen wir die außergewöhnliche Entdeckung, dass das Kreuz und die Auferstehung zusammen gehören. Wo Liebe möglich ist, da ist auch Leid möglich. Wo die Auferstehung verheißen wird, da gilt auch das Versprechen, dass uns die Tränen abgewischt werden. Der Himmel ist die Bestätigung unserer Entscheidung, ihn zu lieben und bei ihm zu sein. Das ist die Hoffnung jedes Menschen, der Jesus Christus nachfolgt, den zu kennen das ewige Leben ist. Die Hölle ist die Bestätigung für die Ablehnung der Antwort Gottes, der Hoffnung und des Lebens mit den Konsequenzen unserer Fähigkeit, uns fortzupflanzen, aber auch unwiederbringlich zu zerstören.

Um Ivan Karamasows Frage zu beantworten: Wenn ich vollkommen gut wäre und die Macht hätte, Leben zu schaffen und zu erneuern, dann würde ich den Verlust eines Lebens nicht so sehen, wie Ivan ihn sieht. Wenn ich aber nur die Macht hätte, das Leben zu erschaffen, ohne die moralische Reinheit, es zu bewahren, oder die Kraft, es zu erneuern, dann sollte ich dieses Leben nicht erschaffen. Doch dieses „sollte“ kann ich nur sagen, weil ich weiß, was ich als gut und was ich als böse ansehen sollte. Dieses „sollte“ kommt zu mir von Gott, der die Macht hat zu erschaffen und die Macht zu erneuern, die Souveränität, ein Leben zu nehmen und uns in unserem Verlust zu trösten. Er hat uns aufgefordert, auf seine Macht, seine Absichten und seinen Charakter zu vertrauen.

Ivans Frage ist eine Warnung an uns, nicht Gott zu spielen. Sie kann kein Urteil gegen Gott sein, für den diese Begrenzungen an Macht und Weisheit nicht gelten.

Der theologische Imperativ

Darum ist es Gottes großes Verlangen, dass wir unsere Herzen vor ihm so sehen, wie er sie sieht, und erkennen, dass wir nicht dazu qualifiziert sind, ohne ihn moralische Urteile zu fällen. Wenn wir zu ihm kommen als zu unserem Schöpfer und Planer, Offenbarer und Tröster, Mittler und Erlöser, dann werden wir wie Hiob feststellen, dass er auch der Kraftgeber und Erneuerer ist. Auf der Grundlage dessen, was wir wissen, können wir seinem Charakter das anvertrauen, was wir nicht wissen. Vielleicht bestand deshalb Mutter Teresas letzte Äußerung, als sie sich auf die Begegnung mit ihrem Erlöser vorbereitete, aus vier kleinen Worten. Sie, die in einer Stadt lebte, deren Schmerz und Leid sprichwörtlich sind, fand die einzige Antwort, die ihres Wesens würdig war. Ihre letzten Worte waren: „Ich liebe dich, Jesus."

Sie trug seine Liebe in diese Stadt und in eine Welt voller Not. Jede andere Antwort auf das Problem des Leides kann nicht nur nicht zufrieden stellen, sie würde sogar der Frage die Grundlage entziehen.

Anmerkungen

1 Charles Haddon Spurgeon über Maleachi 3,16, zitiert nach Arthur W. Pink, *The Attributes of God* (Grand Rapids, Mich.: Baker, 1975), 89.
2 Diese Geschichte findet sich auch bei Rolando E. Villacorte, *The Real Hero of Edsa* (Quezon City, Philippines: Berligui Typographies, 1988), 135.
3 J. P. Moreland und Kai Nielsen, *Does God Exist? The Great Debate* (Nashville: Thomas Nelson, 1990).
4 Lesen Sie R. C. Sproul, *The Psychology of Atheism* (Minneapolis: Bethany Fellowship, 1974).
5 A. W. Tozer, *The Knowledge of the Holy* (Lincoln, Neb.: Back to the Bible, 1971), 111.
6 Tozer, 62.
7 Mit freundlicher Genehmigung.
8 Diese Erörterung ist entwickelt aus F. W. Boreham, „The Candle and the Bird," in *Boulevards of Paradise* (London: The Epworth Press, 1944), 112.
9 Daniel Goleman, *Emotional Intelligence* (New York: Bantam, 1995), 3.
10 David Gelertner, „How Hard Is Chess?" *Time,* 19. Mai 1997.
11 William Cowper, „Walking with God," in *A Choice of Cowper's Verse,* ausgewählt von Norman Nicholson (London: Faber & Faber, 1975), 23.
12 Goleman, 80.
13 Os Guinness, *God in the Dark* (Wheaton, Ill.: Crossway, 1996), 134.
14 William M. Runyan, „Lord, I Have Shut the Door."
15 Oswald Chambers, *My Utmost for His Highest* (New York: Dodd, Mead, 1935), 20. Mai. Deutsche Ausgabe: Mein Äußerstes für Sein Höchstes (Wuppertal: Blaukreuz Verlag, 1998).
16 Martin Lloyd-Jones, *Spiritual Depression: Its Causes and Cure* (London: Pickering & Inglis, 1965), 21.
17 Katharina A. D. von Schlegel, „Stille, mein Wille".
18 Elie Wiesel, zitiert nach Dennis Ngien, „The God Who Suffers," *Christianity Today,* 3. Februar 1997.
19 Anne Taylor Fleming, „The Right Thing to Do," *Ladys' Home Journal,* Juli 1997.
20 David Hume, Quelle unbekannt.

21 Quelle unbekannt.

22 Fjodor Dostojewski, Die Brüder Karamasow (Düsseldorf: Winkler 2002), 302.

23 Bertrand Russell, *Why I Am Not a Christian* (London: Unwin Books, 1967), 146.

24 Annie Johnston Flint, „He Giveth More Grace."

25 Malcolm Muggeridge, zitiert nach Donald McCullough, *Waking from the American Dream* (Downers Grove, Ill.: Inter Varsity, 1988), 145.

26 G. K. Chesterton, „Die Ethik des Elfenlandes", in *Orthodoxie* (Frankfurt am Main: Eichborn, 2001).

27 Chesterton, ebenda.

28 Lesen Sie Michael Polanyi, *Personal Knowledge (London:* Routledge & Kegan Paul, 1962).

29 Ein befreundeter Chemie-Professor schickte mir die folgende merkwürdige, kleine Erkenntnis. In seinem Brief hieß es: „18 ml Wasser (etwa zwei Schlucke) enthalten 6 x 10^{23} Moleküle H_2O. Wie viel ist 10 hoch 23? Ein guter Computer kann pro Sekunde bis 10 Millionen zählen. Dieser Computer würde zwei Milliarden Jahre brauchen, um bis 10 hoch 23 zu zählen. Wenn dir das noch nicht Ehrfurcht gebietend genug ist, betrachte es einmal so: Ein Stapel aus fünfhundert Blättern Papier ist etwa fünf bis sieben Zentimeter hoch. Wie hoch wäre ein Stapel aus 6 mal 10 hoch 23 Blättern? Dieser Stapel würde von der Erde bis zur Sonne reichen, nicht nur einmal, sondern über eine Million Mal. Das ist die Unermesslichkeit und Dichte, die Gott in seine Schöpfung hineingelegt hat." Er beendete den Brief mit den Worten: „Was für ein Ehrfucht gebietender Gott!"

30 Mike Otto, „Looking Through His Eyes."

31 William Cowper, „God Moves in a Mysterious Way."

32 Fanny J. Crosby, „All the Way My Savior Leads Me."

33 Siehe Robert Karen, „Shame," *The Atlantic,* Februar 1992, 44-70.

34 William Shakespeare, *Macbeth,* 5. Akt, 1. Szene.

35 George Gordon Byron (Lord Byron), zitiert nach *The International Dictionary of Thoughts* (Chicago: J. G. Gerguson, 1969), 346.

36 Peter Malkin in *The Jerusalem Post International Edition,* 28. März 1992.

37 Benjamin Franklin, zitiert nach *The International Dictionary of Thoughts,* 583.

38 Alexander Pope, zitiert nach *The International Dictionary of Thoughts,* 584.

39 C. S. Lewis, *Pardon, ich bin Christ* (Basel und Gießen: Brunnen Verlag, 2001) 113.

40 Peter Kreeft, *For Heaven's Sake* (Nashville: Thomas Nelson, 1986), 98.

41 Thomas von Aquin, *Summa Theologiae,* zitiert nach Peter Kreeft, *For Heaven's Sake,* 96.

42 Aus einem Interview mit Richard Dortch in *Christianity Today,* 18. März 1988.

43 John Donne, in *The Oxford Book of English Verse, 1250-1900* (England: The Oxford University Press, 1924), 201.

44 Malcolm Muggeridge, *Vintage Muggeridge: Religion and Society,* Hg. Geoffrey Barlow (Grand Rapids, Mich.: Eerdmans, 1985), 21.

45 Neil Postman, *Wir amüsieren uns zu Tode* (Frankfurt: Fischer 1985), Vorwort.

46 Sigmund Freud, zitiert nach Heinrich Meng und Ernest Freud, Hgg., *Psychoanalysis and Faith: The Letters of Sigmund Freud and Oskar Pfister* (New York: Basic Books, 1963), 61. Deutsche Ausgabe angekündigt: Briefwechsel. Gesamtausgabe (Böhlau, 2003).

47 F. W. Boreham, „Phoebe's Perplexity," in *Wisps of Wildfire* (London: Epworth, 1925), 79-80.

48 Frank B. Minirth und Paul D. Meier, *Happiness Is a Choice* (Grand Rapids, Mich.: Baker, 1994), 13.

49 Susannah Wesley, zitiert nach *Topical Encyclopedia of Living Quotations,* Hg. Sherwood Eliot Wirt und Kersten Beckstrom (Minneapolis: Bethany House, 1982), 227.

50 Rich Wilkerson, *Private Pain* (Eugene, Oreg.: Harvest House, 1987), 123.

51 Minirth und Meier, 60.

52 Malcolm Muggeridge, *Jesus Rediscovered* (Garden City, N.Y.: Doubleday, 1969), 77-78.

53 Arthur Sullivan und Adelaide Proctor, „The Lost Chord."

54 G. K. Chesterton, *Orthodoxie* (Frankfurt/Main: Eichborn, 2001), 295f.

55 Paraphrasiert nach C. S. Lewis, *Dienstanweisung für einen Unterteufel* (Moers: Brendow, 1995), S. 63ff.

56 Thomas Wolfe, „God's Lonely Man," in *The Hills Beyond* (New York: Plume/New American Library, 1982), 146, 148.

57 D. H. Lawrence. Quelle unbekannt.

58 C. S. Lewis, *The Abolition of Man* (New York: Macmillan, 1947), 87.

59 C. S. Lewis, *Was man Liebe nennt* (Basel und Gießen: Brunnen, 1995), 140.

60 Lewis Thomas, zitiert nach Paul Brand und Philip Yancey, *Fearfully and Wonderfully Made* (Grand Rapids, Mich.: Zondervan, 1980), 25.

61 F. W. Boreham, „The Sword of Solomon," in *The Blue Flame* (London: Epworth, 1930), 29-30.

62 Schwester Mary Rose, Vorsitzende des Covenant House, New York City, *Covenant House Newsletter,* Herbst 1995. Mit freundlicher Genehmigung.

63 Frederick Buechner, *The Longing for Home* (San Francisco: Harper Collins, 1996), 11.

64 Lewis, *Was man Liebe nennt,* 22-23.

65 Text (nach Psalm 42,2) und Melodie: Martin Nystrom. Deutscher Text von Gitta Leuschner.

66 The Christian Century, 10. Mai 1961.

67 Charles Wesley, vierte Strophe zu Samuel Wesleys Choral „O Thou Who Camest from Above."

68 William McChesney, zitiert nach Joseph T. Bayly, Martyred (Grand Rapids, Mich.: Zondervan, 1966), 121.

69 Es gibt in allen Arten der Anbetung viele unechte Ausdrucksformen, die den verzweifelten Hunger nach etwas Spirituellem offenbaren. Gewisse Formen der Mystik erfreuen sich heute großer Beliebtheit, weil sie den Leuten zu einem Gefühl der Anbetung verhelfen. Aber wenn man die Philosophien hinter diesen Ausdrucksformen untersucht, stellt man eine Fragmentierung im Kern fest, und es ist nur eine Frage der Zeit, bis sich ihre Unzulänglichkeiten deutlich zeigen. Wahre Anbetung kann nur erlebt werden, wenn wir den wahren und lebendigen Gott anbeten und dies im Geist und in der Wahrheit tun.

70 William Temple, zitiert nach David Watson, I Believe in Evangelism (Grand Rapids, Mich.: Eerdmans, 1976), 157.

71 C. S. Lewis, Über den Schmerz (Gießen und Basel: Brunnen, 4. Aufl. 1988), 23.

72 Malcolm Muggeridge, *Something Beautiful for God* (New York: Ballentine, 1971), 117.